新时代教育家与特色学校创建丛书
丛书总主编 杨光富 武海燕

书香满园

黑龙江省龙江县头站镇中心学校的实践探索

王洪会 主 编
张金娟 孙景涛 曹艳宏 副主编

苏州大学出版社

图书在版编目(CIP)数据

书香满园:黑龙江省龙江县头站镇中心学校的实践探索 / 王洪会主编. —苏州:苏州大学出版社,2021.3
(新时代教育家与特色学校创建丛书 / 杨光富,武海燕总主编)
ISBN 978-7-5672-3459-8

Ⅰ.①书… Ⅱ.①王… Ⅲ.①初中-办学经验-龙江县 Ⅳ.①G637

中国版本图书馆 CIP 数据核字(2021)第 019311 号

书　　　名	书香满园
	黑龙江省龙江县头站镇中心学校的实践探索
丛书总主编	杨光富　武海燕
本 书 主 编	王洪会
责 任 编 辑	汤定军
策 划 编 辑	汤定军
装 帧 设 计	吴　钰
出 版 发 行	苏州大学出版社
	(地址:苏州市十梓街1号　215006)
印　　　刷	镇江文苑制版印刷有限责任公司
开　　　本	700 mm×1 000 mm　1/16
字　　　数	246 千
印　　　张	16.5
版　　　次	2021 年 3 月第 1 版
	2021 年 3 月第 1 次印刷
书　　　号	ISBN 978-7-5672-3459-8
定　　　价	68.00 元

发现印装错误,请与本社联系调换。服务热线:0512-67481020
苏州大学出版社网址　http://www.sudapress.com
苏州大学出版社邮箱　sdcbs@suda.edu.cn

编委会

主　　编：王洪会

副 主 编：张金娟　孙景涛　曹艳宏

编　　委：

王久义　张海华　冯　云　周振宇　何蓉蓉　习爱卿

刘亚芝　宋金玲　王翠平　闫秀杰　李　丹　欧慧萍

石有双　王胜明　关成红　宋丽丽　王淑宏　孟繁秋

杨焕森　李显卓　张瑞华　齐　薇　李宏宇　杨光富

武海燕　张丹宁　周志杰　吴向文　张雪迪

做新时代的教育家和好校长
总序

奚洁人

随着新时代的来临,中国人民对美好生活的向往越来越强烈,对教育的需求和期待进入了新阶段。高质量的教育需要好老师,好老师施展才能需要好学校。一所好学校应该是有特色的学校,一所好学校必然需要具有教育家素养的好校长。因此,为了满足新时代"建设教育强国、办好人民满意的教育"的需求,创建特色学校、呼唤新一代教育家和好校长成为人民的希望。正是在这样一个特殊的时间节点,"新时代教育家与特色学校创建丛书"出版了,这是一件值得庆贺的事。

这套丛书主旨有三个核心指向。其一是指向新时代。中国特色社会主义进入新时代,这是我国发展的新的历史方位。教育是时代进步的标志,教育是服务国家、面向未来的,是国之大计、党之大计!新时代赋予教育的使命是什么?习近平总书记曾在全国教育大会上指出:教育工作的目的是凝聚人心、完善人格、开发人力、培育人才、造福人民,要为中华民族的伟大复兴培育德、智、体、美、劳全面发展的社会主义建设者和接班人。因此,教育的新时代已然来临,在中国发展新的历史蓝图中,教育者必然要找准自己的位置,不负重托,不辱使命,在高歌向前的历史潮流中做出自己的贡献。教育是民族发展的基石,基础教育更是教育的基石。作为基础教育的中小学教育使命崇高、责任重大,它意味着：必须全面贯彻落实党的教育方针，承担起为国造士育才的奠基重任；必须着力于培养有人文情怀、民族气度、中华风骨的全面发展的"大写的人"；必须着眼于培养面向世界和面向未来、能勇于直面未知、肩负起建设人类命运共同体之责的世界公民；必须着重于激发学生的内生动力，引导他们乘时代之东风而扬帆起航，走善于驾驭自我的自觉成长之路。其二是指向教育家。众所周知，作为新时代基础教育发展的引路人，中小学校长的能力与素质将直接决定中国基础教育的走向和发展的高度。办人民满意的教育，一定程度上也取决于校长的觉悟与水准，因为他们是引领"中国梦之队的筑梦人"。一位优秀的中小学校长应是什么样的人？"教育家"这三个字想必是我们所有人心中的答案。教育家办学一直是中国教育界努力追求的目标与指向，对学校进行正确的思想引领是教育家办学的最高价值追求。基于全新的历史转变与发展视角，不难看出新时代的教育家是能够真切回应"为谁培养人、培养什么样的人、怎样培养人"这一关键问题的人。他们是全面贯彻党的德、智、体、美、劳五育并举教育方针尽责尽力的人；他们是以自己先进教育思想和理念引领教职工改变学校教育环境的人；他们是潜心躬耕于学校教育实践、时刻关注孩子成长并以自己高尚人格影响塑造师生品格的人；他们是勇于守初心担使命、助人筑梦、助人圆梦的人；他们更是具备高度的专业化水准、着眼于全球发展大格局和教育发展大趋势的人。因此，中小学校长成长为教育家不仅是满足教育发展的需求，也是新时代所赋予的使命。其三是指向特色学校创建。马克思主义者承认"人是环境和教育的产物"，同时更强调环境和教育"正是由人来改变的"。因此，特色学校既是师生工作学习和成长的环境，又是教育家校长带领师生共同创造的教育环境。特色学校创建是我国基础教育改革与发展的战略方向，是改变千校一面、"唯分是举"、片面追求分数的教育观念和改革教育现状的应然要求。特色学校是在先进的教育思想及办学理念的指导下，基于独特的文化传承、现实基础及发展愿景，在长期的办学实践中既不断创新又一以贯之所形成的具有独特韵味的办学风格及优质办学成果的学校。因为教育是"人与人精神相契合、文化得以传递的活动"

（雅思贝尔斯），所以特色学校的创建遵循了教育的内在规律，最大限度地关照人、尊重人，着眼于学生良好人格构建与自主成长的需求，在生命、生存、生活乃至发展生涯等维度构筑学生发展的路径和平台，其终极指向是学生的兴趣与特长、人格与能力、理想与信仰等优良品质的养成。也正因为如此，学生的群体气韵和良好的集体人格特征才是特色学校的优质名片。

"新时代教育家与特色学校创建丛书"的鲜明特点之一就是兼具纵深感和整体性。丛书视野中的学校不仅有小学、初中和高中各学段的学校，还包括经济发达的城市中学、偏远落后的农村乡镇中小学、厂企转制回归地方的特殊学校等，在地域上涵盖了从祖国东部到西部的跨越，在学校类型上兼备了从省会城市学校的深厚精致到塞外乡镇学校的纯粹与质朴，体现了丛书作为全国性教育案例的典型性和代表性，这也是难能可贵的。

国家昌明，必贵师重傅；学校兴盛，必德才兼顾。虽然丛书中所涉猎的新时代教育家的高度可能还不尽如人意，新时代特色学校的真正特色还需要继续梳理、挖掘和开创，但"高山仰止，景行行止。虽不能至，心向往之"。

是为序。

2020年6月8日于上海

（作者系中国浦东干部学院首任常务副院长、中国领导科学研究会原副会长、上海市领导科学学会首任会长和名誉会长、教授、博士生导师）

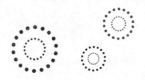

目 录

001 第一章 理念与渊源：书香校园建设的思想基石

001 第一节 培养阅读习惯，奠基孩子的一生发展
010 第二节 聚焦办学理念，彰显书香校园文化特色
020 第三节 把握教育规律，遵循书香校园相关理论

033 第二章 环境与陶冶：书香校园建设的环境创设

033 第一节 加强物理环境建设，打造书香型校园
057 第二节 促进人际环境和谐，营造书香文化氛围
065 第三节 借助网络手段，打造无边界阅读环境
071 第四节 更上一层楼，书香环境建设的未来改进

074 第三章 共性与个性：书香校园建设的多彩活动

074 第一节 书香校园建设的活动概况
090 第二节 书香校园建设特色活动分析
106 第三节 学生阅读之星的表彰

112　第四章　基础与拓展：书香校园建设的课程与教学

- 113　第一节　书香校园建设的校本课程
- 132　第二节　充满书香气息的班本文化
- 137　第三节　"146"问题导学型教学模式课程改革
- 144　第四节　书香校园阅读指导

168　第五章　合作与竞争：书香校园建设的班级活动

- 169　第一节　班级故事大王的评选
- 176　第二节　书香班级的创建活动
- 184　第三节　阅读之星的评比

189　第六章　自觉与主动：书香校园建设的教师发展

- 189　第一节　书香校园教师专业的成长概况
- 197　第二节　教师的读书计划与专业成长
- 212　第三节　书香校园教师成长的激励机制

220　第七章　学校与家庭：书香校园建设的家校共育

- 221　第一节　家校共育的基本概况
- 238　第二节　基于微信平台的共育探索
- 241　第三节　书香家庭的创建与评选
- 247　第四节　书香满园带动下的学习型农村建设

251　后记

> 读书足以怡情，足以博彩，足以长才。其怡情也，最见于独处幽居之时；其博彩也，最见于高谈阔论之中；其长才也，最见于处世判事之际。练达之士虽能分别处理细事或一一判别枝节，然纵观统筹、全局策划，则舍好学深思者莫属。
>
> ——培根

第一章　理念与渊源：书香校园建设的思想基石

"书香校园"项目工程建设始于 2002 年，源自 21 世纪教育沙龙"营造书香校园"的主题。此后因"契合了当下广大师生对素质教育的诉求，在推动建设学习型校园、学习型社会方面也有重要意义，因而在最近几年得到了迅猛发展"①。

书香校园研究之所以备受关注，究其原因自然包括读书对一个人的精神和能力发展极为重要。朱永新教授就曾提出"一个人的精神发育史，就是一个人的阅读史，而一个民族的精神发育水平，很大程度上取决于这个民族的阅读情况"② 这一重要观点。而书香校园的理论渊源是其发展的基石，头站镇中心学校十分注重书香校园建设，也有理论层面的渊源。

第一节　培养阅读习惯，奠基孩子的一生发展

孩子是穷养出吃苦奋斗的精神，还是富养出疏阔温厚的性格？是让

---

① 苏全有，崔朋涛. 对"书香校园"研究的回顾与反思[J]. 公共图书馆，2013(1)：35—39.
② 朱永新. 营造书香校园　重塑书香民族[J]. 新世纪图书馆，2004(6)：11—14.

他深知柴米油盐酱醋茶的得来不易，还是让他在琴棋书画诗酒花中展现才华？不论是选择哪一种养育模式，或者说不论能给孩子哪种养育方式，在阅读这件事上绝不能含糊。《人民日报》曾刊文，提醒父母要鼓励孩子根据兴趣进行大量阅读。事实上，对中小学尤其是小学生而言，"大量阅读"不是一件课余锦上添花的事，而是实打实的学习需求。

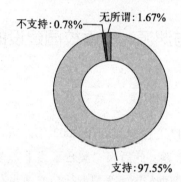

图 1-1　关于学生对学校创建书香校园的态度问卷调查统计

　　学校师生都非常重视书香校园的建设。根据问卷的分析可知，97.55%的学生对于书香校园的建设持肯定态度，从图 1-1 足以看出学校学生对于书香校园建设的热情。

　　除了学生之外，教师对书香校园建设也持有一样的态度，同样重视书香校园的发展。

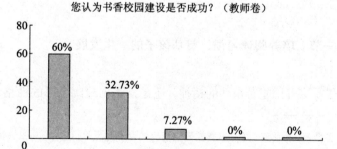

图 1-2　关于教师对书香校园建设是否成功的问卷调查统计

从图1-2可以看出，认为学校书香校园建设"非常成功"的占总人数的60%，可见大多数老师对于学校此项项目的开展持非常肯定的态度。32.73%的教师认为学校书香校园建设"比较成功"，可见也是态度较为积极的。从问卷的调查统计可以看出，所有参与问卷调查的教师认为"不太成功"和"不成功"所占的比例是零。由此可见，学校书香校园还是受到了在校教师的很大肯定。

> 书是知识的源泉，是开发人类智力的钥匙。现在很多家庭为孩子购买了大量的书籍，但收效仍然有限。一方面，家庭不能给孩子边看边交流的环境；另一方面，孩子的图书购置和阅读范围是由父母好恶而决定的。
> ——选自头站镇中心学校小学部一年级（1）班书香班级之学生感悟

值得一提的是，学校的教师认为"读书改变人生"这句看似很抽象的话具有深刻的意义。认为读书对培养人的性格有积极影响的教师占到本次调查的98%以上。而性格的形成对一个人的人生有着重要的作用，如何能够形成良好的性格是学校教育的重要目标，读书就是一种途径。

书香校园的建设与核心素养息息相关。所谓核心素养，可以概括为一种能力：

> 学生发展核心素养，主要是指学生应具备能够适应终身发展和社会发展需要的品格和能力……中国学生发展核心素养以"全面发展的人"为核心，分为文化基础、自主发展、社会参与三个方面，综合表现为人文底蕴、科学精神、学会学习、健康生活、责任担当、实践创新六大素养。①

之所以倡导读书，是因为读书可以培养学生多方面的能力，其中文化基础、自主发展和社会参与这三大方面的能力均可通过读书获取。从文化基础层面上看，学生可以通过阅读经典书籍积累文化底蕴，进而在有深厚知识底蕴积累的基础上提升科学探究的能力。从自主发展层面上看，学生通过阅读养成学会学习的良好习惯，以培养其终身学习能力；

---

① 核心素养研究课题组. 中国学生发展核心素养[J]. 中国教育学刊，2016（10）：1—3.

另外，学生可通过阅读领略各色人生的波澜壮阔，从而锻炼其心理素质。从社会参与层面上看，学生可以通过阅读书籍激起社会责任感，以培养其社会责任意识。阅读可以促使学生进行反思探索，培养其创新精神和实践能力。具体情况如图1-3所示：

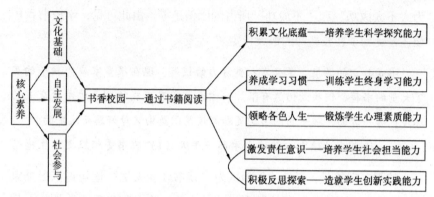

图1-3 核心素养背景下书香校园建设与学生能力培养关系图

一、积累文化底蕴，培养学生科学探究能力

对于读书的意义来说，从图1-4问卷调查统计可以看出，龙江县头站镇中心学校的教师十分推崇读书的重要意义。有83.64%的教师认为"读书改变人生"这种说法非常有道理，而剩下的教师均认为这种说法有一定道理，认为读书改变人生的说法没有道理的人数为零。由此可见，读书非常重要。

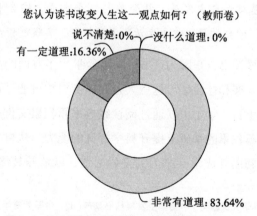

图1-4 关于教师对读书改变人生的看法问卷调查统计

文化基础包括人文底蕴和科学精神。人文底蕴的培养从某种程度上说是一种文化的积淀，这种积淀自然与平时的阅读积累息息相关；科学精神则是一种思维能力，而这种思维能力的获取也离不开阅读的优秀原料的储存。"就人文底蕴和科学精神两者而言，人文底蕴更具有基础性，这是因为个体的人文素养对于社会的人来说完全不能缺席。"[1]

中国文化经典承载的是中华文明的精神内涵与修养。这种内涵修养对人的影响是润物细无声的。而文化经典承载了无数积极向上的内容，有充足的材料供人学习。获取这种充足材料的一个重要途径就是阅读书籍。

人类伟大的智慧和思想往往深藏在那些伟大的经典书籍之中。[2]

此种说法实则并不夸张，现实生活中很多困惑可以从阅读经典书籍中找到答案。

读书对孩子的影响是潜移默化的，对孩子能力的培养也是润物细无声的。书香校园的建设可以让学生养成科学探究的能力、积累相应的文化底蕴，让学生将来发展得更为出色。

二、养成学习习惯，训练学生终身学习能力

终身学习的重要性不言而喻，它是当今社会中学生需要具备的必不可少的能力。

终身学习是一种生存方式——在终身学习视野里，学习活动开始超越教育范畴，即它不仅涉及教育范畴，还更涉及生存范畴。进一步说，终身学习正在成为人的一种至关重要的生存责任，也正在成为人在未来社会中的一种生存方式——没有终身学习，就无所谓人的一生的社会存在，就无所谓人的一生的生存质量。[3]

---

[1] 刘庆昌. 人文底蕴与科学精神：基于《中国学生发展核心素养》的思考[J]. 教育发展研究, 2017 (4)：35—41.
[2] 朱永新. 以阅读为翼：新教育实验的阅读理论与实践[J]. 人民教育, 2017 (10)：12—17.
[3] 高志敏. 关于终身教育、终身学习与学习化社会理念的思考[J]. 教育研究, 2003 (1)：79—85.

由此可见，终身学习其实已经涉及了生存的基本能力，如果不具备终身学习能力，那么就不可能有好的生存质量，更谈不上生存的意义。

我来自一个充满书香的家庭。我和爸爸妈妈都很爱看书，我们经常在一起做伴读书。在我的心目中，为一本好书或一个精彩段落进行讨论是最有趣的事情，各执一本好书细细品读是我们家最享受的时光。有的时候时光流逝浑然不觉，读书一个小时，仿佛只过了十分钟，我有时还会读得如痴如醉、"失魂落魄"。漫游在书的海洋里，饱览大作家笔下的精彩故事和优美篇章，我和爸爸妈妈仿佛进入了一个多彩的世界。

——选自头站镇中心学校小学部一年级（1）班书香班级、书香家庭创建之学生感悟

这位学生强调说，一个爱读书的家庭应该有很多的藏书。他们家就有250余册的藏书，这些书有的是大作家的著作，如曹文轩的《根鸟》《山羊不吃天堂草》《草房子》、郑渊洁的《舒克与贝塔》《皮皮鲁传》；有的是他喜欢的科学读物，如《少年万事通》《十万个为什么》《宇宙未解之谜》；还有的是儿童杂志，如《和福尔摩斯一起探案》《我们爱科学》《幽默与笑话》《启迪与智慧》……这些书籍是一个载体，利用这个载体，可以为学生营造一种读书氛围，从而使一个家庭真正做到书香四溢。而终身学习能力的培养绝不仅仅是成人的专利，如果在学生时代没有对此能力的训练，那么在学生成人之后对这种能力的发展就无从谈起。从这个层面上看，学生终身学习能力的培养的重要性就显现出来了。而这种能力的获取需要学生学会学习，读书恰好是培养学生学会学习的重要桥梁。

三、领略各色人生，锻炼学生心理素质能力

读书跟人的性格有很大关系，从下面的问卷调查统计（图1-5）中也可以看出：

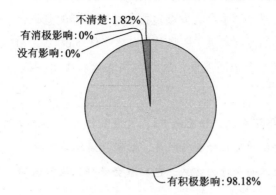

图 1-5　关于教师对于读书对人的性格的形成有什么作用的问卷调查统计

伴随着现代素质教育的开展，学生心理素质培养也就愈发显得重要。

心理素质不仅是学生素质的重要组成部分，而且对学生素质的发展有很大的制约作用。心理素质既是素质教育的出发点，又是素质教育的归宿。①

具体来看，心理素质可以理解为一种多层面的心理品质。有研究报告指出与心理素质相关的六方面因素：

本研究获得了六个结构因素，不同结构因素代表了心理素质的不同方面。依据各因素评价等级，六个因素的重要性依次排列为：社会适应素质、自我完善素质、职业性格素质、能力素质、人际管理素质、再生素质。②

其中，自我完善和社会适应相互影响，而人际管理和职业性格密切相关，能力与再生素质则密切相连。读书的一大好处在于可以让学生去感受各色人生，从而让学生的各种能力在无形中得到发展。因为学生的能力本身就是不可割裂的，而读书的作用恰恰是让各种能力相互适应、相互融合，从而让学生真正做到全面发展。

---

① 张大均，等. 关于学生心理素质研究的几个问题[J]. 西南师范大学学报（哲学社会科学版），2000（3）：56—62.
② 许燕. 面向 21 世纪高师学生心理素质结构的研究[J]. 教育研究，1999（10）：36—41.

四、激发责任意识,培育学生社会担当能力

社会责任感是学生个人发展过程中必须培养的意识,"社会责任感是个人对社会的发展与进步所具备的基本责任意识"①。如果没有这种意识,那么就谈不上全面发展,故而在核心素养中责任担当是重要范畴之一。

"士不可以不弘毅,任重而道远。"责任担当作为核心素养的六大模块之一,主要指学生在处理与社会、国家、国际等关系方面所形成的情感态度、价值取向和行为方式,包括社会责任、国家认同、国际理解等基本要点。②

责任担当,简单来说,是一种良好的人生态度和价值观。在处理各种关系的时候,有良好的价值取向就可以说是一种担当。进一步说,就是摒弃事不关己的思想,去体现一种职责所在,这毫无疑问是一种精神上的升华。这种精神上的升华可以通过读书获取。

范仲淹曾说过"先天下之忧而忧,后天下之乐而乐",从中可看出范仲淹的家国情怀,这无疑是一种责任担当。其实,范仲淹是古人刻苦读书的典范,《范仲淹有志于天下》曾载:

范仲淹二岁而孤,母贫无依,再适长山朱氏。既长,知其家世,感泣辞母,去之南都入学舍。昼夜苦读,五年未尝解衣就寝。或夜昏怠,辄以水沃面。往往饘粥不充,日昃始食,遂大通六经之旨,慨然而有志于天下。常自高能诵曰:当先天下之忧而忧,后天下之乐而乐。

也就是说,范仲淹对于读书已经达到了废寝忘食的地步,在日夜苦读之中终于探析《六经》之要领,从而立下了心怀天下之志向。这便是"先天下之忧而忧,后天下之乐而乐"之来源吧。由此可见,读书充实了范仲淹的精神生活。当一个人精神生活丰满的时候,即使物质上呈现

---

① 姬广凯,陈文玉. 论大学生社会责任意识的培养[J]. 黑龙江高教研究,2016(6):130—132.
② 王晓瑭,安利萍. 基于核心素养的学生责任担当意识的培养[J]. 教学与管理,2017(33):71—73.

出匮乏的状态也是毫不在意的,而在读书的过程中会受到书中经典人物思想的熏陶。比如,范仲淹在读《六经》之时自然能够领会到家国天下的重要,在心中树立了相应的志向。对于家国天下的责任是激励范仲淹读书的动力。从中不难看出,读书可以培养一个人的家国情怀,从而树立正确的价值观念,体现出一种责任担当。

五、积极反思探索,造就学生创新实践能力

"创新是一个民族进步的灵魂,是国家兴旺发达的不竭动力。"① 所谓的实践创新,即在解决个人遇到的困难与挑战的过程中所培养出来的一种实践能力,应对挑战和解决问题过程中伴随而来的是创新意识的培养和创新能力的养成。创新能力培养的重要条件是不要扼杀学生的想象力。1992年诺贝尔生物学奖获得者埃德蒙·费希尔教授曾指出:

美国的中学教育从表面上看似乎不太好,但学生到大学能拥有良好的学习状态,而且这种学习状态比欧洲任何国家都好,主要是中学时期他们的想象力没有被限制,这是中学时代打下的基础。②

由此可见,在基础教育阶段美国学生似乎稍逊一筹,但是在进入高等教育之后则可立刻弥补回来,究其原因是美国学生保持着一种想象力。很遗憾,相较而言,中国学生的想象力略显匮乏。而读书是培养学生想象力的重要渠道:

长期读书不仅能促进内部语言的发展,而且能改善思维的准确性、广泛性、深刻性、灵活性和创造性。苏联作家贝内特·塞尔夫说,读书使"你自己的想象力和作者的想象力一道飞翔,甚至超越他的。你的经验和作者的比较起来,所得的结论可能一样,也可能不同,但了解了他的关键就可以建立起你自己的观念"。③

---

① 张学洪. 创建实践教学平台 提升学生创新能力[J]. 中国高等教育,2012(6):25—27.
② 朱哲. 创新能力:保护比培养更重要[J]. 人民教育,2014(10):31—33.
③ 丁林兴. 读书论"营造书香校园"的理论与实践研究[M]. 苏州:苏州大学出版社,2011:35.

因此，读书使人所得到的升华并非表面而是内在的。更为深刻的是，读书可以让自己的想象力和作者的想象力一同翱翔。于想象力本身，就是创新能力所必需的一环。在现如今中国学生想象力普遍匮乏的背景下，通过书香校园的建设，让学生在读书中培养想象力，从而让创新能力的发展上升一个台阶，是十分重要的。

第二节　聚焦办学理念，彰显书香校园文化特色

我校着力于书香校园的创建，由此在农村学校中形成书香满园的局面。从学校的创建中可以看出书香校园建设的历史渊源，学校的办学理念彰显了书香校园的办学特色。此外，书香校园的建设引领了农村的新风尚，为学习型社区的创建贡献了自己的力量。

一、书香校园创建的历史渊源

头站镇中心学校始建于 1963 年（前身为 1946 年成立的识字班），建立之初起名为头站农业完全小学，第一任校长为闫福绵。1966 年，学校改制为三年制农业中学，校长仍为闫福绵。1968 年开始办二二制初高中，更名为红卫中学，1970 年撤销高中，恢复三年制初中，同时更名为头站中学，其间经历了李树坤、程云鹏、赵振烈、朱文明几任校长，直至 1984 年国家撤销公社成立乡级政府，学校改为头站乡中学。1998 年全国遭遇百年不遇的洪水，在当地政府和武警部队的援助下，学校新建 2 100 平方米教学楼，改善了办学条件。为了感谢武警部队对头站教育的支持援助，学校又一次更名为头站乡八一中学，在此期间校长是曹清。2003 年 5 月教育体制改革，乡镇中心校和中学合并，组建了乡镇中心学校，由原来的两套班子组成一个班子，主管全乡中小学校教育教学工作，王恩海任新组建的中心学校第一任校长。2009 年 7 月全县乡镇中心学校校长竞聘上岗，于红梅同志来到头站乡中心学校任校长。2012 年韩维波同志调至头站乡中心学校任校长。2014 年 11 月头站乡升级为镇，中心学校更名为头站镇中心学校。2015 年 7 月王洪会调至头站镇中心学校任校长，组建新一届领导集体至今。

纵观从建校到现在的50多年间，在不同历史时期头站教育为当地经济建设和上级学校输送了许多优秀人才。其中以郭万海（大连舰艇学院教授，少将）、马玉春（师政委，大校）、崔金柱（原北京军区，大校）为代表的部队人才；以侯存建（原国家煤炭部局长）、徐汉德（副厅级）为代表的国家工作人员；以张金良、马坤为代表的高科技人才……我校走向全国各地各条战线的人才举不胜举，他们的发展与学校的培养是分不开的。

经过几代人的不懈努力，学校各方面条件明显改善，教学效益明显提升。2010年学校进入省级标准化合格学校行列。2017年学校在以王洪会为校长的领导集体的带领下发生了翻天覆地的变化，6 000平方米教学大楼拔地而起，修建了2 100平方米实训楼，现在教室宽敞明亮，实验室、功能室设施设备齐全，教育技术装备已经基本达到省级二类标准以上。在现有办学条件基础上，学校狠抓内涵建设，重点打造书香校园建设，构建适合我校发展的"自主互助学习型"课堂教学模式，创新和发展新的艺体特色项目，开发生涯规划课程体系，创办学生劳动实践基地，多措并举，齐头并进，全力以赴办好人民满意的学校，为学生终身发展奠定基础。

头站镇教育历史悠久，历史文化源远流长。建校以来，头站教育事业在不同历史时期为党和国家及当地经济建设培养了一批批优秀人才，为社会主义现代化建设做出了突出贡献。2015年，新一届领导集体站在教育事业发展的新起点，上下一心，努力奋进，让头站教育焕发出勃勃生机。

二、学校办学理念与书香校园的创建

学校以创建"书香校园"为导向，营造良好的读书氛围，精心设计积极可行的读书活动，让学生在活动中体验读书的乐趣。这进一步提高了学生的思想觉悟和文化底蕴，营造了清风缕缕满校园的书香氛围。学校把培养学生良好的读书习惯定为养成教育的重中之重，把培养学生的读书习惯作为一项系统工程，并确定为学校的办学特色。而学校对于学生学习习惯的养成也是一点一滴的，也就是说，在一步一步之中逐渐培养学生良好的学习习惯，由此促成学校书香校园建设的不断推进和完善。

书香校园的建设有利于培养良好的学习习惯，这点从问卷调查统计（图1-6）中也看得很明显：

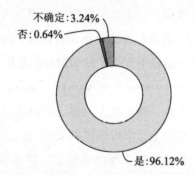

图1-6 关于书香校园建设是否有利于培养学生良好阅读习惯的问卷调查统计

书香校园建设是否有利于学生自然不仅仅是教师说了算，读书让学生受益才是问题的关键。而从龙江县头站镇中心学校书香校园建设现状调查统计中可以看出，有96.12%的学生认为读书确确实实培养了自己良好的习惯，让自己从中受益。这是学校倡导书香校园建设的意义所在，因为学校提倡图书的阅读落脚点还是让学生变得更好，由此可见，学生确实在一点一滴之中养成了阅读的习惯。

（一）校内外结合，培养学生读书时认真思考的习惯

首先，学校遵循课内外结合的原则，着眼于激发学生的读书兴趣。在课堂教学中有意识地引导学生学会读书方法，明确记读书笔记的具体要求，培养学生良好的读书习惯，激发学生的阅读兴趣，扩大阅读面，大力提倡多读书、好读书、读好书、读整本书，有意识地把课堂向课前、课后延伸，用课堂上的一个四十分钟带出几个、几十个……四十分钟。由此让学生在无形之中养成相应的习惯，从而能够在最大程度上取得相

应的成效。从图1-7可以看出，超过一半的学校教师认为，学校进行书香校园建设的首要原因是培养学生的学习兴趣。由此可见，学校书香校园建设的立足点在于让学生的兴趣得到激发，从而可以更好地适应学习的需要。

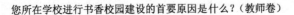
您所在学校进行书香校园建设的首要原因是什么？（教师卷）

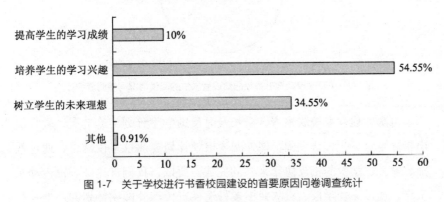

图1-7 关于学校进行书香校园建设的首要原因问卷调查统计

在学校书香校园建设之后，确实达到了培养学生兴趣的目的。由图1-8可知，91.82%的教师能够感受到学校书香校园建设之后学生更为积极地阅读了。由此可见，培养学生读书的确能够启发他们的阅读兴趣，培养他们的阅读习惯，这是一种潜移默化的影响。

其次，学校开设读书活动课，指导思考的内容和方法。学校每周开设一节读书指导课，教师对学生进行充分指导。第一，书目选取指导。指导学生如何挑选适合自己阅读的课外书籍，避免借书的随意性、盲目性，形成课外时间的无意浪费。第二，加强读书方法的指导。教师指导学生训练并掌握读书方法，如跳读、略读、速读、精读等。第三，加强阅读中记笔记的指导，如摘抄、写读书心得等，让学生逐渐养成不动笔墨不读书的良好习惯，加强学生知识的积累。学生读书时渐渐养成思考的习惯，写出一本本详细的读书笔记、一篇篇发自肺腑而感人至深的读后感，这使得学生在读书中获得了实实在在的收获。

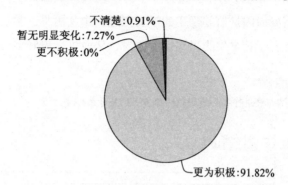

图 1-8　关于学校实施书香校园建设后学生的阅读情况问卷调查统计

再次,建立家校联系卡,家长及时反馈学生计划实施情况,教师提出指导意见。学校认识到,课外阅读指导计划要通过家校结合,通过教师、家长、学生的相互协作来共同完成。所以,我们首先做好宣传动员工作,通过家长学校、班队会等多种途径宣传课外阅读计划的益处及长远意义,使此项计划受到周围人群的重视和支持;另外,由教师、家长带头,营造读书的氛围,给学生创造一个良好的读书空间。在此基础上,我们的计划得以顺利实施。虽然时间不长,但已达到了我们预期的目的:家长满意;教师的课堂教学进行得顺利,学生通过阅读能够搜集到许多资料;学生能够坐下来、读进去、学进去;课外阅读已成为学生课余生活的重要组成部分,课外阅读使学生体味到了读书的乐趣,知识的丰富使学生更加自信,更重要的是学生已经初步养成了读书时思考的习惯。

(二)以学校图书室和班级图书角为载体,培养学生读书、善于交流的习惯

首先,学校致力于营造良好的读书氛围,最为典型的是学校图书角的设立。具体来看,学校在班级设立图书角,学生从家里带书,选出本班负责而又热心的同学做图书管理员,负责登记、保管、借阅等,并在年段间交换借阅。学生们热情极高,挤在一起还书、借书,都不免要讲讲自己所获得的新鲜知识,推荐自己看过的好书。渐渐地,学生们谈论

书的现象多了，读书的风气渐渐形成，交流的习惯逐渐养成。

其次，开展多种形式的活动，交流读书的感受和收获。学校一般以班级为单位，每学期召开两次班级故事会，让学生谈在故事中受到真、善、美的感染和熏陶，谈读书后的体会、收获。学生在活动中畅所欲言，积极性高涨。这样的活动既提高了学生的口头表达能力，又培养了良好的心理素质，还塑造了良好的品德行为。

最后，充分利用学校图书室，开展图书借阅活动。学校图书室藏书丰富、种类多样，都是适合小学生年龄特点的优秀图书。为了充分利用学校现有图书资源，我校开展了图书借阅活动。以班为单位定期进行图书借阅，学生可以根据自己的需要和爱好选择图书，这一活动不仅使学生体会到读书的乐趣，而且培养了读书交流的习惯。

学校的老师和同学们都认为，图书角的设立、书香校园的创建有力地促进了班级集体精神文明建设，它把学校精神文明建设的内容有效地渗透到班级文化氛围中去。在课外学习阅读中，同学与同学之间对相同问题的争论产生了，交流更频繁了。将学生喜好的书籍放到一起，他们可能会找到知音，找到对共同感兴趣的话题进行探究，使他们在读书中知识得以拓展。同时学生在读书中也不会感到枯燥乏味，在这样的环境中他们更能快速成长。

（三）为学生搭建读书成果展示的平台，促进学生各种读书习惯的养成

为了调动学生读书的积极性、激发学生读书的兴趣、促进学生各种读书习惯的养成，学校开展了丰富多彩的读书活动，为学生搭建了一个个读书成果展示的平台。

（1）充分利用"红领巾广播站"，开设"品读创写"专栏，播出学生的心得体会、读后感。

（2）自编手抄报。随着课外阅读的广泛展开，学生的知识层面不断扩大。让学生自编手抄小报，广泛介绍古今中外的优秀作家、作品，推荐读书方法；根据从广播、电视、报刊上获取的信息，自做手抄报，表

达他们对社会、生活的看法。

（3）鼓励学生积极参与上级举办的读书读报知识竞赛、读书征文比赛等活动，并及时通报学生获奖情况，增加每位学生的自信心、自豪感和成就感。

（4）学校创办了校刊《老区新绿》。学生的读后感、观后感、读书生活等方面的优秀稿件均可以刊出，每月一期，下发到各个班级，使学生的读书作品可以在全校范围交流，使学生的读书成果得以展示，以此激发学生的读书写作兴趣、培养读书习惯。

（5）建立奖励机制。每学年进行一次读书笔记评选，促使学生做好此项工作，成为习惯；每学年进行一次读书之星的评比表彰。

（6）开展各种形式的比赛，如"迎国庆、庆中秋"诗歌朗诵比赛、"我们的节日——端午"诗歌朗诵比赛、歌颂祖国诗歌朗诵比赛、经典诵读等活动。仩参加县教育局举办的经典诵读比赛活动中，学校选送的《黄河颂》荣获一等奖。

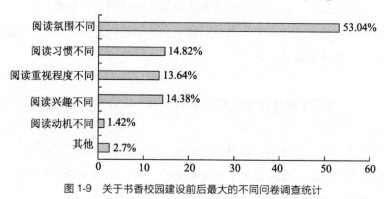

图1-9 关于书香校园建设前后最大的不同问卷调查统计

从问卷调查统计（图1-9）中可以看出，学校的各项活动切切实实地营造出了一种良好的氛围，有超过一半以上的学生体会到了书香校园建设前后阅读的氛围发生了变化。周围的环境可以对人产生一种潜移默化的影响，在阅读氛围被激发的情况下，学生在这个环境之中自然能够更加积极地进行读书活动，进而有利于自身以后的学习生活。

随着各种读书活动的开展，学校的读书氛围更加浓厚。这有利于培养学生对读书的极大兴趣，学生已经初步养成了良好的读书习惯，学生的读写能力和语言表达能力在原有的基础上有了大幅度提高。

（四）教师向学生推荐阅读书目，使书香校园建设顺利开展

营造浓郁的读书氛围，夯实课外阅读活动的效果，发挥语文老师对学生的激励作用，教给学生正确而有效的阅读方法，向学生推荐优秀课外读物，这些都激发了学生的阅读兴趣，并且渗透进书香校园建设。

从学期的第一周开始，教师根据学期制订的班级读书计划，精心挑选适合学生阅读的课外书。结合学生的年龄特点，高年级老师向学生介绍作者，教会学生看目录、提取信息，鼓励学生大胆想象情节，培养做笔记的习惯。低年级老师充分利用绘本图文并茂的优势，创设具体情境，带领学生走进故事之中，指导学生观察图画、展开想象、合理表达，挖掘图画中潜藏的丰富内容，锻炼了学生细致入微的观察能力，提高了语言表达能力，丰富了情感体验。

这些活动取得了相应的成效。

第一，点燃了老师们的读书和钻研热情，大家将读书作为自己的日常所需。平时繁忙的工作让老师无暇去认真阅读课外书，现在为了上好阅读课，老师们纷纷给自己制订了可行的读书计划。利用工作之余尤其是晚上临睡前的时间翻开课外书去阅读，陶醉在书香中，浸润在人间最美好的情感里，对书的感情更浓了，心更静了，工作的热情更高了，阅读的感悟更深了。

第二，将课外阅读纳入正常的教学之中，改变了以往老师只布置阅读任务，不进行阅读指导，学生只盲目去读，不注意方法的阅读模式。以前没有阅读指导课，老师们只是倡导学生去阅读课外书，至于读什么、怎么读都没有明确的说明，学生拿到书也只是凭兴趣，囫囵吞枣地完成，读完也不会留下什么深刻的印象。上完阅读指导课之后，学生明确了自己的阅读目标和阅读顺序，摆脱了以往的盲目和尴尬。

第三，激发了学生的阅读兴趣，营造了良好的阅读氛围。之前喜欢

阅读的总是班里的一小部分学生，很多学生对阅读没有兴趣，尤其是看到厚厚的一本书就望而生畏，通过阅读指导课老师的精彩推荐，学生读书热情高涨，类似的书籍也成为炙手可热、大家争相阅读的好东西。

第四，形成了一套清晰可操作的读前指导方法，使学生阅读时有章可循。在低年级的绘本阅读中，老师通过对绘本的形象讲解，让学生主动地参与听故事和说故事。在教学设计中通过感受教师在说故事时候的投入与专注态度，学生会了解到说故事本身也是一种很有趣、很有价值的活动。如此一来，学生也会变得愿意与人分享他们自己创作的故事和融入故事中的真实生活经验。中高年级以激发学生阅读兴趣为主，教给学生阅读整本书的方法，在阅读中随时摘抄优美语句、积累文字、记写心得，养成"不动笔墨不读书"的好习惯。

另外，读书从某种角度上说可以让孩子体会生活中的情感。比如，孩子们就在读书之中体会到了之前没有体会过的父亲的爱。

> 生活中我们常常感觉到母亲的温柔和慈爱，却忽略了父亲严厉的爱。父亲的肩膀是宽厚的、沉重的，父亲的手是粗糙的、有力的，父亲的脸上常常充满了严肃的表情。这就是严厉的父爱。你做对了，不轻易夸奖你；你做错了，狠狠教训你。父亲是家庭的顶梁柱，让我们细心感受父亲内心深藏的爱，理解父亲，感谢父亲。
> ——选自头站镇中心学校小学部李春香的《寻找如山的父爱班会感悟》

父爱是严肃的、刚强的、博大精深的。父爱同母爱一样伟大，只是父亲表达爱的方式不同而已。关于父爱这个话题也需要同学去感悟，而这些感悟都可以通过日常的读书获取。在读完书之后，学校组织开展主题班会，来进行情感上的升华和感触。这是读书所带来的，也是实施素质教育的体现。

学校一直在深入推进素质教育，切实提升学生的综合素养，培养学生广泛的阅读兴趣，从而强化小学生阅读的管理，初步形成阅读评价体系，培养学生浓厚的阅读兴趣和良好的阅读习惯，为学生的终身发展和幸福人生奠定基础。学校开展每周一节大阅读课活动，具体实施方案目标如下：

① 通过活动，在校园内形成热爱读书的良好风气，建成"书香校园"。

② 通过活动，培养学生博览群书的好习惯。

③ 通过活动，激励学生汲取中外名著精华，促进文化积累、提高语文素养。

④ 通过活动，激发学生课外阅读兴趣，培养良好阅读习惯，提高文化素养，促进全面发展，促进学生知识更新及综合实践能力的提高。

学校的目的在于，通过活动，让学生形成相应的习惯、提高相应的文化素养、促进知识的更新，从而扩宽学生的知识面，使学生充分了解世界。在这个基础上，促成学生思维能力的活跃，促使综合实践能力的提升。

三、引领新农村新风尚，创建学习型社区

学习型社区的建设实际上有深厚的历史渊源。"我国学术界在世纪之交开始注意学习型社区的问题。受圣吉的学习型组织理论的启发，海峡两岸有一批学者对学习型社区进行了广泛深入的探讨，形成了一些观点和主张。台湾学者胡梦鲸在论及学习社会概念时指出，发展学习社会应具有的六项条件之一就是形成学习型社区，它是一个人人均能终身学习的理想社区。张菀珍在归纳有关观点后把学习型社区界定为：学习型社区是一个组织网络化的学习成长的有机体，是一个适合终身学习的物理的、经济的、文化的、精神的生活空间，其本质在于以培养社区居民终身学习能力为目标，在社区中营造一种学习的环境和文化。期望透过全员的学习成长，共同关心社区事务，为追求社区永续性发展愿景而共同努力。"① 由此可见，学习型社区的建设是一个发展的过程，是一个适应时代发展需要的过程，这与终身学习密切相关。

实际上，学习型社区是一个在社区范围内几乎人人学习、时时学习、

---

① 郑淮.学习型社区的建设问题及策略[J].华南师范大学学报（社会科学版），2003（3）：92—95，151.

处处学习的社区。有些地方挂的标语"人人是学习之人、时时是学习之时、处处是学习之所"形象地反映了学习型社区的基本特点。① 而如何才能够让人人都学会学习则成为关键所在。书香校园建设的一大特色是让学生明确阅读的意义，让学生学会阅读，由此形成良好的习惯，这种习惯对于学生未来终身学习发展有深刻的意义。而如果在农村实行书香校园的建设，则可在农村形成一种良好的风尚，从而引领新农村的发展。

"从历史、现实和未来来看，农村教育始终是中国教育体系中的重要组成部分，是乡村振兴战略实施的重要抓手，在中国教育改革和发展中处于特殊而重要的地位。新中国成立70年，是中国农村教育由'数量式'发展向'内涵式'发展的70年，也是农村教育事业体制机制不断创新、政策杠杆作用充分发挥的70年。尤其是党的十四大以来，我国坚持教育优先发展的战略，大力促进教育公平，合理配置教育资源，重点向农村、边远、贫困、民族地区倾斜，确保了农村'两基'目标的实现，农村教育结构发生深刻变化，形成了义务教育、职业教育、成人教育共同发展的良好局面，使农村教育服务'三农事业'的潜力进一步增强，农民的科学文化水平与技术素质稳步提升，为乡村振兴注入内生动力。"②

由此可见，农村教育是中国教育体系中较为重要的一环，尤其是在基础教育阶段。如果农村教育取得良好的成效，可以让学生其他方面的教育取得相应的发展，由此可以更好地促进教育公平的实施和教育资源的合理配置。在农村实施书香校园建设，可以让学生知晓学习的意义、养成优良的学习习惯，这种影响是潜移默化的，同时也是最有效果的。

第三节　把握教育规律，遵循书香校园相关理论

书香校园的建设总体来看遵循了相应的理论。具体来看，书香校园

---

① 李继星. 学习型社区论[J]. 高教探索, 2003（2）：50—53, 62.
② 李松. 新中国成立70年我国农村教育：经验、问题与对策[J]. 河北师范大学学报（教育科学版），2019（4）：46—53.

符合情境教学理论，创设相应的情境让学生沉浸于相应的读书环境，营造出良好氛围；书香校园与建构主义理论也有相应的联系，通过相应环境和学生知识背景的建构让其养成相应的读书习惯；此外，书香校园建设也符合"从做中学"。

一、情境教学理论

情境教育思想被引入中国，在教育界产生了较大影响，其中代表性的人物有李吉林。在李吉林的带领下，情境教育思想发展成为系统的情境教育理论。情境教育理论依据马克思关于人在活动与环境的相互作用和谐统一中获得全面发展的哲学原理构建。

（一）情境教育理论基本原理

李吉林指出，情境教学理论体现了暗示诱导、情感驱动、角色转换以及心理场整合四大原理。

（1）暗示诱导原理。情境教育根据教育教学的远期目标和近期目标，针对儿童特点，或运用图画、音乐、表演等艺术，或运用现实生活的典型场景，直接诉诸儿童的感官。当儿童进入情境时，能够很快激起强烈情绪，形成无意识的心理倾向，情不自禁地投入教育活动中，表露出内心的真情实感，迅速地对学习焦点的变化做出反应。

（2）情感驱动原理。情境教育利用移情作用，形成身临其境的主观感受，在加深情感体验中陶冶情操。儿童从关注开始，对教育内容产生积极的态度倾向，激起热烈的情绪投入教学活动；然后，情感不由自主地移入教学情境的相关对象上，随着情境延续，儿童情感逐步加深，最终情感弥散渗透到儿童内心世界的各个方面，作为稳定的情感态度、价值取向逐渐内化，融入儿童个性。

（3）角色转换原理。在特定的教育教学情境中，蕴含着教育者的意图。结合教材特点所设计的角色，既引起儿童再现教材角色或相关角色的活动，又引发儿童进入角色、体验角色、评价角色的心理历程。儿童的主体意识在其间逐步形成，并逐渐强化。

(4) 心理场整合原理。人为创设的教育情境、人际情境、活动情境、校园情境使儿童的生活空间不再是一个自然状态下的生活空间，而是富有教育内涵的、富有美感的、充满智慧和儿童情趣的生活空间。"情境—教师—学生"三者间形成多向折射的心理场，促使儿童情不自禁地学习，教学便由此进入沸腾状态。

（二）情境教育理论与书香校园

情境教育理论与书香校园的建设紧密相关，通过相应情境的创设让学生进入读书的情境之中，从而能够取得相应的教育成效。

1. 打造相应情境，形成暗示诱导

情境教学提倡教学"强化感受，淡化分析"，通过优化情境引导儿童从感受美的乐趣中感知教材。通过情境向儿童展示生活场景，生动画面、音乐旋律、角色扮演或实物演示这些具体的形象为儿童理解语言提供了认知上的准备。进入情境后，儿童作为审美主体，通过感官与心智去感受、体验，儿童的视觉、听觉等就在不断地指导中变得敏锐、完善起来，直接影响其直觉和悟性的提高。为强化感受，情境教学注重儿童的观察活动，将指导观察、发展思维、训练语言、陶冶情操结合起来进行。感觉训练使儿童对周围世界日渐留心，积累了丰富的表象，有效地提高了儿童的语言素养、情感素养。

书香校园建设可以让学生形成相应的感受，从书香的教室环境来看，学校的教室分别放置了相应的书籍，由此可以对学生产生潜移默化的影响。校方规定教师要根据学生的需要放置相应的书籍，让学生有充分的自主阅读行为；教师要适时更换教室内部的教学环境，达到教学环境与教学内容的高度一致。目的在于通过布置与教学内容高度相关的环境，使学生在进入教室的同时，进入一个与教学内容融合的情境，使学习过程与环境交相辉映，从而在书籍中体会到相应的成效，让学生沉浸在书本的海洋里。在此期间，学生会在无形之中形成相应的心理暗示。这种习惯的养成是在不知不觉之中的，同时也是最有效的。

2. 关注学生内心体验，形成情感驱动

学校的教学与活动十分重视学生的感受性。在教学中，应该让学生体验与感受人物的心理活动，读书恰好可以让学生形成这种适宜的内心体验，从而形成相应的情感体验。

学习的认知程度具体表现为学习态度。良好的学习态度在很大程度上可以使学习达到事半功倍的效果，态度能左右学生的学习结果。一般情况下，学生喜欢的科目普遍成绩良好，不愿学习的科目则往往一塌糊涂。新课程就是尽最大努力让学生喜欢上学习，完成由"要我学"到"我要学"的转变。而这种良好的态度可以在读书的过程中逐步养成。

读书可以扩展学生的知识面，课堂上一些难以理解的知识点可通过读书获取。由此激发学生的学习兴趣，这种学习兴趣可以进一步转化为学习动力，学生在这种动力的催动下，会生成良好的学习态度。比如，在历史课上，学生可能对某一历史事件兴起的原因感到困惑，进而有学习的压力和负担。但是在课外阅读的过程中，在了解了当时时代背景之后，对具体事件的原因也就知其所以然了。之后当他再看这个历史事件时，便会对其兴起原因心中有数了，进而去阅读学习相应的知识，久而久之，良好的学习态度便会生成。不夸张地说，读书可以是一种习惯上的养成，是有意识的训练和无意识内化的结合。

然则读书有法又无法，可谓"无法之法，乃为至法"。有法之径，在探索，在总结，在勤思与修为；无法之谓，乃融入心脉，化为习惯，变为内在精神，从而主动追求，自觉而行。胡适有言，读书就靠养成好的习惯。①

读书的目的在于学到东西，而这种学习能力的获取和智力的发展在于主动地探索、总结，并在此之中精进自己的思考探索能力。在日复一日的思考探索中会不知不觉养成良好的习惯。良好的学习习惯又会促进成绩提升。

---

① 周国清，陈暖. 读书的意义与方法[J]. 书屋，2018（11）：79—81.

3. 沉浸书本情境，关注内心成长

首先，书籍中有许多职业成长的人生故事。当今时代职业数不胜数，但幸运的是，职业成长经历有一定的相似性。很多成功人士会把自己职业成长记录下来，供他人借鉴。对学生来说，在阅读这些文字的过程中可以感受到他人职业的成长历程，并从中获得启发。这类书籍具有一定的可读性，学生可在不知不觉之中学会一定的职业处理技巧，以锻炼其自身的职业发展能力。这种成长历程所包含的真实性事例有一定的直观性，易于使学生从中体会应学的人际关系处理技能，从而提升日后职业素质。

其次，书籍可以直接教授人际关系处理及职场生存技巧。除了自身间接总结相应人际关系处理经验之外，还有专门教授人际关系及职场应对方面的书籍。这类书籍的理论性较强，可通过短时间的阅读积累大量总结性质的信息，以增强学生自身素质。

二、建构主义理论

一般认为，建构主义发端于20世纪60年代的认知主义，核心主要体现为两个问题的探究：知识是什么？学生如何获得知识？对两个问题的不同回答和认识显然影响着教师的教学理念和教学实践。建构主义强调知识是一种学习者的主观建构，学习者积极、主动，并有意义地面对、接纳外界的各种刺激，解决各种问题，形成自己独特的知识结构和经验世界，从而适应并改造世界。

（一）建构主义理论基本原理

第一，知识观。强调知识的建构性、知识形成过程的社会协商性，即知识不是被"发现"的，而是被"发明"的，这是建构主义作为一种新知识论的共同特点。[1] 建构主义认为，知识不是先于或者独立于学习者而存在，而是学习者主动建构的结果，是一种意义建构，具有个人性、

---

[1] 高文，徐斌艳，吴刚. 建构主义教育研究[M]. 北京：教育科学出版社，2008：422.

情境性。知识不是对现实的纯粹客观的反映，任何一种传载知识的符号系统也不是绝对真实的表征。它只不过是人们对客观世界的一种解释、假设或假说，它不是问题的最终答案，它必将随着人们认识程度的深入而不断地变革、升华和改写，出现新的解释和假设。对于知识的真正理解只能由学习者自身基于自己的经验背景建构起来，取决于特定情境下的学习活动过程。

第二，学生观。学习者并不是空着脑袋进入学习情境中的。在日常生活和以往各种形式的学习中，他们已经形成了有关的知识经验，他们对任何事情都有自己的看法。即使有些问题他们从来没有接触过，没有现成的经验可以借鉴，但是当问题呈现在他们面前时，他们还是会基于以往经验，依靠自己的认知能力，形成对问题的解释，提出他们的假设。学习者之所以积极主动地对面临的各种刺激产生反应，是因为学习者本身就有建构知识的潜能、动机和可能性。所以，认知或学习不是发现已经客观存在的知识，而是探究、发明、建构知识的作用或过程。学生是学习的主体，所以应强调学生的自主性。学生是学习信息加工的主体，是意义建构的主动者，而不是知识的被动接收者和被灌输的对象。

第三，学习观。学习不是由教师把知识简单地传递给学生，而是一个积极主动参与的过程。学生不是简单被动地接收信息，而是主动地建构知识的意义，这种建构无法由他人来代替。学习总要涉及学习者原有的认知结构，学习者总是以其自身的经验来理解和建构新的知识和信息。学习不是被动地接收信息刺激，而是主动地建构知识，是根据自己的经验背景对外部信息进行主动地选择、加工和处理，从而获得自己的意义。

第四，教学观。教学不能无视学习者的已有知识经验，简单强硬地从外部对学习者实施知识的"填灌"，而是应当把学习者原有的知识经验作为新知识的生长点，引导学习者从原有的知识经验中产生新的知识经验。教师既不是知识的呈现者，也不是知识权威的象征，而应该重视学生对各种现象的理解，倾听他们的看法，思考他们这些想法的由来，并以此为据，引导学生丰富或调整自己的解释。教学应在教师指导下以学习者为中心,强调学习者主体作用的同时,也不能忽视教师的主导作用。教师应从传统知识传递的权威转变为学生学习的辅导者,成为学生学习的高级伙伴或合作者。教师是意义建构的帮助者、促进者,而不是知识的提供者和灌输者。

(二)建构主义理论与书香校园

建构主义理论的基本观点与书香校园建设紧密相连,通过书香校园的建设可以让学生内心形成相应的建构体系,从而能够适应内心发展的需要,进而为其下一步的学习打好相应的基础。可以说,在建构主义基本理论框架之中,书香校园建设越来越呈现出良好趋势。

1. 读书与学生自主性的获取

建构主义教育强调学生在教育中的主体地位,学生具有自主性。书香校园在建构主义教育理论的指导下,把学生看作教育过程的中心,不论是在日常教学还是在课外活动中,都十分重视学生的自主性。自主性,是指人在活动当中的独立性和主动性,它表现为个体自由地、独立地支配自己言行的状态,具有自主性是衡量一个人个性心理特征的重要标尺。

在书香校园建设过程中,课堂教学过程倡导学生的积极参与,与传统教育中学生被动地位不同,学生在日常教学过程中都积极地参与课堂的提问、发言或讨论。课堂教学不再是满堂灌,而是通过教师引导,更多地发挥学生自主学习的能力,通过自己推断获得知识。事实证明,学生通过自主学习获得的知识要比"接受性知识"牢靠得多。

爱上读书是因为我上幼儿园时每天晚上妈妈都给我念故事。有时妈妈累了,就给我放故事磁带,我总能专心致志地听。记得有一篇很长的《渔夫和金鱼的故事》,我竟能从头到尾有声有色地讲给大家听。慢慢地我爱上了读书,先后阅读了《小学生作文》《古诗三百首》《儿童大百科全书》《豌豆笑话》《做人与做事》等,书的种类很多,只要书的内容健康,妈妈从不反对我阅读。我现在上四年级了,每天睡觉前都要看会儿书,平时有空时也要捧着书看。随着阅读量的增加,我积累了丰富的课外知识。由于词汇丰富,我的理解能力大大加强。我在写作上也有了较大的进步，文中经常能用上平时积累的好词好句。我平常说话总爱拽个词儿，嘴里偶尔还会冒出不合时宜的成语，让大家捧腹大笑。

——选自头站镇明德小学（头站镇中心学校小学部，下同）刘懿轩的《班级阅读之星感悟》

由此可见，这位小学生的读书习惯是从小培养的，他在环境的熏陶下慢慢地喜欢上了读书。他说自己是一个积极、上进、活泼、开朗的阳光小男孩。他有许多兴趣爱好，尤其喜欢读书，读各种有益的书。最难能可贵的是，他喜欢边读边思考，对于一些看似深奥的道理，能按照自己的方式理解。在这样的情况下，对于他的进步老师和家长都"看在眼里，甜在心上"。相信他今后如果继续把读书当成乐趣，从书中汲取更多的营养，一定能成就"我读书，我快乐"的人生。

读书本身是学生自主选择的事情，这体现的是一种内心的驱动，也是一种对知识的渴望，在这种对知识的渴望的驱动之下，学生才能更好地学习。兴趣是最好的老师，如果没有相应的兴趣，根本谈不上学习的动力。读书是能够让学生学习兴趣增加的关键所在。书籍的种类千千万，学生总能够找到自己感兴趣的部分，从而认真阅读提升。学校书香校园建设的关键在于让学生去获取相应的兴趣，发挥学生自身学习的潜力。从某种程度上说，书香校园建设可以让学生的学习变被动为主动，让学生在学习上形成良性循环，进而真正地变被动接受知识为主动学习，使学生更具备学习的自主性。由此，书香校园建设在日常的一点一滴之中必然能够取得相应的成效，真正有利于学生的学习和成长。

2. 读书与学生学习探究

在"学生是如何学习的"问题上，建构主义教育理论认为，学生的学习不是被动的，而是通过学生的探究主动建构的。书香校园在很大程度上重视学生学习的主动建构性，倡导探究学习。

基础课程教学中探究法的使用可以让学生在无形之中达到良好的学习效果。学校日常教学过程中，不仅有讲授法、提问法、讨论法等教学方法的使用，还有探究学习法的利用。探究学习通过课堂中教师提供某种问题，由学生通过自己查阅资料、进行试验等方式，主动构建出一种结果,以达到最终知识获得、技能提升等目的。

读书可以很好地培养学生的科学探究素质,这是一种再生素质。所谓的再生素质,实则就是一种自我能力的衍生,也是自身学会学习的体现。这种能力表现在不断对自身提出新的要求、不断充实自己,也就是积极自学的能力。阅读是一个由点及面的过程,在阅读的过程中会发现一些问题,进而根据这些未解决的问题发掘文献材料,由此进入下一部书的阅读。此过程既是发现问题、解决问题的过程,也是在阅读中不断反思的过程。如此一来,一方面提高外界信息获取能力,锻炼学生自身的信息搜集能力;另一方面,在由点及面的过程中学生知识面得到不断完善,在每一次新要求的提出中促使再生素质得以发展。对于家长来说,他们也很明显地感受到自己孩子的变化(图1-10)。

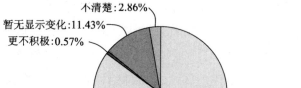
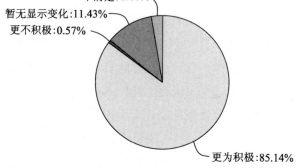

图 1-10　关于学校实施书香校园建设后学生阅读情况问卷调查统计

当这种阅读积累训练到一定程度时,学生的再生素质也就不断发展完善。这种完善过程没有上限,可以随着阅读深度和广度的增加不断提升;这种完善过程可迁移到其他环境。因为这种能力是一种素质,当习惯于在阅读中反思之后,在其他日常生活环境中也会对特定事物进行相应反思,由此促进其能力的进一步发展。

3. 读书与交叉教学的实现

建构主义教育理论主张采用高级的教学方式,随机通达教学便是其一。随机通达教学认为,对同一内容的学习要在不同时间内多次进行,每次的情境都是经过改组的,而且目的不同,由此便会分别着眼于问题的不同面。这种反复绝非为巩固知识技能而进行的简单重复,因为在各次学习的情境中有互不重合的地方,这将使学习者对概念知识获得新的理解。这种教学避免抽象地谈概念的一般运用,而是把概念具体到一定的实例中,并与具体情境联系起来。

读书活动本身就是对于知识的不断巩固。书籍本身就算是知识的扩展,当学生掌握了课堂上相应的知识之后,在课堂教学之外可以进行相应的扩展,而这种扩展在很大程度上就是来源于书籍。书籍所包含的知识十分丰富,可以说各门学科都有所涉及。学生在语文课中如果学习了某一个朝代的古诗词,产生了相应的兴趣,则可以去阅读其他的古诗词,由此达到拓宽自己知识面的成效。此外,每一首古诗词都体现了古人磅礴浩大的阅历和知识,往往不是短短一节课就能够完全掌握的。在这种情况下,书籍就起到了十分重要的作用,因为它所体现的是相应背景知识的补充。课堂上讲到的和没讲到的知识都可以从书籍中获取,从这个角度来说,书籍能够满足学生的知识需要。

此外,学生阅读涉及学科的交义。比如,古诗词学习属于语文的学习范畴。但是古诗词产生的背景本身就与当时朝代的环境相关,从这个方面来看,这种学习也涉及了历史知识。而不同的作者有不同的写作风格,这多多少少与社会学甚至人的心理息息相关。这无疑是一种学科的交叉。书籍的阅读是一个知识整合的过程,学生通过书籍的阅读掌握全方位的知识,从而在某种程度上弥补学校教学中各门学科相互割裂的状态,从而形成一个整体性的知识体系。从这个角度来说,学生对于读书的需要也是十分迫切的,书香校园建设自然也就是十分必要的。

三、杜威"做中学"理论

杜威"做中学"理论与儿童发展理论息息相关,因为杜威强调的是让儿童成为教学的中心。儿童中心论的形成经历了悠长的发展历程。18世纪时,卢梭提出以儿童为中心的思想,犹如天文学上哥白尼主张的日心说一般,在世界教育史上引起了一场划时代的革命,撼动了以成人为施教标准的传统教育，儿童中心的思想开始在教育界萌发。①

儿童中心思想发展到杜威时代，正式形成"儿童中心论"，是对传统教育"教师中心论"的重大转折。杜威认为，"儿童是起点，是中心，而且是目的；儿童的发展、儿童的生长，就是理想所在"②。"儿童中心论"，体现在教育过程中，要求教师考虑儿童的个性特征，尊重儿童在教育活动中的主体地位，使每个学生都能发展特长。儿童中心论的形成是教育史上的重大事件。书香校园建设就是杜威"做中学"的体现。

（一）杜威"做中学"理论基本原理

"做中学"是杜威"以儿童为中心"教学理论的基本指导思想。杜威认为，"所有学习都是行动的副产品，所以教师要通过'做'，促使学生思考，从而学得知识"③。杜威指出，传统教育一味传授知识，要求学生坐在固定座位上，静聆讲解和背诵课本，全然处于消极被动的地位。而教师则强硬灌输与生活无关的教条，完全脱离社会现实，不顾儿童身心发育规律，使学生无法掌握真正的知识，激发了学生严重的厌学情绪，扼杀了学生的创造才能、生命活力和智慧。

为纠正传统教育的弊端，杜威提出，学生必须在与环境相互作用的过程中学习和成长，因为这才是真正的学习和成长。杜威认为，教育的本质是成长，是经验的不断改组或改造。在传统学校，不会有经验的发生和改造，因为那里脱离了生活。经验只有在生活环境中才能发生、改造，也只有在行动、实践与环境的相互作用中才能有真正的成长。

杜威的"做中学"涉及一切活动，包括使用中介材料、用具及使用各种有意识的技巧。它涉及使用各种工具和材料去建造一切形式的艺术活动和手工活动，只要它们包括为了达到目的而有意识地努力……它们

---

① 杨光富. 重温卢梭：教育史上的"哥白尼"[J]. 上海教育，2005 (14)，28—30.
② 冯克诚. 杜威实用主义教育思想与论著选读（上）[M]. 北京：人民武警出版社，2010：79.
③ 邱磊. 偷师杜威开启教育智慧的 12 把钥匙[M]. 北京：中国轻工业出版社，2014：114.

还包括科学研究,即对研究材料的搜集、对器具的管理、对记录实验情况所需的活动程序等。由此可见,杜威的"做中学"包括艺术创作、手工活动和科学探究三个方面。①

(二)杜威"做中学"理论与书香校园

杜威"做中学"理论能够指导书香校园的建设,因为读书的过程本身就是"做"的过程,学生所要做的就是在书籍中感悟各色人生。从书籍中阅读的内容虽然不是自己亲身的经历,但是学生可以通过主人公的人生轨迹来启迪自己的人生,这无疑也是"做"的一部分。

1. 在阅读中适应社会需要

学生在少年时期的成长基本是在校园中,这可能会造成学生与当今社会发展割裂开来,这无疑有悖于杜威强调的对社会的接触。书香校园建设可以让学生形成一定的社会适应。所谓的社会适应,实则是一种社会要求,现代社会呈现出的状态是瞬息万变的。学生需要不断更新自身知识体系,从而达到自我完善,在自我完善的基础上逐步适应社会发展的要求,紧跟时代的步伐。尤其在现代社会中,信息极速更新,要想达到完善的社会适应,从而掌握积极的社会心理品质,首先需要去了解、认知这个社会,而了解认知的主要途径则是阅读书籍。

现代社会中的很多信息都是公开呈现的,获取的主要渠道是书籍。各色书籍中详细记录了时代发展的点点滴滴,通过阅读可以不断拓宽自身知识视野,实现自我完善。与此同时,通过阅读不断更新对时代社会的认知,在此基础上,自然可达到适应社会的目的。

2. 提倡从阅读中学,设置专门阅读室

书香校园建设贯彻"做中学"理论,提倡学生从实践中获得知识的增长、能力的提升、情感的升华。为更好实施"做中学",书香校园建设除了基本教学注重"做"之外,还专门设立了以学生动手实践为主的阅读室。

---

① 韩立福. 当代国际教育教学模式导读[M]. 北京:首都师范大学出版社,2006:41.

阅读室内有大量书籍，为学生提供了较好的阅读条件。在书香校园建设的过程中，可以由教师定好阅读的主题，让学生阅读相应的书籍。参加阅读探究的过程也是学生自己自主探索的过程。例如，以语文课课文为主题的课程可以成为一种带有趣味性质的阅读探索，让学生去查阅大量的资料，了解所学知识发生的背景，从而形成更广的知识面。从这个层面来讲，学生通过"做"学会了相应的知识，而不是通过教师的"语言"在头脑中形成相应的知识背景框架，体现了"做中学"的教育理念。阅读的过程是学生主动探索的过程，也是让知识的掌握更加牢固的过程。

3. 通过阅读提升素养，改善师生关系

杜威"做中学"反对的是教师的生搬硬套，强调学生的自主探索，把儿童看作教育的中心，教育措施全面围绕儿童组织，革除了传统教学中教师中心的弊端，充分关注儿童需求。由此，学生可以去探索自己想要探索的学习领域，阅读自己想要阅读的书籍，在无形之中提升自己的文化素养。

文化素养的提升是"做中学"的一个方面，更为重要的是阅读的过程所体现的是学生的自主参与性。因为在书香校园建设的过程中，课堂不再是教师为主，学生可以利用在课外书本上所学到的知识让整个课堂活跃起来。由此，在课堂教学过程中，随着学生交流自己的阅读体会和课外阅读习得的知识点的增多，整个课堂必然充分体现了学生的参与。由此可见，在这种模式下，教学过程不再是教师主导，而是允许学生发表不同意见与建议。在儿童中心论的指导下，学生的权益得到了充分保障，学生与教师的矛盾逐步减少，增进了学校师生关系。

> 热爱书吧——这是知识的泉源！只有知识才是有用的，只有它才能够使我们在精神上成为坚强、忠诚和有理智的人，成为能够真正爱人类、尊重人类劳动、欣赏人类依靠劳动带来美好果实的人。
>
> ——高尔基

第二章　环境与陶冶：书香校园建设的环境创设

环境是人们在空间和时间上赖以存在和发展的外在条件。马克思说过："人创造环境，同样环境也创造人。"校园环境具有育人作用的观念已经深入人心。在书香校园建设中，环境创设也是至关重要的，书香校园环境建设体现的是一种全方位、多元化的校园阅读环境的打造。学校打造的书香校园环境主要由三个部分构成：一是利用校园的墙壁，让学校的墙壁"会说话"，与此同时打造图书馆、校园书吧、班级图书角互动的阅读立体模型；二是打造和谐的人际环境；三是利用校园广播站和网络平台打造无边的阅读环境，让书香文化真正渗透校园的各个角落及学生的生活中。

第一节　加强物理环境建设，打造书香型校园

书香校园环境建设的第一个环节就是物理环境的打造，包括整个校园景观的布置及相应配套硬件设施的建设。物理环境的建设可以使学生浸润在书香环境中，从而受到潜移默化的影响。学校从校园墙壁、书吧、读书角及阅读主题馆入手，打造了极具书香气息的校园物理环境。

一、创设书香校园的墙壁文化

苏霍姆林斯基曾经说过:"要努力让学校的墙壁也能'说话'。"他认为,孩子在他周围——在学校走廊的墙壁上、在教室里、在活动室里——经常看到的一切,对于精神面貌的形成具有重大的意义。这里的任何东西都不应当是随便安排的。孩子周围的环境应当对他有所诱导、有所启示。我们竭力使孩子看到的每幅画、读到的每句话都能启发他去联系自己和同学。他在帕夫雷什中学担任校长期间精心利用每一堵墙,如进入教学楼就是一块色彩鲜艳的标语牌,标语牌下面悬挂着马克思、恩格斯、列宁、巴甫洛夫、托尔斯泰、伏尔泰等杰出人物的画像,旁边是他们的语录,并附有一些问题启发青年人的思考,如:你是否思考过自己生活的目的?你给自己确立了什么目标,达到了哪些?克服了哪些困难?你将对自己的青年岁月作何回忆?①

效仿苏霍姆林斯基的做法,在打造书香校园时,头站镇中心学校尽量让学校的每一面墙壁都会"说话",充分利用教室内外墙壁及办公室、楼道、走廊的墙面,结合当地特色,通过设计不同的主题和专栏,渲染出浓厚的阅读氛围。

首先就小学部而言,头站镇中心学校打造了特色的班级墙壁文化。每个班的墙壁由两个板块组成。其中一个板块展示学校的课改成果,包括学生活动的照片及学生的感悟。这一板块以"悦读:品读与创写"为主题,通过学生的课内、课外阅读与写作相结合,学生在阅读优秀作品的同时可以自己创作出属于自己的作品,并且通过优秀作品的展示,学生可以互相学习交流,获得读书和写作上的进步(图2-1)。

有的班级就利用班本文化建设来促进和调动学生的阅读兴趣。每个月选取一个主题进行研究,如"中华医学""阅读经典 荡涤心灵"。研究的方式是以小组团队为单位,搜集经典著作,探究作者、著作内容、故事情节、社会影响等几个方面。最后制作成美观大方且书香浓郁的作

---

① 杨光富. 西方著名教育家的成长之路[M]. 上海:华东师范大学出版社,2016:265—269.

品展示在班级走廊文化墙处。

——朱喜良：《如何培养农村学生养成阅读习惯》，摘自《头站镇中心学校教师成果集》

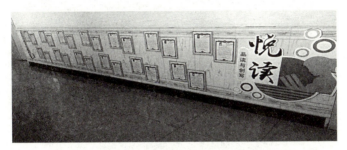

图 2-1 "悦读：品读与创写"文化墙

另一个板块是每个班级根据自己的需要和兴趣打造的主题模块，每个班级的主题各不相同，各有特色，充分展现了书香校园的风采。一年级（2）班就以"你争我辩，活力无限"为主题开展了活动，然后将学生优秀的作品设计成墙壁板报来进行展示，供大家欣赏和学习（图2-2）。

在打造丰富多彩的书香校园班级墙壁文化的同时，学校充分利用楼梯、楼道，以及实验室、美术室等的墙壁，打造了独具特色的标语文化。

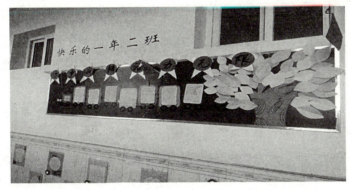

图 2-2 一年级（2）班"你争我辩，魅力无限"文化墙

一楼的标语为"课　展示自我，改　团队合作；彰　靓丽课堂，显　明德学子"。标语的设计以"深入课程改革，促进学生发展"为主题，深刻反映了我校打造"146"问题导学型课堂教学模式的课改理念。

课改使学生在学习中不断发现自我、展示自我，绽放属于自己的光芒，让课堂成为一道靓丽的风景线，从而实现真正的素质教育（图2-3）。

图2-3　一楼"课　展示自我"标语

　　二楼的标语为"人人展风采，课堂大舞台；艺术小课堂，特长得发展"。标语的设计以"特色就是个性，特色就是品牌"，秉承"神采飞扬"的理念。学校以人文底蕴滋教育之根，以和谐发展铸教育之魂，注重环境育人，营造文化氛围。开创以德育为特色的工作新局面，以养成教育为核心，以丰富多彩的活动为载体，充分发挥家校合力的育人环境，搭建德育平台。真正正视学生的个性差异，以提高学生素质为核心，以社会需要、学生发展为基点，以德育为核心，以培养学生的个性创新能力和实践能力为重点，保护学生的主动性、创造性，积极引导他们发展自己的特长和天赋。着力提高学生不断进取的精神、克服困难的毅力、主动发展个性的学习能力和生存能力。

　　三楼的标语继续以课改为主题，分为三个展板，其中第一块展板和第二块展板标语相同，内容为"预习是展示之本；展示是学习之魂"。这个标语的设计也体现了学校独特的课改理念。

　　古人云："凡事预则立，不预则废。"有计划、有目的地准备，是能做好一件事的基础和前提。学生要上好一堂课，也需要精心地准备——预习。课前预习是培养学生自主学习的重要途径，预习是课堂教学的前奏，是学生学知识、获取信息的关键环节，同时也是培养学生自主学习能力的有效途径。预习是自主学习的基础，充分的预习不仅可以使学生在自主学习中获取知识，而且自己在不懂的地方做上标记，在合作探究或教师点拨时能够引起足够的注意；学生还可以在合作交流中提出自己的全面合理的见解，也可以在展示学习的环节中做到有理有据、充实完善。因此，预习是展示学习中的基础。

"展示"是课堂上学生"我参与我快乐"的集中体现，只有让学生在开放的课堂中轻松地"说、谈、演、写、吟、唱"，才能有真正意义上的激情释放、思维扩散、个性张扬。展示学习是学生对知识由获取到内化，再通过自己讲解出来，也是学生对知识再巩固复习的过程，是学生对问题通过自主学习、合作探究最全面、最优化的理解，是一个学习团队集体智慧的结晶。在这里，学生不再是整齐划一、举止呆板的木偶，不再是知识的容器，不再是应试的机器，不再是分数的奴隶，而是一个朝气蓬勃的生命体。在这里，学生活动的时空与教师干预的时空达到了有效融合，找到了一个最佳结合点，是整个课堂学习的灵魂。

第三块展板标语内容为"主动是学习之本；活跃是课堂之魂"。学校紧紧抓住信息时代学校教育的核心目标：培养人的自主能力和创新意识，积极培养学生自主性的人格和自主学习的能力与习惯，努力培养出能学、乐学、善学的学习者。

四楼的标语内容为"张扬你的个性，挖掘你的潜能；课堂与课改同在，机遇与发展并存"。学校以抓好基础知识和基本技能为本，以促进学生个性发展为准，让课堂真正成为学生学习知识、培养能力、展示才华、张扬个性的舞台。挖掘学生的潜能，在课堂上鼓励学生自主思考、合作交流、相互借鉴、共同进步，有效地增强了学生的创新能力。

一楼到四楼的标语充分体现了学校对于课改的重视，对于学生个性发展、多样化发展及自主发展的重视。学校将书香校园的建设与课改紧密结合起来，让学生参与到课改和书香校园的建设中，充分发挥学生的主体作用，让学生享受课改和书香的氛围，真正打造舒适、氛围浓厚的书香校园。

学校在每个楼梯上都贴有提醒、督促学生的标语。标语内容涉及生活的方方面面，从课堂的礼仪到日常生活，时刻提醒学生要做一个有礼貌、守纪律的人。下面是其中的一部分标语（图2-4）：

1. 课堂由我主宰
2. 精彩由我展示
3. 感恩从谢谢妈妈每天做的早饭开始
4. 你穿得整齐吗？
5. 你向长辈问好了吗？
6. 你跟同学打招呼了吗？
7. 多给别人一个微笑
8. 自己多添一份快乐
9. 今天我争取让老师表扬我
10. 不要跑，不要跳，不要打闹，向右靠
11. 病从口入，请讲卫生
12. 水龙头不要哭，把你眼泪来擦掉
13. 停止你的一小步，校园文明一大步

图2-4　头站镇中心学校楼梯标语

楼梯上的标语对学生的发展有潜移默化的作用，也体现了学校关注学生全面发展的理念。在这种标语文化的熏陶下，学生不仅乐于参与课堂，老师与学生之间、学生与学生之间、学生与家庭之间的关系都更为和睦、融洽，学生也更加乐于参与书香校园的活动，乐于与同学、老师

及家长分享自己的读书感悟,乐于通过书籍来了解更加广阔的世界。标语文化的熏陶为书香校园的建设及书香氛围的营造奠定了良好的基础。

本着"处处有标语"的理念,学校在各个功能教室因地制宜地张贴了标语,其中包括综合活动室、阅览室、实验室、少先大队室及计算机室。以图书室为例,在图书阅览室的墙上有着红色字体的标语:"读书提升校园品味、学习丰富精彩人生。"这体现了头站镇中心学校非常重视书香校园建设,且提升了书香校园的品位。后一句标语将书香校园建设与学生的个人发展相结合,通过阅读,学生们可以开阔视野、增长见识,领略到超越课堂的精彩,从而有利于他们创造属于自己的精彩人生(图2-5)。

图2-5 头站镇中心学校阅览室标语

其次是中学部,中学部结合学校的办学理念及校风、校训、班风、班训设计班级的墙壁文化,做到让每一面墙壁"说话",达到墙壁育人的功效。以人为本,以学生为主体,促进学生德、智、体、美、劳的全面发展。营造一个轻松、舒适的学习环境,在潜移默化中影响学生。学校不仅充分利用班级外墙,而且对班级内部的墙壁也进行了布置。

班级北墙悬挂着学生的成长记录册,里面不仅有对学生综合素质的评价,还有学生每次活动后的感悟(比如阅读一本书后的心得体会)及开展读书汇报会时的照片。这些点点滴滴都记录着孩子们的成长,片片回忆成为孩子们永远的记忆。

班级前面墙壁的黑板两侧分别悬挂着《中小学日常行为规范》《中小学生守则》和班级一览表。班级一览表包括班级公约、班级干部、温馨活动提示、作息时间表、课程表、值日轮流表六个版块。同时班级一览表上还绘制了学校"实在美好"的办学理念和育人目标。班级外墙上多为主题的展示，教师和学生共同制定主题，然后小组分工合作，最后将成果在班级外墙壁上进行展示。下面是一些具体的案例：

七年级（6）班以"我们的母亲河——黄河和长江"为主题进行成果展示。围绕这两条河流，同学们搜集了大量的古代诗词、历史故事、神话传说、名胜古迹、谚语俗语、地理常识等，并对其进行研究、考查、加工、整理，然后以书法、绘画及文学的形式对研究成果予以展示。

八年级（3）班以"中国传统民居建筑地域性特色"为探究主题，详细展示了我国丰富多彩的居住建筑，包括整齐严谨的北京四合院、黄土塬上的地坑窑洞院、江南秀丽的小桥流水人家、高大独特的各样土楼、围龙屋，以及凌空出挑的贵州吊脚楼、西双版纳的热带竹楼等。

九年级（1）班以"向学先贤 砥砺前行"为主题进行成果展示。该主题的设计主要是考虑到九年级是初中的关键阶段，学生的世界观、人生观逐渐成熟，为使学生树立远大的理想并付诸实践。具体分为四个板块："见贤思齐"是指学生搜集整理古今中外名人刻苦读书、成人的故事，以此为前进的榜样；"学而思之"是指学生谈读书学习中的困惑及解决方法，真真正正做到学思结合；"择善而从"是指学生推荐选出班级各个方面的带头人，以身边的榜样触动前行；"博学笃志"是指学生谈自己的理想和志向，以此激励自己前行。整个板面以梅花为点缀，寓意学生如梅的性格，傲雪前行。

通过这样的主题活动，学生一方面可以阅读大量的书籍、增长许多课外的知识，另一方面可以与小组合作，培养团队精神。这样的主题展示活动将书香校园的建设浸润到了学生的日常学习生活中，而且成果的展示给予了学生动力，也有利于小组与小组之间、班级与班级之间相互学习，真正做到了书香满园。

除了打造特色的墙壁文化之外，中学部还充分结合当地的文化特色打造了精彩文化长廊。文化长廊不仅包括中学部东西两侧楼梯，还包括学校打造的特色楼廊文化。

东侧楼梯是师生书画长廊。这些书画作品体现了学校师生对齐齐哈尔市及龙江县所属区域的各处景点的理解和感悟，书画作品内容为齐齐哈尔市40处有代表性的自然景观，包括扎龙湿地、明月岛、北华老山头、缸窑遗址等。这样的展示目的是让学生用心感受家乡美景，让学生在为家乡感到自豪的同时，萌发出为建设更美好家乡而努力的动力。

西侧楼梯展示的是当地特色的腰鼓文化。腰鼓这一体育项目是学校的特色。柏拉图在《理想国》中提出了自己的教育理念：体操训练身体，音乐熏陶心灵。学校秉承这一教育理念，从六年级开始让学生学习腰鼓，这样的安排一方面充分考虑到六年级的教学内容较少，另一方面希望在保留当地传统文化的同时增强学生的凝聚力。在进行这项活动的同时，学校利用楼梯的墙壁将腰鼓的发展历史展示给同学们，其中记载了"腰鼓的传说""横山腰鼓""安塞腰鼓""天安门广场打腰鼓"让学生充分受到传统文化的熏陶。

除了充分利用东西两侧楼梯之外，学校将"知家乡，实现中国梦，培养有国际视野的人"作为教育目标和整体设计，分别从一楼到四楼打造了以"红色家乡""我的中国梦""放眼世界"为主题的楼廊文化。

"红色家乡"专栏是头站镇的版图。头站镇有着深厚的历史文化底蕴，是抗日革命老区。学生通过研究学习，找到了发生在这里的四次著名的战斗："高粱地战斗""申地房子战斗""血洗三家子""支援江桥抗战"。通过"红色家乡"这一栏目，学生们可以真实地感受到革命先烈们艰苦奋斗的精神，这无形中会激发他们的爱国情感和报效祖国、回报家乡的热情，从而激励他们更加用心地学习科学文化知识。

"我的中国梦"专栏主体设计是一张中国地图，上面用箭头标示了从头站镇中心学校走出去的杰出人才。这些人才遍布全国各地的主要城市，分布在不同的岗位：2010年毕业于中国人民大学而现工作于中华人民共和国威海海关的吴忠会；2011年毕业于合肥工业大学而现工作于中国一汽研发总院的毕洪亮等。这些杰出人才在实现自己理想的同时，也为实现中国梦做出了贡献。杰出人才的展示一方面使学生们为自己的学校感到自豪和骄傲，另一方面也起到了潜移默化的激励作用，激励学生为自己的理想、为中国梦的实现而努力奋斗。

"放眼世界"专栏主体设计是游学心愿墙，这里展示了学生们曾经去过的俄罗斯符拉迪沃斯托克异国风情的照片及去俄罗斯游学的研学感受和游学日志。除此之外，学校开展了"我想出去看一看"活动，学生通过对世界各地著名地点的研究，了解了当地的名胜古迹，然后用卡纸在世界地图上贴上自己的游学愿望。这个专栏一方面可以帮助学校的领导和老师了解学生的愿望，从而更好地制订游学计划；另一方面也承载着同学们小小的心愿与大大的梦想，激励学生为完成自己的梦想而努力。

通过打造墙壁文化、标语文化及楼廊文化，学生沐浴在文化的氛围中，这种潜移默化的影响使学生更加热爱学习、热爱阅读，并通过阅读不断提升自己，实现自己的梦想。通过打造墙壁文化、标语文化及楼廊文化，还可以给学生展示自我的机会，书香校园的打造不能仅仅局限于学生读书数量的增长，而且要给学生展示自己的机会，真正做到让学生

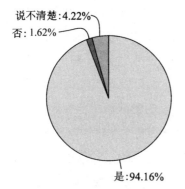

图2-6　关于学生是否满意学校的读书环境和氛围的问卷调查统计

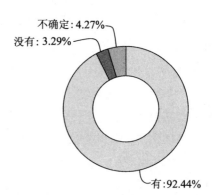

图2-7　关于书香校园环境对学生学习和生活有没有改善的问卷调查统计

多读书、读好书、好读书。在对学生的问卷调查中，94.16%的学生表示对于学校营造的读书环境和氛围非常满意（图2-6），且有92.44%的学生表示书香校园环境建设对自己的学习和生活有所改善。

学生这一积极变化在对教师的调查问卷中也有显示，有98.18%的教师反映书香校园环境建设以来班级的氛围有所改善，其中65.45%的教师反映班级氛围较之前有了很大的改善，剩下32.73%的教师反映有改善（图2-8）。在师生关系方面，94.55%的教师反映书香校园环境建设以来师生之间的关系有所改善（图2-9）。由此可见，书香校园环境的建设对学生的各方面成长都起到了很好的作用，也有利于书香校园的进一步建设。

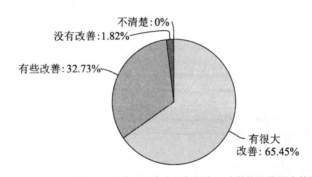

图2-8　关于书香校园环境建设以来班级氛围有无改善的问卷调查统计

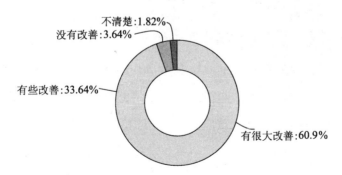

图2-9　关于书香校园环境建设以来师生关系有无改善的问卷调查统计

二、楼层读书吧的环境布置与管理

楼层读书吧是合理利用校园公共区域所设置的开放式读书阅览区域,面向全校师生,随时随处提供图书、报刊、网络资源等资料的查询与阅览。其本质是一个有特色的、有文化气息的小小阅览室,它的建设应符合学校整体环境布局,应具备良好的阅读空间和舒适的阅读环境,通常设置在校园内通风、安静、避光处。基本内容包括书橱(柜)、报刊架、阅览座位、计算机终端、触摸式学习终端、读书宣传栏、图书、报刊。其中,计算机终端、触摸式学习终端为选配。[①]

为传承中华文化、打造书香校园,学校从一楼到四楼每层都设有开放型书吧,每层书吧的图书主题不同,相应的书吧的环境设计也有所变化。一楼主要是综合性图书,设计简约大方;二楼是古代文学,设计为古典风格(图2-10);三楼是现当代文学,设计为中国风风格,以现代元素为表现形式;四楼是世界文学,设计以圆形建筑为主的西方风格,书吧顶部为世界地图。这样的设计让学生在享受阅读、获取知识的同时,也能有愉悦的环境体验,这种舒适的环境体验会进一步促进学生阅读的热情。

图2-10　二楼仿古书吧

头站镇中心学校的二楼书吧就设计成仿古风格的格调。实木雕刻的匾额、通透的格栅、仿古的木椅、中式的书桌、精致的茶具、中式的书架、纱织的吊灯甚至仿古木椅靠枕上的图案都是精心设计的写意荷花。

——孟庆国:《环境与书香校园》,摘自《头站镇中心学校教师成果集》

---

① 孙宏根.中小学书香校园环境建设与装备[J].中国现代教育装备,2013(22):6—8.

一楼的书吧为综合性图书，不同于二、三、四楼有着明确的书籍分类，它涵盖多个领域的图书，图书门类比较齐全，基本能满足学生的多种需求。

二楼的书吧是以传承中华民族的传统文化为宗旨，收录了包括《四书五经》《唐诗宋词》《说文解字》《古文观止》等共400余册图书，供教师和学生利用课余时间来阅读品鉴。

三楼的书吧共藏书1 165册，有文学类、科普类、教育类、哲学类等书籍，其中以文学类书籍为主。作品大多是我国现当代作家的小说、诗歌、散文、戏剧。

四楼书吧是世界文学作品，共藏书811册，此层书吧可同时容纳20多人在此阅读。头站镇中心学校的书吧是全开放式的，教师和学生可以利用课间将书吧的书带到班级做摘录、写心得、谈收获。开放式书吧的打造一方面为名师的成长搭建舞台，另一方面也为学生的成长营造了学习氛围，让读书活动本身融入了师生的日常生活，让他们可以尽情享受读书文化的盛宴。

书吧的书籍来源包括：一方面，从图书馆选择一些优秀书籍放在书吧处供学生阅读；另一方面，也可以要求学生自带喜欢阅读的图书补充书吧藏书，供全校学生互相交流阅读。校园书吧还可以依据学校办学规模和特点配备除书刊外的其他文献资料。除此之外，楼层书吧一般建立图书资料的个别登记账册，轮流由班级进行管理，楼层读书吧一般配备管理员1名或2名，可由教师与学生共同承担，管理书吧的班级定期对图书资料进行清点、更换。另外，书吧还制定了《校园书吧建设规范》，张贴于书吧的墙上，并对优秀管理书吧的班级和个人进行奖励。

开放式书吧的建设极大地方便了学生的阅读活动。在对学生的问卷调查中，87%的学生反映对书吧的环境很满意（图2-11），桌椅和采光也基本上能满足大多数学生的要求（图2-12、图2-13）。开放式书吧建立后，学生们课间的打闹减少了，他们更愿意三三两两去书吧逛逛，或者拿一本自己感兴趣的书阅读，或者与同学分享自己阅读到的精彩故事，学生们真正利用起了自己的零碎时间，将阅读融入了自己的日常生活。

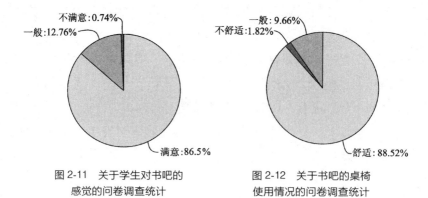

图 2-11 关于学生对书吧的感觉的问卷调查统计　　图 2-12 关于书吧的桌椅使用情况的问卷调查统计

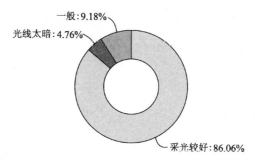

图 2-13 关于书吧采光的问卷调查统计

三、班级最佳创意图书角争创活动

班级图书角是以班级为基础，利用班级空间合理设置图书柜、配置图书，为本班学生提供就地、便捷的图书、报刊阅览环境的读书平台，是书香校园建设的重要构成部分。

班级图书角的建设要根据教室场地大小进行科学设计。要符合班级整体环境布局，合理设置，方便管理，有利于班级学习。班级图书角应建在通风、干燥、避光处。图书柜要有特色，尽量与计算机网络终端融为一体，与读书专栏墙整合协调。基本内容包括书橱（柜）、报刊架、计算机终端、读书宣传栏、图书、工具书、报刊。其中，书橱、报刊架可以合二为一，整体设计，书橱（柜）应具备储藏班级图书角所有图书和报刊的功能（图2-14）。计算机终端根据需要选配。①

图2-14 头站镇中心学校班级图书角样例

在校长室和教务处的指导下，图书室制定了《班级图书角建设规范》，从图书角管理规则、组织网络、借阅程序、考核评价以及图书柜的风格、图书角的文化氛围营造等方面做了详细要求，做到规范班班统一、布置班班有特色。比如，班级图书角组织网络中，班主任任馆长，学习委员任馆长助理，四个小组长任馆员，负责班级图书角的日常管理，定期收集学生意愿阅读目录，定期去学校图书室轮换新图书等。再如，在图书角的建设风格上，让学生设计图书柜的图案、花纹、文字装饰、名人名言等，体现富于班级特色的文化特征。开学初，图书室在教务处的组织下，召开各班班主任和学习委员会议，布置落实本学期班级图书角图书借阅和日常管理工作，制定学期图书角的考核评价标准。

班级图书角管理和使用规范

为了充分发挥"图书角"的作用，保证图书角正常运行，促进同学们阅读课外图书，特制订图书角管理和使用规定：

1. 常规管理

（1）加强对图书角的管理，班主任为督导，对图书角总体负责，选一名同学为图书管理员，负责图书角图书每天的清点、整理，负责借阅手续的办理。书柜钥匙老师和管理员各一把，不得转借或私自配钥匙给

---

① 孙宏根. 中小学书香校园环境建设与装备[J]. 中国现代教育装备，2013（22）：6—8.

他人，小学低年级可直接由班主任管理。

（2）图书角管理员由老师指定或由同学推选产生。每班图书角有管理手册一本，由管理员负责保管登记，管理员更换时移交下一位。

（3）本班同学可以到管理员处借阅图书，办理好借阅手续，但不得借给其他班级同学。

（4）本班自筹图书放在书架上，供同学自由浏览，但不得将图书带出教室。

（5）每天放学后图书管理员应清点、整理后锁在书柜方可离校。

2. 图书借阅

（1）图书角的图书带出教室必须办理借阅手续。图书角管理员按照管理手册要求登记借阅人姓名、借阅时间、借阅图书书名、图书完好程度等有关信息。

（2）每位同学每次只能借阅一本图书，借阅的图书不能转借其他同学。

（3）每位同学应该爱护图书，不得在图书上做任何标记，要保持图书整洁。

（4）管理员发现图书异常情况及时报告班主任，按相关规定处罚。

（5）同学转学、休学和退学时，离开班级之前必须归还所借图书。

（6）每次借阅期限为15天，15天之内必须归还，需要再看的应再次办理借阅手续。

（7）借阅图书不按时归还的，由图书管理员报班主任处理。

3. 损坏与赔偿

（1）借阅图书遗失或污损严重的，应按照图书原价赔偿。

（2）故意损坏图书，造成图书不能阅读的，应按原价的两倍赔偿。

（3）损坏书架，导致书架不能使用，根据责任大小照价赔偿。

4. 保存移交

（1）学校放假时，图书管理员应将图书清点整理好锁在书柜内，不允许将图书放在学生或老师家里。

（2）每个学年结束后，图书角的图书应全部归还。班主任老师负责将图书角移交给下一个班级的班主任,管理手册、书柜钥匙一并移交。

(3) 图书角移交工作由学校集中安排,统一管理。

班级图书角的书籍来源可以有两种:一是由学生自带喜欢阅读的图书补充图书角藏书,供本班学生互相交流阅读;二是向图书室借阅,在每天中午和下午打扫卫生期间,图书室专门安排人员负责各个班级学习委员的还书和借书工作,办好班级图书角借阅种类的电子登记手续,并将图书借阅情况通报给班主任,征求班主任的意见。一般来说,每周每班借阅图书不超过100册,种类由各班学习委员根据学生意愿目录确定。班级图书角由学习委员和四个小组长管理,班主任作为督导人,学生可在图书角直接阅读,也可向值日馆员借书。每天值日馆员向班主任汇报学生借阅情况,向不能按期归还的学生催要,并对学生们的阅读习惯和行为表现做出评判,引导学生爱护图书;将损坏、遗失图书的学生汇报给班主任,由班主任落实处理,并向学校图书馆进行赔偿。下面是几个班级图书角管理的案例:

> 班级是学校管理中的基本单位、基层组织、重要组织。因此,读书活动的开展,首先要进班级。每个班级可以结合自己的班情和班级气质,创建自己班的读书角。在开展班级读书角活动的会议中,有一位老师问我:"是'图书角',还是'读书角'?"我的回答是:"相对于'图书'来说,我们更多缺少的是'读书'!"在班级的"读书角"活动中,结合年级的学段不同,学校每个班级供书50册,大力支持"读书角"活动。而班级的"引领者"——班主任们,也是"八仙过海,各显神通"。我们的"读书角"活动开展起来呈百花齐放之势。有的班级建立了班级图书借阅档案,把班级的图书编号入册,让小组长来管理图书借阅事宜,借书日期和还书日期写得清清楚楚,图书借阅管理得井井有条。有的班级老师用废旧纸箱自制特色书架,孩子们自己带来坐垫,同学们在课间拿着坐垫围坐在书架旁边的空地上,一起读书交流。有的班级同学还自愿带来自己认为有趣的书和班级同学一起分享。
>
> ——李枢:《与书为伴 书香满园》,摘自《头站镇中心学校教师成果集》

我们要求各班发动学生把自己和家中收藏的书籍拿到学校，充实班级图书角和楼层品读阁。各班的图书角和楼层两侧的品读阁藏书可谓琳琅满目，涉猎广泛，有科普知识，有名著，有历史故事，有作文指导，有人物传记，有寓言故事，也有趣味幽默大全。各班学生自发成立了图书管理小组，开展借阅管理活动，举行了好书交换活动，同学们形成了好书先读为快的愉悦读书氛围，畅游书海，处处洋溢着浓浓的读书气氛。

——选自头站镇中心学校欧慧萍的《让书香洋溢生命的魅力》

我和学生们共同创建了图书角。每人把自己比较好的书籍带来，由图书管理员（每周推选一名）做好记录，定期更新书目，每天早自习可以借阅并晨读，也可以在其他时间借阅。班级的图书角有书籍约100本，图书角上方还有绿色盆栽，这处已经成为班级独特的风景线，每当有学生过生日大家都很喜欢在这里拍照。

——朱喜良：《如何培养农村学生养成阅读习惯》，摘自《头站镇中心学校教师成果集》

在班级图书角的评价管理方面，学生在班级图书角的借阅情况、图书角图书的利用率和流动量及学生阅读的收获是图书角运转情况的考核评价内容。图书室一般采用平时抽查和学期结束统一检查考评相结合的方式，对各班图书角借阅总量、学生借阅登记情况填写、学生征文比赛获奖情况以及图书损坏记录等作量化评分，评出"优秀班级图书角""合格班级图书角""不合格班级图书角"三类。在学校学期班级考核中，给获得优秀班级图书角的班级颁发荣誉证书，对不合格图书角提出整改要求。

图 2-15　头站镇中心学校学生阅读剪影

班级图书角评价参考标准

（1）环境整洁：图书角图书摆放整齐，环境洁净。

（2）数量要求：拥有一定数量的图书，能满足学生每人参与阅读的需求，图书数目充足。

（3）保存完好：图书保存相对完好，没有随意乱涂乱画、损毁的现象。

（4）富有个性：图书角建设有个性，让人感觉清新、可亲、富有情趣。

（5）使用效率：有图书目录，有制度，有专人管理，有借阅记录。

四、阅读主题馆的设计理念与构想

阅读主题馆的构想来自主题图书馆，主题图书馆主要是指通过特定领域（某一或多个领域）的专藏和服务来满足人们对专类知识和信息需求的图书馆，它的特点是把以往的分类集中变为主题集中。[1] 阅读主题馆与主题图书馆类似，但又有不同。虽然两者都是对传统图书馆服务模式的一个变革，是对现今书香文化的弘扬，但相比于主题图书馆，阅读主题馆更侧重于图书馆内部的功能分区，或者也可以成为主题分区，它可以是整个图书馆体系下的一个分馆，也可以是相对灵活的方式，如一个特色主题区。总的来看，头站镇中心学校阅读主题馆的建设改变了原有图书馆仅以藏书和借阅作为自己主要功能的服务模式，采用主题的形式实现了图书馆空间与结构功能的变革，这种创新使得图书馆更能体现时代特色，也更能真正融入教师和学生的生活中。

阅读主题馆的建设和规划首先要满足图书馆的基本建设要求。图书馆是面向全校师生提供图书、报刊、音像、数字化资源等文献的检索、查询、阅览、借阅等服务的主要区域，是书香校园建设的核心内容和基础构成，其应该满足以下基本功能：

（1）能够为读者提供书、刊、报、数字化资源的综合性服务；

（2）能够满足班集体开展阅读活动和开设阅读课的需要；

---

[1] 王世伟. 主题图书馆述略[J]. 山东图书馆学刊，2009（4）：36—38.

（3）能够满足小型会议、教研活动、教学研讨、集体备课等教学、教科研活动的需求；

（4）能够满足传播图书馆文化、介绍图书馆资源、培养信息利用技能的需要。①

头站镇中心学校致力于打造符合当地《中小学图书馆（室）规程》的配备标准的图书馆，不仅保证室内环境整洁、布置优雅，且配有数量充足的标准阅览桌椅，图书馆的藏书量能满足学生和老师的需求，且能保证定时更新。学校图书馆的馆藏图书把年增长图书的情况作为评价图书数量的主要指标，而不是依据学校的馆藏总量。

图2-16　头站镇中心学校图书馆及学生阅读剪影

在完善了图书馆的硬件措施后，学校形成了符合学校自身特色的图书馆管理团队和管理规章制度。学校成立了图书馆管理领导小组，由校长任组长、分管副校长为副组长，成员由各班班主任及图书管理员等组成，全面负责图书馆的建设、配备、管理、应用。学校还创新图书管理模式，让学生参与管理或自主管理图书，每个班级选派1名学生担任兼职管理员，参与图书馆的相关管理工作。将图书为学生充分阅读作为图书馆管理目标，图书管理注重效益，使图书管理工作变得更加实用，也更加方便学生。学校图书馆的馆藏图书不仅以存放在藏书室、排列整齐

---

① 孙宏根.中小学书香校园环境建设与装备[J].中国现代教育装备，2013（22）：6—8.

为重要工作评价指标，藏书室的图书在强化管理的前提下，保证推到学生、班级图书角及公共区域中。

在形成特色的管理团队后，头站镇中心学校建立了相应的图书馆管理规章制度。图书馆管理规章制度本着方便实用的原则，且会定时进行调整，废除现行的一些不实用的管理与考核方法，形成基于学校图书馆的图书阅读管理办法与考核办法。目前的图书管理规章制度如下：

图书室管理制度

（1）图书室、阅览室资料是学校教育的重要设施，应该有健全的各类管理制度。配备有图书管理员，并做到人员相对稳定，以利于更好地开展工作。

（2）学校的图书室有建设的远期规划和近期目标，逐年增加藏书量，并有计划地做好教育资料的购置和积累，做好报纸杂志的征订，加强阅览室和资料室的建设。

（3）学校图书室有图书账册，新购图书应及时造册，按要求做好分类编号、贴签工作。并尽快上架流通，否则不能上架。

（4）执行各项制度。做到照章办事，严格借还登记手续，损坏照价赔偿。

（5）爱护公物，请勿随意破坏阅览桌椅等设施。

（6）室内禁止吸烟。请勿随地吐痰、乱扔垃圾。请勿将纸屑等废弃物留在室内。

（7）室内保持安静，严禁喧哗。借览区禁止接打电话。

（8）室内严禁使用电器充电。

（9）各借览区禁止吃零食（饮用水除外）。

（10）加强图书维护。严格做好晾晒、防尘、防潮、防霉、防蛀、防火、防盗，同时要及时做好经常性的图书修补工作，提高利用率。

阅览室管理制度

（1）阅览室面向全校师生开放，实行开架式自由阅览。

（2）读者除摘抄本及笔外，其他书籍、书包等物品不得带入阅览室。

（3）读者签到后方可进入阅览室阅览，每人每次限拿一册，阅后更换，并按期刊架排号放回原处，不许乱丢乱放。

（4）读者应爱护期刊，不得在书页上圈阅、涂写、撕页，违者除严肃批评教育外，还得照章赔偿。

（5）阅览室陈列的报纸期刊仅供室内阅览，概不外借（如有好的内容需要扫描、复印，必须征得管理老师同意后，办理外借手续），不准私自带出室外，对私自带走或有意损坏者给予纪律处分并予以罚款。

（6）读者进入阅览室必须保持安静、整洁，严禁大声喧哗；严禁吃零食、乱抛纸屑和随地吐痰；不许在阅览桌上乱涂乱画；离座位时自觉将凳子放入桌下，出入时脚步轻盈。

（7）读者应服从老师的管理，不准有任何妨碍他人学习的行为。

（8）请爱护室内的一切设备，违者按有关规定处理。

（9）本规定未尽事宜，将随时提请修订。

美国有一种说法：图书馆发挥的作用中，图书资料占20%，建筑设施占5%，而管理人员占到了75%。① 因此，学校对图书馆人员进行科学化管理，设定严格的入职规范，切实提高他们的图书馆专业知识与技能，加强对他们业务能力的培训，引入评价机制，定期对他们的工作进行评定和考核。

除此之外，学校实现图书馆的动态管理和信息化管理。图书馆的动态管理主要针对图书馆的书籍采购，以以往的图书采购计划为基础，提高图书采购批次，从而优化图书资源保证率与使用率，提高阅读者的积极性。图书馆还建立立体的信息渠道，也就是实现图书馆和读者之间双向互动的信息渠道。在立体信息渠道当中，图书馆与读者的关注焦点就是信息，图书馆所发布的信息也是为了更好地服务于教师和学生。同时，立体信息渠道能够让图书馆与读者直接交流，形式包含图书馆建议收集

---

① 俞祝强. 高级中学"书香校园"建设的问题透视与对策分析[J]. 课程教育研究，2018（34）：5—8.

簿、阅读园地、班级信箱等。这一信息渠道的建立能够将读者的反馈意见第一时间传递给图书馆，加强两者间的互动。

在图书馆各方面的硬件及制度完善后，学校计划实行分区，建立阅读主题馆。这样一方面可以充分利用已有资源，另一方面还可以更好地满足师生的需求。图书馆可以按照功能进行分区，分为主阅览区和舒适阅览区，中间可以用书架间隔开来；还可以分为阅览区和公共活动区，然后根据不同的功能分区设定不同的主题，如阅览区主要用来供学生阅读，可以划分成不同的主题阅览区块："名著阅读区""国学经典区"等，公共活动区可以用来举办一些阅读主题活动，如读书漂流、主题书展等，从而将阅读主题馆与阅读推广活动紧密结合起来，为阅读推广活动提供平台。图书馆也可以直接按照主题进行分区，从而打造"馆中馆"，如"读书馆""读人馆""读事馆"，主题可以确定，也可以定期更换。除此之外，阅读主题馆的设定结合时代及当地的特色，充分利用电子资源，推动数字图书馆建设，学校在信息资源的加工（纸质图书转化为数字图书）、储存、检索、交换、流通等技术层面给予相关部门与人员力所能及的扶持与帮助，阅读主题馆还应与现代科技融合，通过采用现代新媒体技术给学生和教师带来冲击感极强的展示，激发学生和教师读书的兴趣。

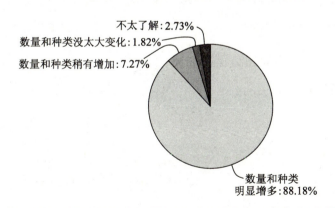

图 2-17　关于书香校园建设以来图书馆的藏书变化情况问卷调查统计（教师卷）

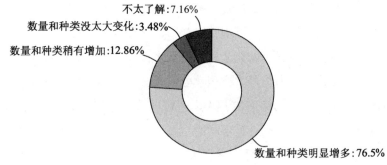

图 2-18　关于书香校园建设以来图书馆的藏书变化情况问卷调查统计（学生卷）

书香校园建设以来，95.45%的受调查教师和89.36%的受调查学生都反映图书馆的藏书较之前有了增加（图2-17、图2-18）。

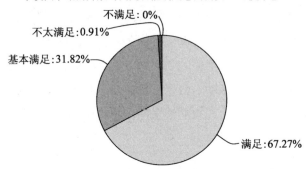

图 2-19　关于学校图书馆的开放时间能否满足教师需要的问卷调查统计

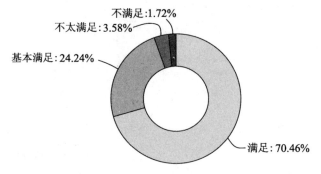

图 2-20　关于学校图书馆的开放时间能否满足学生需要的问卷调查统计

在图书馆的时间开放方面，99.09%的受调查教师和94.7%的受调查学生都反映可以满足自己的需求（图2-19、图2-20）。

97.27%的受调查教师和96.12%的受调查学生都认为图书馆目前的管理方便自己阅读（图2-21、图2-22）。由此可见，头站镇中心学校无论是在书籍的提供上还是在硬件设备及管理上都极大地方便了老师和学生的阅读，为书香校园的打造提供了坚实的保障。

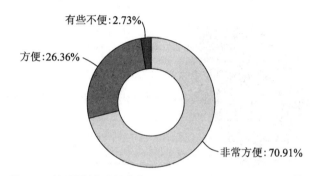

图2-21　关于学校图书馆的管理是否便于教师阅读的问卷调查统计

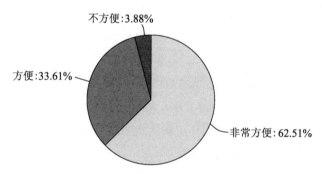

图2-22　关于学校图书馆的管理是否便于学生阅读的问卷调查统计

第二节　促进人际环境和谐，营造书香文化氛围

学生的人际环境是指环绕在学生周围影响其思想、政治、道德、观

念的形成和发展的人际关系所构成的环境。① 对于中小学生而言，围绕在其周围的人际环境主要由三个部分组成：一是同学，二是教师，三是父母。在书香校园建设中，除了良好物理环境的打造外，营造和谐的人际环境也是相当重要的一环。学校一方面通过营造物理环境对人际环境产生潜移默化的影响，另一方面直接通过良好的班风、校风及促进良好家风的形成来为书香校园建设创造了舒适的人际软环境。

学校通过物理环境影响人际环境的做法主要体现在以下四个方面：盆栽文化、心灵驿站（心语小屋）、舒缓轩及班级花园。

图2-23 头站镇中心学校盆栽文化样例

种植盆栽是学校有特色的做法，学校在各楼层主楼梯、侧楼梯、走廊窗台、班级窗台摆放各种花卉，每个盆栽处悬挂植物名片。各班级根据各个小组选出热爱植物的学生若干名，先由他们认领自己喜欢的盆栽，然后自己上网查阅或根据老师、父母的讲解收集如何照料自己喜欢的盆栽的相关资料。然后由学校出资购买盆栽，学生定期给植物施肥、浇水。照顾这些盆栽不仅锻炼了学生的动手能力，而且发展了学生的兴趣，还增强了学生的小组合作能力及学生的凝聚力，同时有利于和谐人际环境的形成（图2-23）。

心灵驿站是学校为了让同学们能够健康快乐地成长而精心营造的一个温馨家园，寓意是"寻一湾清水，停靠命运的小舟；觅一处驿站，休憩疲惫的心灵"。心灵驿站的环境布置色彩柔和，温馨淡雅，沙发是圆形的，整个环境给人以舒适放松的状态。在这里，你可以诉说心事，说出心中的困惑；在这里，你可以玩沙盘游戏，回归无忧无虑的童年；在这里，你可以聆听优美的音乐，放松浮躁的心情；在这里，你可以看书，寻找自己心灵的归宿。心灵驿站（心语小屋）在每天的课间操时间开

---

① 王扬. 人际环境对大学生的影响及优化途径探析[J]. 船舶职业教育，2016（2）：9—13.

放,学生可以在这里与心理辅导教师交流谈心。心灵驿站的开设很好地为心理健康教育提供了一个平台和空间,有利于学生心理健康发展,体现了学校以生为本的发展理念,有利于为书香校园建设营造一个良好和谐的人际环境(图2-24)。

图 2-24　头站镇中心学校心灵驿站一角

舒缓轩也是头站镇中心学校为保证学生心理健康而创设的,舒缓轩内配有击打假人、宣泄器具、拳击手套、涂鸦墙、宣泄板等宣泄设备。来访者在专业心理治疗师的指导下,借助暴力宣泄人、宣泄板等辅助措施,把自己的内心矛盾与痛苦体验及时、安全、有效地表达出来,起到缓解内心压力、减轻或消除不良情绪的作用。墙面使用蓝色、黄色、绿色增加来访者的安全感。宣泄过后,来访者可以在心灵驿站通过音乐、冥想、沙盘游戏等方式进行放松、舒缓情绪,待情绪平稳后方可离开。通过舒缓轩和心灵驿站的配合,学生们可以有效地缓解自己的学习和生活压力,不良情绪也得到合理的舒缓,同学关系、师生关系明显改善。

为了进一步促进学生们的合作,学校吸收了劳动教育的理念,充分利用学校的空余场地,组织学生建立了自己的"班级花园"。学生既可以在"班级花园"中种植花卉,也可以种植蔬菜,如白菜、韭菜、西红柿等,也可以种植树木。学生不仅要亲自种植,而且要及时对植物的生长过程进行观察和记录。"班级花园"的创设一方面美化了整个校园环境,另一方面锻炼了学生们动手合作的能力,学生在劳动的过程中还可以收获友谊(图2-25)。

除此之外,学校从影响中小学生人际环境的三个环节入手,通过打造良好的班风、校风及促进良好家风的形成来为书香校园建设创造了舒适的人际软环境,营造了浓郁的书香文化氛围。

图 2-25　头站镇中心学校班级花园样例

　　首先是班风的营造上，良好的班风可以潜移默化地影响全班同学的思想和行为，对于整个班级的成长和发展起着非常重要的作用。书香校园建设离不开良好班风的养成。要强化学生热爱读书的观念，通过主题班会课及语文课等营造开卷有益的舆论氛围，强化学生们好读书、读好书、读书好的意识，在整个班级内营造书香的氛围。①

　　要引导班级舆论环境，现在学生课间在一起有很多谈论的是电子游戏，电子游戏吸引学生的是它的新异性，这时我们可以给他们推荐一些冒险、科幻类图书，给他们先讲里面一些精彩的片段，让他们回去阅读相应的书，还要联系家长不让孩子玩或少玩手机、电脑游戏，这样就把学生引导到阅读的路上来。我们还可以把班级阅读积极、小银行"存款"多的学生树立为榜样，利用榜样的带头作用，激励学生向他们学习。

　　——王翠平：《如何培养小学生良好的阅读习惯》，摘自《头站镇中心学校教师成果集》

　　通过读书分享会、报告会、表演、朗诵等活动，学生可以感受到读书的乐趣，在读书中收获友谊，并通过这种友谊进一步去阅读、去分享。必要的时候可以采取一些奖励措施，这种奖励在一定程度上会在学生之

---

① 李军刚. 浅谈班级管理之班风建设[N]. 发展导报，2019-06-11（20）.

间形成一种竞争，适当的竞争可以促使学生自身的不断进步，给予学生阅读的动力。

结伴游玩

读完同一本书后，学生们聚在一起进行读书交流会，家长可以把零花钱留到读完书后再分给孩子，以表示对他们读书的鼓励，学生用此零花钱买一些糖果，在读书交流会上一边享用一边谈读书中自己印象最深的部分，共同分享，加深印象，加强理解，可以谈感想、谈意见，也会交到志趣相投的朋友。

攀登之争

读同一本书或同一类书的同学以读书报告会、表演、朗诵等多种形式展开活动，看哪些同学的报告做得好，然后授予"读书小状元"称号，评选活动由本书的读书会成员选举，公开、公正、公平，树立学生的正义感，这些小状元的照片和读书作品都张贴在楼廊的宣传板上，并颁发奖状，让所有路过的人都能看见。学生从读书中获得荣誉和成就感之后会更喜爱读书。读书的整个历程只表扬、不批评，逐步培养兴趣而不是强硬施压，最后达到乐读、好读的效果。英语读书报告会可以用舞台剧、诗歌、演讲等多种形式来表演，也可以适当地选用一些道具，增加情境性，提高学生的兴趣。

分享快乐

分享有多种形式：

（1）和读同一本书或同类书的书友交流分享。

（2）在班级内部分享，把自己所了解的书籍特点和代表作品与同学分享。

（3）在家中给亲人讲述自己读的书，并且家长也要养成好习惯，放下手机陪孩子一起读书。家庭成员之间也可以做读书展示，相互学习，也能一比高下，激发每个人的读书兴趣，营造良好的家庭环境。

——高鑫晶：《读书之旅　灵魂洗礼》，摘自《头站镇中心学校教师成果集》

在校风营造上,头站镇中心学校把重点放在教师队伍的建设上。书香校园建设虽然主要目的在于让学生多读书、读好书,但教师应意识到自己在书香校园建设中扮演着重要的角色:一方面,教师要做学生读书的引领者,要引导学生多读书、读好书;另一方面,要做书香校园的践行者,自己要成为学生的榜样,要通过不断地阅读提升自己的专业素养,增强自身的研究意识和问题意识,真正让自己融入书香校园的建设中去。学校成立年级教师阅读群,教师在群里分享自己看过的优秀书籍及心得感受,教师从阅读中不断成长,一方面可以使其更好地教书育人,另一方面也使得学生向教师看齐,主动去书籍中吸取有益的知识。这样的做法既有利于师生关系,也有利于尊师重道的观念的养成,良好的师生关系又必然会促进书香氛围的营造和书香校园的建设(图2-26)。

图2-26 头站镇中心学校教师阅读群样例

教师是学生学习的组织者和引导者,教师必须先成为终身学习的示范者。教师的自身职业特点要求其不断地学习,汲取新的教育理念,不断创新,才能适应教育发展的需要。教师的专业能力也要求其不断地学习。教师要参与教学课堂改革、更新教学方法,就必须坚持学习,而阅读就是很重要的一种学习方式。从阅读中汲取营养,充实自己的专业知识,丰富自己的文化底蕴。丰富的专业知识和丰厚的文化底蕴能使一个教师在课堂上左右逢源、神采飞扬。读书的多少决定一个人的阅历，阅读的广度和深度能影响一个人的思想境界。读书可以使我们获得无穷的智慧，多读书可以让我们对自己所从事的职业有更深刻的理解、更高远的追求、更虔诚的热爱。读书对教师来说不是个人的选择，而是实践、创新、进步的需要。因此，广大教师要以书为友，躬亲示范，让读书成为自己的一种生活习惯和职业习惯。

——宋金玲：《阅读滋养生命　书香浸润心灵》，摘自《头站镇中心学校教师成果集》

最后，学校通过促进学生家庭良好家风的养成来营造书香文化氛围。对于中小学生来说，家庭这个人际环境对于他们的成长至关重要，父母的言行举止影响着孩子的发展，如果父母双方都会在空闲时间进行阅读，那么孩子在父母的影响下必然也会爱上阅读。所以，积极向上的家庭文化养成对于孩子的成长、对于书香氛围的营造起着不可忽视的作用。学校鼓励家长和孩子一起阅读，通过家长会等形式与家长交谈，呼吁家长和孩子一起阅读，通过阅读来加强亲子之间的交流、增进亲子的感情，使孩子能在家庭和谐的氛围中享受读书的快乐（图2-27）。

图 2-27　头站镇中心学校亲子阅读剪影

一个家庭的家风也能对孩子的教育成长产生巨大的影响。家校联合一定会发挥很好的育人功能，学校积极倡导学生多读书、读好书、健全人格、修炼品行，势必引起家长的重视和赞同。带动孩子们多读书、读好书，家长们责无旁贷，家长应积极发挥引领的功能，率先垂范为孩子树立榜样，从而把阅读作为生活休闲的一部分。通过阅读学习家长自身素质也可以得到提高，就能在家庭中营造和谐的家庭氛围。"耕读传家远,诗书继世长。"传承耕读文化,让好家风家训进入千家万户。阅读的良好家风得到传承,"书中自有颜如玉,书中自有黄金屋"。家长们利用闲余时间根据自己所需进行阅读,有的学习科学种田,有的钻研科学养殖,有的探究如何经商……为自己的家庭向着和谐、美好、充实、富裕的方向前进。家长在学习的同时也能大大提高家庭成员的文化素质、精神境界、道德修养。这样做的结果是,社区居民摒弃了聚众喝酒闹事、打麻将玩扑克的旧习,社区里到处呈现着讲文明、遵公德的现象。邻里关系得到很大改善,斤斤计较的少了,互帮互助的多了,道德沦丧、落井下石的少了,济危扶困、雪中送炭的多了……人们能和睦相处、互通有无、共同发展,有效地促进了新农村建设。社区街道经常能看到儿孙搀扶长辈散步,邻里交心畅聊,居住环境更加美丽整洁,居民的道德素质明显提高。孩子们生活在这样的环境里,一定会养成良好的学习习惯和生活习惯,形成了以校风带家风、以家风促学风的良性循环。

首先,和孩子一起朗读,让孩子喜欢上阅读,家长必须对阅读有足够的重视。心理学研究表明,父母每天花15分钟的时间为孩子朗读,能使孩子建立起爱书本、向往读书的愿望。让孩子跟随家长反复朗读同一本书,不仅能让孩子更快地接受书本传递的信息,而且和谐的亲子关系能增进亲子之间的情感交流。亲子共读不以识字为主要目的,也不是为了学习知识,更不刻意地进行思想品德教育,而是为了让孩子能够把阅读活动和一切愉快的情绪体验联系起来,让孩子喜欢阅读。父母也不需要使用额外的附加手段来检测阅读的效果,这样可以避免他人的评判对孩子造成的心理压力及对孩子阅读积极性的挫伤。

其次,要经常读书报给孩子听,让孩子发现阅读的乐趣。家长可以利用晚餐前的几分钟时间给孩子读读报纸或其他方面的杂志,只要是健康的、有趣的,就能吸引孩子的注意力。随着时间的积累,孩子在不知不觉中不仅能受到听力的训练,而且对书报等纯文字的阅读也能生产浓厚的兴趣,为以后的纯文字的阅读打下一定的基础。

——习爱卿:《引领陪伴孩子阅读 书香浸润五彩童年》,摘自《头站镇中心学校教师成果集》

第三节　借助网络手段，打造无边界阅读环境

随着社会的发展，书香校园建设已不能仅仅局限于纸质图书借阅这个传统的渠道，我们需要借助一些媒体手段尤其是网络手段打造无边界阅读环境，让学生能时时沉浸在书香的氛围中。头站镇中心学校通过借助学校的广播站、微信公众号及班级书香阅读群为学生打造了无边界的阅读环境。

一、微信公众号：让书香无处不在

中国新闻出版研究院发布的第 15 次《全国国民阅读调查》显示：新兴数字媒介中，我国成年国民人均每天手机接触时长为 80.43 分钟、互联网接触时长为 60.70 分钟、微信阅读时长为 27.02 分钟。[①] 由此可见，新兴的阅读方式正在取代传统的纸质阅读方式。微信作为人们常用的社交软件已经成为一款阅读推广工具，其中公众号是常见的微信阅读推广方式之一，学校就充分利用微信公众号这一阅读推广工具打造无边界的阅读环境。

学校以"服务、教育、管理"为运营理念，以"服务学生发展，引领学生成长"为宗旨建设运营了"头站教育"这一微信公众号。"头站教育"每周推送新资讯，内容多以原创为主。它一共包含了六个栏目：学霸说、微采访、学生风采录、生涯规划教育、每月书单及校园新闻。学霸说版块主要为采访校园中成绩优异学生，记录并分享他们的学习经验与心得体会，为广大学生提供榜样参考，并鼓励学生开拓进取，在学习生活中利用好自己的时间，奋发向上，传递正能量。微采访版块主要为每周选定一位教师或领导进行采访，通过简短的问答展现教师的思想和生活面貌。学生风采录版块展现学生在学习、生活中德、智、体、美、劳等方面取得的成绩，形成积极的榜样作用。生涯规划教育版块推送对

---

① 宋振世. 微信在阅读推广中的应用与案例研究——以华东师范大学图书馆为例[J]. 新世纪图书馆，2019（6）：53—57，92.

于学生成长的学习与管理的理念与实践探索进行指导,旨在让学生在探索中体验、在体验中产生情感、让情感在实践中升华。每月书单版块主要进行好书书单推送,对好书进行简单的介绍和推荐,旨在鼓励学生多读书,读好书,激发学生读书兴趣,丰富学生校园文化精神生活。校园新闻版块推送学校的相关特色活动理念,旨在展现学校的办学理念,让人们了解学校的成长与变化,让人们更多理解支持学校工作。除了固有的版块外,"头站教育"会实时推送学生和老师的优秀读后感,学生们都以能够在微信公众号上发表自己的感想而感到自豪,这进一步激发了他们阅读的积极性和主动性。微信公众号上分享的优秀书籍和文章也进一步拓宽了学生的视野。下面是推送中的一篇优秀文章(摘抄):

古人云:"海纳百川,有容乃大。"为人处世,当以宽大为怀。宰相肚里能撑船,大肚能容天下难容之事,生活之中难免有磕磕碰碰,我们应该少一些心胸狭窄、尖酸刻薄,多一些大度宽容、海阔天空的气质。这样,无论遇到什么事情,都会平心静气地对待。一句善意的道歉,一个真诚的笑脸,就足以让矛盾冰消云散,就足以让不快随风而去。从历代的帝王将相到民间的凡夫俗子,从一个大国到普通的小家庭,之所以能够和睦相处,就因为在每个人的心灵深处盛开着一朵宽容之花,那是天底下最美的花朵……宽容是一种坚忍。不要因为你受到伤害就放弃宽容。人一旦失去宽容,就会变得狭隘、自私……宽容是沟通人际关系的桥梁,是酿造友谊之蜜的花朵。人不可能每个日子都辉煌灿烂,但你可以每天常存宽容之心,让生命在宽容中活得充实丰富。

——王海龙:《己所不欲,勿施于人》,摘自《头站镇中心学校教师成果集》

头站镇中心学校还制定了微信平台推送的审核流程,一般工作人员制作完成微信推送,在内部自审完成后交由信息办审核,待学校主管校长审核通过后才可推送。如果遇到跨部门消息推送,需相关部门提供材料(文字、照片),或者直接将编辑好的微信发送信息办,待学校主管校长审核通过才能推送。

头站镇中心学校成立微信公众平台以来，93.14%受调查的家长反映自己会督促孩子参与微信阅读的活动（图2-28），有85.14%的家长反映学校微信公众号上推荐孩子阅读的作品符合孩子的兴趣，有利于孩子的自我提升（图2-29）。由此可见，家长对于学校提倡的微信阅读方式是接受并且大力支持的，而且微信平台上的"每月书单"栏目尽管仍有不足，但的确发挥了它的影响力。头站镇中心学校真正利用了微信这一新时代的社交软件为学生打造了无边界的阅读环境。

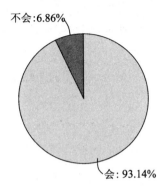

图2-28　关于家长是否会督促孩子参与微信阅读活动的问卷调查统计

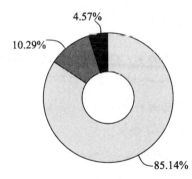

图2-29　关于家长对于学校微信公众号上推荐孩子阅读的作品的态度问卷调查统计

二、校园广播站：用声音打造立体书香校园

校园广播站是学校进行宣传工作的一个重要窗口，是学校进行文化建设的一项重要内容，通过校园广播可以达到陶冶学生心灵、增长学生知识的作用。书香校园建设更要创新利用校园媒体，充分利用校园广播站。

学校本着"优秀引航,全员参与"的原则,成立了"红领巾"广播站,目的是:一方面,丰富学生的课余生活,全面提高学生的素质,建立健康活泼的校园文化氛围;另一方面,传播校园文化,宣扬校园、班级好人好事,弘扬正气。广播站由站长、副站长及两名播音员组成,播音员是每班选定的两名学生,播出时间是周一至周五13:30—13:40。

红领巾广播站设置了以下几个栏目:新闻袋袋裤、知识百宝箱、优秀作品选及开心一刻。新闻袋袋裤主要介绍校园新闻、学校新风尚、班队活动、先进事迹、好人好事等。知识百宝箱主要为大家介绍各方面的知识,旨在增长学生知识、开阔学生视野。优秀作品选是专门为爱好写作的同学们设置的,学生们可以尽情地施展写作才能,说出自己的喜怒哀乐,写下自己的所见所得,记录自己的真情实感。一旦学生的作品被选中,就会在"优秀作品选"这个栏目中播出,让全校的师生一起欣赏他们的佳作。开心一刻主要播出一些有趣的笑话和幽默故事,旨在成为学生校园生活的调味剂。学校还制定了相应的广播站制度,以此来规范广播站的运行,具体细则如下:

(1)根据少先队工作的总体要求,积极配合学校活动安排,定时做好广播的播放工作。

(2)广播站要有固定的开始曲和结束曲。(开始曲为《我们是共产主义接班人》,结束曲为《红领巾之歌》)

(3)广播站站长要亲自学会使用全套广播设备,在实践中逐步找到最佳音响效果,并定期对播音员进行培训。

(4)播音员要按时到岗,不迟到,不早退,如有事不能按时出勤,必须提前一天通知站长,以便站长做好替换安排。播音员播音时做到使用普通话,吐字清晰,语言流利,不出现错误。

为能充分发挥广播站这一重要宣传阵地的作用,学校对支持和协助广播站工作的同学和班级进行评选活动,主要设了校园小作家、优秀播音员、红领巾先进集体等奖项,在期末的时候进行表彰(图2-30)。以下是头站镇中心学校红领巾广播站的期末评比细则:

（1）每次每班设两名播音员，每次节目时间8~10分钟。

（2）各班必须在正式播出前一天准备好广播稿，于播出日上午上交到大队部，在节目播出前，播音员提前5分钟到位。

（3）播音员编辑的文章必须无病句、无错字别字。播音稿要求准备充分，有新意。

（4）播音员要求：普通话标准，语音清晰，口齿伶俐，语句流畅。

（5）播音员在播音时要注入情感，语句做到抑扬顿挫、声情并茂。

图 2-30 头站镇中心学校红领巾广播站剪影

每项十分为满分，期末时通过核算最终成绩评选出"校园小作家""优秀播音员""红领巾先进集体"等奖项。

三、班级书香阅读群：让书香融入社交生活

微信本身就是一个社交软件，所以除了可以建立公众号进行阅读推广外，还可以通过建立书香阅读群来打造无边界的阅读环境。学校就采用了这种方式，通过家长和教师的密切配合，从而更好地实现了督促学生阅读课外优秀书籍的目的。

首先，在班主任的倡导下，建立班级微信阅读群；其次，学生和教师约定每天晚上作业完成后坚持阅读课外书（可以是教育局推荐的书目，也可以是其他有益的课外书），每天至少阅读30分钟，并上传图片到班级微信群中（图2-31）。

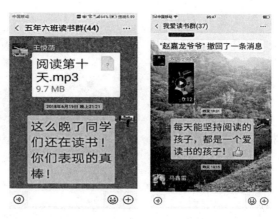

图 2-31　头站镇中心学校班级阅读群样例

为了更好地发挥班级书香阅读群的作用，学校采取了相应的鼓励措施：坚持一个月的学生，学校将颁发"读书小明星"的奖状，给予鼓励，每月评比一次；坚持一年的学生，学校将颁发"阅读形象大使"的证书，给予鼓励，每年评比一次。学生们先是受到奖状的诱惑被动地读书，逐渐地就会发现读书的乐趣，他们词汇量更丰富了，写作水平也有了进步，教师发现了学生作文的进步，会在课堂上宣读这些写得好的作文，并告诉其他学生哪些词、哪些句子写得好，让作义的主人和其他同学分享阅读和写作心得，其他学生受到启发，也会向这些同学学习。①

"新媒体"中的微信可以说是当下最流行的即时通信工具，与传统的短信沟通方式相比更灵活、更智能，且节省资费，为家长和学校搭建了共育的桥梁。微信作为一款新型的交流工具已经被广泛运用于人们的生活中，给人们的生活带来了无限的便利和快乐。为此，我们学校每个班级都建立了"亲子读书群"，将家庭教育与学校教育有机地结合起来，通过教师与家长之间、家长与家长之间的微信互动，共同促进学生健康发展。

——孟繁秋：《家校共育，走入"微时代"》，摘自《头站镇中心学校教师成果集》

---

① 陶素娟. 课外阅读的现状及应对策略[J]. 小学教学参考，2018（33）：17.

由全镇教师构建的 14 个学年组阅读群和中小学 60 个班级为单位的微信阅读群，每天的线上阅读活动就成为一种常态。教师这种读书理念的种子在教学中自然而然地渗透给学生，在学生心中满满地生根、发芽。有时自己不经意的一句话激活了学生的某个细胞，点燃了某个心灵，触动了某个灵魂，甚至赋能了某个生命，内心涌起幸福感：做一名老师真好。一个人的成长，它是有一个窗口的，当他走进这个窗口，他的意识、他的思维都会变得不同。学生们在教师的引领下慢慢地开始阅读，对阅读产生了兴趣，喜欢上了阅读，爱上了阅读。

——杨焕森：《书香浸染　润化无声》，摘自《头站镇中心学校教师成果集》

第四节　更上一层楼，书香环境建设的未来改进

学校自书香校园建设以来不断完善学校的基础设施，书香校园建设富有成效。在针对书香校园建设情况调查中，大部分学生和教师反映书香校园建设以来图书馆藏书的种类和数量明显增多。通过广播站和网络平台打造无边界阅读环境的效果被大多数学生认可，他们认为书香校园的硬件设施很齐全，也承认书香校园环境建设对自己的学习和生活有改善。大部分教师认为学校书香校园的硬件措施很齐全，学校的书香建设有一定的影响力，他们也反映班级氛围和师生关系有改善。参与调查的绝大部分家长认为学校重视书香校园的建设。一半的家长反映孩子经常从图书馆、书吧或图书角借书，57%参与调查的家长认为微信阅读群非常有效果，绝大部分的家长会督促孩子参与微信阅读的活动，88%的家长反映微信公众号上推荐阅读的作品，孩子会阅读，85%的家长认为微信公众号推荐的阅读作品很符合孩子兴趣，有利于孩子提升，绝大多数家长表示满意学校的读书环境和氛围。

总的来说，无论是从学生、教师还是从家长的角度看，头站镇中心学校的书香校园建设都产生了令人满意的效果，但还有一些值得进一步提升的方面（图 2-32、图 2-33）。

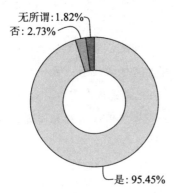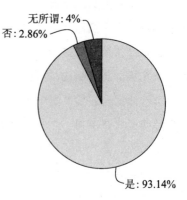

图 2-32 关于教师是否满意学校的读书环境和氛围的问卷调查统计   图 2-33 关于家长是否满意学校的读书环境和氛围的问卷调查统计

首先,在物理环境方面,在对书香校园建设情况的调查中,无论是教师还是学生都反映要营造更加开阔的景观视野,所以进一步打造书香校园的过程中要加强校园环境的整体设计,为师生营造一个更加通透开阔的景观视野。除此之外,需要进一步加强图书馆的现代化建设,尤其是数字图书馆的建设。现今社会是一个知识爆炸的时代,纸质版图书内容更新较慢,而且纸质图书本身的数量会由于图书馆场地的大小受到限制,数字图书馆可以满足学生对于阅读资源的需要,在更新速度上也要优于纸质图书,通过整体的协调规划和建设,为师生创设一个优质舒适的阅读环境。①

其次,在人际环境方面,书香校园建设是一个全方位的工程,虽然是书香校园建设,但也离不开家庭的配合。所以,在以后的书香校园建设中,要进一步普及书香校园的相关知识,让家长和教师能进一步了解书香校园建设的重要性及自身应在其中发挥的作用,这样才能让家长和老师更加清晰自己的定位,才能更容易形成一股合力促进书香校园的建设。家长之间、教师之间及家长与教师之间应该加强交流,彼此之间相

---

① 俞祝强. 高级中学"书香校园"建设的问题透视与对策分析[J]. 课程教育研究,2018(34):5—8.

互借鉴学习好的经验。尤其是家长方面，不能把陪孩子读书当作一种硬性任务，而应切实参与到这项活动中，真正做孩子成长的陪伴者，在家庭中营造良好的阅读氛围。①

最后，在打造无边界的阅读环境方面，要充分探索校园广播的更多用途，要明确校园广播站的定位，在发挥激励学生阅读作用的同时，能够起到表达学生心声、传递资讯、轻松娱乐、活跃校园气氛、锻炼广播人才、活动预告、传播校园特色文化的作用。② 微信公众号方面，要积极开发新的功能，提供有特色的服务，要不断创新，顺应师生的需求，为师生提供更加有价值的内容和更加优质的服务。③ 此外，要加强微信公众号的推广，也可以将微信公众号与线下的阅读推广活动结合起来，真正使微信公众号为师生的阅读服务。班级书香群方面，应加强教师和家长的协作，要引起家长对于阅读群和任务的重视，可以成立几个读书小组，每个小组设有读书组委会，由组长监督自己组的读书情况，副组长监督自己组员的微信评论情况。读书纪委监督学生朗读内容及学生是否评论，并登记。生活委员监督家长是否有在群里说些与读书无关的话题。每周各组进行评比，月末对前三的小组进行奖励。这些措施能使书香阅读群的功能落到实处。

书香校园环境的建设不是一蹴而就的，需要我们在实践中不断摸索和总结经验，通过不断地改进为师生营造一个完善、舒适、优质的书香校园。

---

① 俞祝强. 高级中学"书香校园"建设的问题透视与对策分析[J]. 课程教育研究，2018（34）：5—8.
② 晋桔. 充分运用"视听文化"提高育人实效：以成都市龙泉驿区第一小学校校园广播站、电视台为例[J]. 中国现代教育装备，2013（12）：8，10.
③ 姜新，贾树珍. 高校图书馆微信公众平台运营现状、问题及对策[J]. 学周刊，2019（13）：179—180.

> 一个崇尚读书的民族是一个理性的、优秀的民族,一个崇尚读书的社会一定是一个充满希望的社会,而一个崇尚读书的校园一定是一个健康而充满生机的校园。
>
> ——朱永新

第三章　共性与个性:书香校园建设的多彩活动

随着时代的发展,传统以学科知识为主、以教室为主要阵地、以教师为中心的教育模式正在悄然变化。立足学生兴趣爱好和学生自主探究的学习方式、以打破学科界限和促进学生实现自我为主要目的的教育教学正在逐渐兴起。学校响应时代需求和社会呼唤,将书香校园建设与实践活动结合起来,以培养新时代的"书香学生"。

第一节　书香校园建设的活动概况

在"大课程观"背景下,各类"活动"也属于学校课程的一种。在问学生们"学校在建设书香校园之后给你带来最深刻的感受是什么?"的时候,73.8%的学生选择"鼓励学生阅读的活动变多了"。本节将致力于讲述活动的开展与书香校园建设之间的关系,并概述头站镇中心学校活动设置的基本情况。

一、书香校园活动建设的基本原理

未来社会的发展比以往任何时代都要求人的和谐而全面的发展。教育除了让学生智力发展之外,还应促使学生"成为自信、自强,在个性和感情上坚强而稳定，积极主动具有社会能力，有责任心、独立精神并有合作精神，具有丰富想象力但又面对现实的人"①。

另外，随着知识体系的发展，原有领域或学科出现分化、交叉或综合的趋势，知识越来越具有整体性和综合性。这就要求学校要改组和更新现有的课程体系，按照现代社会、现代科学和人的发展需求加强知识的横向综合性的整合。知识的综合化趋势对学校提出"学习内容的覆盖面要加宽，不仅要满足学习者接触广泛的学科，而且也要接触新的综合性知识和新的知识领域的要求……学习中只有广度和深度相结合，人们才有可能利用多学科、跨学科和交叉学科的知识、学习方法，获得连贯有效的知识，才能为在工作场所、在未来不断扩大的知识环境下学习新知识的能力打下基础"②。

因此，学校课程体系的设计就要突破传统"以学科中心"的封闭式课程体系，更多地依据学生的能力结构、兴趣需要、人与社会生活之间的联系和需要来进行设计。③ 学校正是基于这样的思考，在建设书香校园的过程中，对德育课程进行大变革，设计了丰富多彩、类型多样的活动。

作为学校的一种课程类型，活动有以下一些特征。首先，它是以学生和学生的学习为教育过程的中心。它不依赖书本的知识传授，宗旨是不受书本束缚，走出课堂，走出学校，让学生增加实践活动，增加直接体验，增强自主选择。这显然与过去片面重视学科知识学习、禁锢在书斋中形成鲜明对比。其次，这种课程注重活动课程的教育价值。活动课程的教育目的是蕴含在自己的活动过程之中的。注重活动过程的体验和感知也正是当今教育改革发展的重要趋势。学生素质中的态度、情感、能力及与他人的合作、责任心等的培养都是在教育过程中实现的。活动

---

① 国家教育发展研究中心，中国教科文组织全委会秘书处. 未来教育面临的困惑与挑战[M]. 北京：人民教育出版社，1991：82.
② 拉贾·罗伊·辛格. 21世纪亚太地区教育展望[M]. 樊大跃，陶剑灵，译. 兰州：甘肃教育出版社，1993：45.
③ 高峡，等. 活动课程的理论与实践[M]. 上海：上海科技教育出版社，1997：34—36.

过程的多样性将决定学生发展的全面性。因此，在开展活动过程中，教师需要对活动形式、内容的设计与选择及目标、任务和要求等都要进行详细规划，以免活动的开展流于表面。活动课程强调教育与当代现实生活的联系。现实生活是活动课程所依赖的基本条件。现实生活也为活动课程提供了丰富的活动内容，创造了丰富的活动方式。当活动的选题范围不再局限在传统学科体系局限的时候，就会发现无处不在的教育环境、资源和途径。它不受单一活动方式的局限，一切以学生发展为前提来决定活动方式的选择。当学生将学校与社会联系起来之后，就会发现知识不再是抽象的文字符号，思想也不再是空洞的，世界观也不是脆弱的。[①]

以活动为主要形式开展的特色德育课程在书香校园建设中为学生营造了自主快乐的学习氛围。这种打破学科界限而偏向综合性、实践性的课程强调学生的亲身体验和积极实践，改变了传统课程只注重偏、难、繁、旧的学科知识体系，直接与学生生活联系，开发出生成性的、开放的、鲜活的知识系统，在培养学生的创新精神、实践能力、情感态度与正确的价值观、人生观等方面具有重要作用。[②] 正如学校的一位教师在自己的教学反思中所写的那样：

近几年假期带孩子出游已经很普遍了。孔夫子庙也是大家必去的旅游景点之一，在这里不仅能看到儒家学派的代表人孔子的塑像，还能阅读到许多关于孔子的著作等，让幼儿亲眼见到关于孔子的材料、听到关于孔子的言论。每到节假日会有很多家长带着幼儿欣赏祖国的大好河山，大家的焦点都在看景物上，其实在旅行的过程中孩子积累了许多关于旅行的经验，孩子们学会了如何照顾自己，并锻炼自己的生活自理能力，同时也学会了与其他同路的小伙伴如何相处。小孩子之间是最容易成为朋友的，他们之间的互相帮助看似简单，其实这是孩子们接触社会的第一步，也是幼儿为人处世不可多得的宝贵经验。在旅行和游玩的过

---

① 高峡，等. 活动课程的理论与实践[M]. 上海：上海科技教育出版社，1997：33—36.

② 洪明，张俊峰. 综合实践活动课程导论[M]. 福州：福建教育出版社，2007：76—79.

程中还更加密切了亲子之间的关系,这无疑为亲子阅读奠定了实践的基础。在繁华都市,抑或是穷乡僻壤、山村人家,幼儿在身临其境的同时,在活动中丰富了知识、开阔了视野,就可使幼儿想说、爱说,更重要的是有话可说。当阅读此类文章时便会做到很好的迁移,这就是直接经验和间接经验的有机融合。

——赵静:《如何让幼儿爱上阅读》,摘自《头站镇中心学校教师成果集》

这种课程使得学校有了一种灵动活泼的学习氛围,为学生自主开展个性化探究活动提供了良好的学习环境。

书香校园活动的创建不仅为学校的师生带来了巨大的变化,更加丰富了学校的发展内涵。书香校园打造书香师生。

——齐薇:《沐浴书香　文化育人》,摘自《头站镇中心学校教师成果集》

以活动为载体的课程鼓励了学生自主探究的积极性。这种类型的课程以活动为主要形式,强调学生的亲身积极参与,自主选题、自主实施、自主评价,以学生经验为基础,把学生的需要、动机和兴趣置于核心地位,为学生的主动参与提供广阔的舞台。活动课程的实践性引导学生去进行自主动手探究。活动空间的开放性把学生从封闭的课堂拉到整个鲜活的社区甚至社会,改变了单一的学习方式和狭隘的学习空间,使课堂知识的学习与社会体验有机结合、教学与生活有机结合,充分发掘有利于学生学习和成长的教育资源。学生在实践、服务社会和帮助他人的体验中寻求学习的动力,在活动中发现问题和解决问题,全面提高学习质量,激发学生阅读学习的积极性。①

以活动开展为载体的课程有助于学生的个性养成,有助于培育时代新人。个性的形成离不开生活和实践。马克思主义的经典著作一再指出,人的个性的形成和发展一点也离不开社会关系和社会实践。一

---

① 洪明,张俊峰. 综合实践活动课程导论[M]. 福州:福建教育出版社. 2007: 78—80.

个人的社会生活体验越深刻，与社会的联系越广泛，他的个性根基就越是坚实。① 其实，这强调了教育活动的开展必须要有目标导向性。另外，活动课程强调学生活动的自主性，在多样化的活动中发现自己、鼓励自己、教育自己、成就自己，在广泛的社会交往中使自己的个性得到充分而健康的全面发展。

在多种德育形式中，书香园地是对学生进行思想教育的有效阵地。

通过开展丰富多彩的读书活动，孩子们不仅增长了文化知识，还提高了个人修养。

——李影：《让我们在书香建设中践行"全人教育"》，摘自《头站镇中心学校教师成果集》

由此观之，在学校书香文化活动的孕育中必将培育出有鲜明个性特征和兴趣特长的时代新人。

二、活动基本概况

自开展书香校园活动以来，头站镇中心学校紧密围绕学校建设目标，设计了内容丰富、形式多样的活动课程，营造出浓郁的书香氛围，创造了自主活泼的书香文化，致力于培养具有深厚发展潜力的书香师生。接下来，将简单介绍一下学校所开展的基本活动。

（1）国旗下讲话，引领书香风气。国旗下讲话向师生提出"让书香溢满校园，让心灵徜徉书海"的倡议，积极宣传"读书的好处"，倡导全体师生参与读书、快乐读书。

（2）打造书香师生，提高师生素养。农村学校师资水平有限，学生对于诗文的诵读理解等方面存在困难。为解决此问题，首先要求教师不断摸索创新，开发丰富多彩的诵读活动，让活动吸引学生，提高学生的诵读兴趣。如采用鼓励式诵读方式，鼓励学生多读书、多背诵，给提前背诵出规定篇目的学生给予奖励；建立互帮互助小组，小组成员互相监督，共同学习提高；开放书吧，收集各个方面的书籍，获得各方面的知识。

---

① 高峡，等. 活动课程的理论与实践[M]. 上海：上海科技教育出版社，1997：37.

调查中有一个问题是:"你认为书香校园建设给你带来的最大好处是什么?"调查结果显示如图3-1所示:

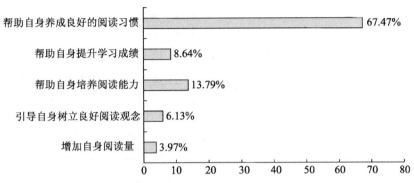

图3-1 关于书香校园建设给学生带来的最大好处的问卷调查统计

有67.47%的学生表明阅读能够"帮助自身养成良好的阅读习惯",8.64%的学生认为阅读能够"帮助提升学习成绩",13.79%的学生认为阅读能够"帮助自身培养阅读能力",6.13%的学生表示阅读能够"引导自身树立良好阅读观念",剩下3.97%的学生表示阅读可以"增加自身阅读量"。学生们能够鲜明体会到阅读带给自己的变化,阅读量、阅读能力、阅读习惯、阅读态度等体现出学校书香校园的打造有助于培养书香学子。

对于教师而言,当被问到"您认为书香校园的建设是否有利于自身专业发展?"的时候,结果如图3-2所示:

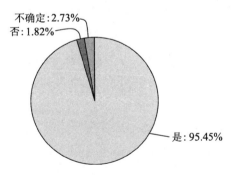

图3-2 关于书香校园建设是否有利于教师自身专业发展的问卷调查统计

图 3-2 显示，95.45%的教师认为书香校园的建设有助于提升自身的专业发展水平。当进一步被问"您认为书香校园建设前后自身最大的变化是什么？"的时候，得到的结果如图 3-3 所示：

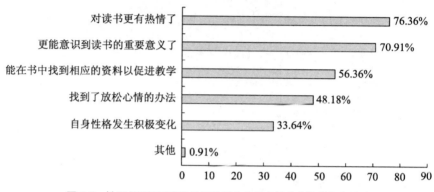

图 3-3　关于书香校园建设前后教师自身最大的变化问卷调查统计

76.36%的教师进一步表明"对读书更有热情了"，70.91%的教师表明"更能意识到读书的重要意义了"，56.36%的教师表明"能在书中找到相应的资料促进教学"，48.18%的教师表明"找到了放松心情的办法"，33.64%的教师表明"自身性格发生积极变化"。这就意味着，几乎所有的教师都认为阅读或学校书香校园的打造带给自己的变化是积极而正向的。有助于增加教师专业发展后劲，促进教师成就自我，推动学校打造书香教师。

（3）阅读经典，传承文化，积淀底蕴，陶冶性情，培养优秀公民。学校为学生推荐了"必背诗词""必读书单""选读书目"等。阅读国学经典，在读中思考、感受，得到心灵的平静；在实践中感受、思考，得到心灵的慰藉。举办"书香润泽校园，阅读链接美好生活"等主题读书月活动，为学生展现自我风采、接近国学经典、为班级争光、为自己未来创造美好回忆提供了平台。

（4）营造书香氛围，与环境共融共生。在各个班级设立读书角，学生用自己的书填充图书角，分享书籍，使得他们可以读到更多类型的图书；学校开放了古色古香的书吧，藏书丰富的图书馆为学生开展自主阅读创设了良好的氛围（图3-4）。

图3-4　头站镇中心学校班级读书角（左）和走廊品读阁（右）

环境上的变化是大多数学生可以感知到的，学生们从中受益匪浅。调查中，当问到学生"书香校园建设以来图书馆的藏书是否有变化？"的时候，得到的结果如图3-5所示：

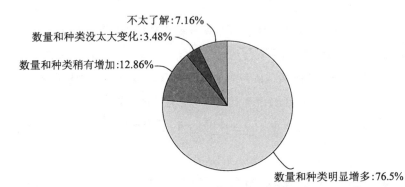

图3-5　关于书香校园建设以来图书馆的藏书变化问卷调查统计（学生卷）

由图3-5可知，76.5%的学生感知到了学校图书馆的数量和种类明显增多，12.86%的学生认为稍有增加，3.48%的学生认为没太大变化，剩下7.16%的学生不太了解。从统计数据可以发现，绝大多数的学生能积极去体会学校为建设书香校园所做出的努力，感受到了积极变化，并致力于与学校共成长。

各班的图书角和楼层两侧的品读阁藏书可谓琳琅满目、涉猎广泛，有科普知识，有名著，有历史故事，有作文指导，有人物传记，有寓言故事，也有趣味幽默大全。各班学生自发成立了图书管理小组，开展借阅管理活动，举行了好书交换活动，同学们形成了好书先读为快的愉悦读书氛围，畅游书海，处处洋溢着浓浓的读书气氛（图3-6）。

图3-6　头站镇中心学校阅览室

学校设有专门的图书室和阅览室，现有藏书24 810册，人均藏书达到10本，藏书有古典的也有现代的，有国内的也有国外的优秀作品集，囊括文史、社会、自然科学等。学校图书馆、阅览室有专职老师和图书管理员负责，学生可以随时去图书室借阅自己喜欢的图书，学生阅读方便。每周各班级有固定的一节课集体去阅览室读书，这拓展、丰富了学生的知识，让学生感受到书籍所给予的潜移默化的感染与熏陶（图3-7）。

——欧慧萍：《让书香洋溢生命的魅力》，摘自《头站镇中心学校教师成果集》

图3-7　头站镇中心学校古色古香的阅读空间

作为一种隐性课程，校园环境给学生积极影响和感染熏陶，从而实现教育的目的，具有情境性、渗透性、持久性、暗示性、愉悦性等特点，对学生的健康成长有巨大的影响，是实现书香校园的重要载体。正如学校的孟庆国老师所言：

一本好书需要在一个安静、舒适、优美的环境中品读，才能字字入脑、句句入心、篇篇沁人心脾，才能使你的五脏六腑那么舒坦、心情那么惬意，才能使你如痴如醉、进入忘我的状态。此乐何极？

——孟庆国：《环境与书香校园》，摘自《头站镇中心学校教师成果集》

当问到学生"书香校园建设前后你所感受到的不同是什么？"的时候，得到的结果如图3-8所示：

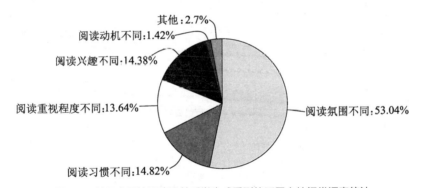

图3-8 关于书香校园建设前后学生感受到的不同之处问卷调查统计

数据鲜明地显示，53.04%的学生强烈感受到了学校阅读氛围得到很大改善。其他几个方面，诸如阅读兴趣、阅读习惯、对阅读的重视程度及阅读动机，都是在学校主张推进书香校园之后学生关于阅读所获得的鲜明的变化。由此可见，浓郁的阅读氛围和阅读环境在促进学生主动阅读及打造书香校园中发挥了重要作用。

（5）亲子诵读，书香飘溢家庭。亲子诵读就是以书为媒，让孩子和家长共同分享多种形式的阅读过程，在学生课外阅读当中起到重要作用。学校以家长、学校为载体，践行"让阅读影响一个家庭"的理念，利用节假日号召家长与学生共读一本书、共谈感受。共读使父母与孩子共同学习、一同成长；共读为父母创造与孩子沟通的机会，分享读书的感动和乐趣；共读还带给孩子欢喜、智慧、希望、勇气、热情、信心等。学校还经常举办"亲子诵读"比赛活动，让更多的家长参与到读书的氛围中。通过学校的努力，家长由起初的茫然、推诿到如今的关注参与。阅读让教育魅力尽显（图3-9）。

图3-9　头站镇明德小学"亲子诵读"活动

（6）"品创读写"常规化，培养阅读习惯。当问学生"你认为书香校园建设是否有利于培养自己良好的阅读习惯？"的时候，调查结果如图3-10所示：

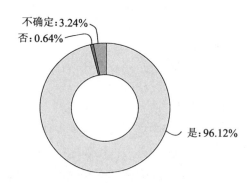

图3-10　关于书香校园建设是否有利于培养学生良好阅读习惯的问卷调查统计

由图3-10可知，96.12%的学生同意书香校园的打造确实有助于自己养成良好的阅读习惯，只有极少数学生选择了模糊的答案。学校为培养学生的阅读习惯，注重将日常的活动常规化，以使得这些活动渗透在学生生活中,养成学生终身学习的习惯。

学生坚持每天10分钟"品读创写",强化阅读和写作指导。每天下午第一节课前有10分钟固定校本课程"品读与创写",低年级由语文老师指导阅读和创写,中高年级则采用指导阅读和自主阅读相结合的形式。在学生阅读时,教师与学生一起读书,并巡视指导。班主任老师有计划、有目的地进行课外阅读指导,带领学生潜心阅读经典美文,领略中外名著,吟咏古今诗文,在大量的阅读实践中培养学生良好的阅读习惯和兴趣。低年级正是学生学习写作的开始,所以在阅读完后教师通常会让学生根据阅读内容的构段方式、写作手法来进行仿写训练,高年级学生在有了一定的写作基础后便可以创意写作。

教师坚持每天读书15分钟。只有读书,才能成长,才能实现理想。为了促进教学实践与理论的结合,提高教师的政治、业务水平和师德修养,使自己的教育教学行为更能符合时代的要求,努力做家长满意的、学生爱戴的人民教师,学校要求教师每天坚持读书15分钟。当问及教师"相较于书香校园建设之前您的读书频率如何?"的时候,得到的结果如图3-11所示:

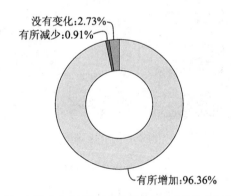

图3-11 关于相较于书香校园建设之前教师现在的读书频率问卷调查统计

由图3-11可知,96.36%的教师表明,相较于学校倡导书香校园之前,自己的读书频率有了显著变化,只有极少数教师没有变化。这体现了学校建设书香校园给教师带来的积极变化。教师们用心参与学校的读书活动，把读书活动融入自己的教育教学工作中，促进教学实践与理论的结合。通过几年来教师坚持的读书活动，教师自身修养得到了提升，教育教学水平有了很大的提高。

（7）多样化输出渠道，点燃学生思想火花。为了让学生深刻体会到读书的乐趣、收获读书的果实，学校为学生们搭建了许多展示自我的舞台。

第一，"写活动心得"系列征文活动。结合一些重大节假日，开展一系列特色教育活动，如春季远足、"传承红色筑梦童年"社会实践活动、农基地实践活动等。活动结束后提倡学生写出自己的活动心得，假期里建议学生读名著、看名著、观名著，要求学生写读书心得，每学期都组织学生参加征文活动，学生们积极参与，并且取得了较好的成果。

第二，演讲比赛。每学期由学校大队部牵头，教导处、政教处组织开展各种主题的演讲比赛活动。各班学生人人参与，热情高涨，极大地提高了学生的读书学习热情（图3-12）。

图3-12　头站镇明德小学"缅怀革命先烈　感恩幸福生活"演讲比赛

第三，"诵读"比赛。为丰富校园文化生活、陶冶学生的情操、提高广大师生的综合素质，每学期在全校范围内开展朗诵比赛，不仅有学生参加，老师们也积极参与，这激发了孩子们的比赛激情（图3-13）。

图 3-13　头站镇明德小学经典诵读比赛

第四，教师、班级读书群的建立。为了培养教师和学生的读书热情、激发全校师生更大的读书兴趣，各年级组、各班级都建立了读书群。讨论盛况，如图 3-14 所示。

图 3-14　头站镇中心学校读书群

在读书群里，师生都积极汇报读书内容，分享点滴成长，讨论教学或学习中的困惑，有问有答，激活智慧，在读书中学习，在尝试中进步，在讨论中收获，乐享成长的欢愉。互相成就彼此，互相点燃彼此的读书热情。

第五，手抄报评比活动。为了营造书香校园的氛围、激发学生的读书热情、丰富同学们的业余生活、培养同学们对绘画的兴趣，学校每学期举办一次手抄报评比活动。学生们的创作成果如图 3-15 所示。

图 3-15　头站镇明德小学学生手抄报

　　学生在活动中认真准备、积极参与，查阅相关资料，合理编排板报内容。此过程既增强了同学们的审美意识，又使同学们对相关主题的研究了解更加深入。一份手抄报完成后，某领域的"小专家"就诞生了，这激励了学生在此后学习与生活中对这一主题的持续探究。

　　第六，读书交流会。按照学校读书活动方案，学校每个月都开展读书经验交流会，总结交流心得体会，互相介绍读书经验。图 3-16 是学生们读书交流的现场图。

图 3-16　头站镇明德小学"读书交流"现场

　　通过交流，师生学到读书的好方法，加深了爱书、用书的思想认识，同时又促进了同学之间读书竞赛活动的自觉形成，无形中使读书成为一种被学生引以为荣并躬身实践的行动。

　　对于学校建设书香校园所做出的努力，师生是有鲜明感受的。问卷中，当问到师生"学校在建设书香校园之后给你带来的最深刻感受是什么"时,教师和学生的统计结果分别如图 3-17、图 3-18 所示。

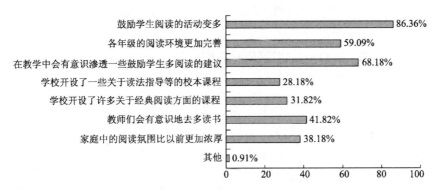

图 3-17　关于学校建设书香校园给教师带来的最深刻感受的问卷调查统计

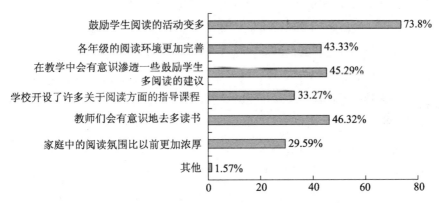

图 3-18　关于学校建设书香校园给学生带来的最深刻感受的问卷调查统计

数据显示,大部分教师和学生感受到以下变化:书香校园建设后,鼓励学生阅读的活动变多,各年级的阅读环境更加完善,指导学生阅读的校本课程变多,教师教学中有意识渗透阅读及阅读建议的内容增多,在学校带动下家庭中的阅读氛围也在不断增强。这些显著变化推动了头站镇的学生、教师、社区成员不断朝积极方向变化。

通过这些努力,校园中充满了浓郁的书香氛围,营造了独属学校的书香文化。师生通过阅读活动拓宽了知识面,提升了认识水平,培养了文化气质，提升了综合素养。与此同时，学校在活动中也取得了一些可喜的成绩。学校多名学生参加县级以上各种主题学生征文大赛，并在活动中获奖，还有多名老师撰写的文章分别在国家、省级刊物上发表。

第二节　书香校园建设特色活动分析

上一节介绍了书香校园活动建设的基本原理和常规活动。本节将重点介绍在推进书香校园建设中头站镇中心学校开发的一些特色活动。这些特色活动紧扣学校改革的基本思路，把握时代发展对教育的需求和挑战，成为学校建设发展的名片。

一、万人读书计划

该活动是以领导干部和党员教师为引领，带领全体师生家长开展的万人主题读书活动。2018 年 6 月，党总支根据当前国情、地情和校情实际，在学校倡导全员阅读活动。在这个活动中成立了 14 个读书团队，涉及全体师生，通过线上阅读、线下感悟，感受读书的美好（图 3-19）。现在每天教师都在读书，学生周六、周日读书，并且由学生带动家长读书。学校 3 000 名学生带动了 6 000 名家长读书，还有其他读书爱好者参与，在头站镇每天就有近万人读书，这对提高全镇人民文化素养和提升个人文化品位起着不可估量的作用。

图 3-19　教师（左）和学生（右）线下读书交流现场

学校地处农村，传统保守思想还很严重。一位教师在自己的教学反思日记中这样记述当前学生和家长的状况：

我们这里是农村中学。家长、孩子对读书没有信心、没有兴趣。一部分学生读完初中，就去打工赚钱；有的孩子去了职业学校，有的孩子书读多了，反而养成了眼高手低的毛病，在生活实践中，往往一点小事都做不好，还好高骛远。农村人还有很多人受"读书无用论"的思想影响，认为书读得多，不能当饭吃，不如打工赚钱来得快，所以我们刚开始倡导学生读书时非常困难。这举动在社会上、在家长的圈子里众说纷纭，在学生那里也遭遇重重困难：有的家长不重视孩子读书；很多孩子不能够及时读到该读的书，有的孩子本身不能坚持读书、理解力差，有的孩子识字量不够，稍微深邃一点的文章读不懂，有的师生追求暂时的高分，认为读书和分数没有必然的联系，白白浪费时间。

——李冬艳：《书香翰墨，提高学生的生命质量》，摘自《头站镇中心学校教师成果集》

也就是说，在开展读书活动之前头站镇的情况是：家长不理解，教师不支持，学生没有阅读的主动性。

万人读书会活动参与者涉及学校中的教师、学生及学生家长，带动的是整个头站社区的进步和发展。当学生、家长、教师认真读书之后，他们的观念发生了重大转变。一位教师深刻体会到：

步入知天命的人生阶段，本以为知识的摄取已终结，职业倦怠也时常出现，是阅读告诉我：爱教育吧，是教育这个职业让我们能够把自己的终身所学传授下去，使自己的智慧之花以另外一种形式绽放；爱孩子吧，是教育这个职业使我们享受了更多孩子的爱，享受着桃李满天下的幸福；爱书吧，是书籍带给我们无尽的教育智慧和人生哲学。和书对话，我逐渐缩小了与这些00后孩子之间的代沟，知道了应如何更好地对待那些犯了错误的青春期学生；和书对话，我领会了应如何运用书中的理念和方法，因地制宜地开展自己的教育教学活动……阅读，就像一场及时雨，滋润着我干渴的心灵；阅读，又像一盏指路灯，指明了我前进的方向。如果没有书香的滋润,我的教学可能无法随着时代的变化与时俱进。感谢在"书香校园"系列活动中,书籍对我的滋养与磨炼,它已成为我的知己,见证了我成长的脚步。

——曹艳宏:《书籍伴我前行,阅读浸润生命》,摘自《头站镇中心学校教师成果集》

在工作中遇到瓶颈,在教学中遇到难题,教师们时常会感觉迷茫,生活不过是周而复始的循环往复,找不到价值和意义。诸多心理学实验表明,被试者在接受阅读的相关测试中情绪安宁,而且大脑呈现积极的活动因子。因而,他们总结,沉浸在阅读的氛围中,人们都会有舒缓情绪、忘却烦恼的深切感受。① 通过阅读,教师们干涸的心灵得到及时滋养,焦灼的精神得到及时慰藉,感悟到时序变化的灵动有趣,体会到简单平凡中的爱与宁静。所有的疑惑都在阅读中找到了答案,所有的感知都在书籍中得到升华。

而对于学生和家长的转变,教师在自己的教学中也深有体会:

书香校园建设提升了学生的语文核心素养,让学生们体验到了成长的快乐、找到了心灵的驿站、尝到了分享的愉悦,更重要的是适应了新时期的中考和高考形式。农村的家长们很少说"读书无用论"了。因为读书,学生们在后来的生活中、工作中尽情发挥特长,读书丰富了头脑、锻炼了写作能力、提高了文化品位。我想说,书香校园建设让书香融入了学生的生命,提高了学生的生命质量,更彰显了"腹有诗书气自华"的认识底蕴。

——李冬艳:《书香翰墨,提高学生的生命质量》,摘自《头站镇中心学校教师成果集》

由此可见,书籍涵养了学生学识,开阔了个人眼界。从显性近期的功利性目标而言,书籍扩展了学生的视野,让他们获得了丰富的课外知识,认识了超越自己个人生活范围之外的新世界,提高了自身的

---

① 张金芳."新教育实验"阅读理念探究[D].长沙:湖南师范大学,2014:10.

认识能力和理解水平，为未来的语文学习和中高考奠定了深厚的知识基础。人的身体在成长，精神也在潜移默化地发生变化，经历了从低级到高级的螺旋状发展态势。借助阅读，人们可以收获比物质财富更有价值的精神食粮。在有限的生命中，阅览名家著作，可以欣赏到比现实风景更为壮观的景致；借助阅读，人们可以更快接近人生梦想。①

对于整个家长社区而言，阅读提升了个人的精神境界，提高了整个民族的素质。阅读能不断修正人们对人生和世界的态度和看法，从而提升自己的综合素养，养成向上的高尚品格，拥有积极的人生观。通过书籍这种内涵丰富的载体，将人类积蓄的正能量带到我们身边，深入我们的灵魂，融入我们的心中，最终实现中华民族整体素质的提升。②

二、童书跳蚤市场

为了丰富校园师生的生活，营造书香氛围，学校开展"跳蚤市场，爱心义卖"特色活动。学校开展跳蚤市场活动的目的有三：（一）营造良好的读书氛围，增加学生的阅读量，帮助学生在阅读中开阔视野，增长见识，培养能力；（二）为学生提供图书交易的时间和空间，拓宽书源渠道，让学生学会资源共享；（三）增强学生参与语文综合实践活动的体验，让学生在活动中学会交流、合作，培养学生表达、组织、应变、理财等各方面的能力。以下是《黑龙江县头站镇中心学校"童书跳蚤市场"活动设计方案》。

黑龙江县头站镇中心学校"童书跳蚤市场"活动设计方案

活动时间：

活动地点：

参加人员：全体师生、部分家长

活动内容：将各年级师生及家长预备交易的图书标上价签，以班级为单位摆摊进行公开售卖或交换，同时拟邀请新华书店来学校打折销售

---

① 张金芳."新教育实验"阅读理念探究[D]. 长沙：湖南师范大学，2014：9.
② 张金芳."新教育实验"阅读理念探究[D]. 长沙：湖南师范大学，2014：8—10.

图书。

（1）本着自愿的原则，由参与者准备已阅读过并预备用于售卖或交换的图书。预备交易的图书需内容健康、思想积极、适合学生阅读。班主任要积极动员、严格把关，保证学生们多淘到一些高质量的图书。

（2）参与的学生需与家长商议好图书价格，并制作价签贴在封底。班主任可根据学生提供的图书情况进行定价指导和建议。

（3）活动前各班将预备交易的图书名称、数量、价格等相关信息登记在册。

（4）以班级为单位摆摊设点，为"书摊""书店"命名，制作促销展板、海报、条幅等，积极想办法吸引顾客。

（5）各班成员需明确分工，根据需要设置管理员、推销员、收银员、记录员（做好成交记录）、书籍整理员等。一定要让每个小角色明了自己该做什么、该怎么做。其余队员参与购买图书。

活动安排：

（1）活动组织者应尽早指定好各班摆摊设点的地盘，提前安排布置。

（2）各班成员可自由发挥、各展其能，充分运用销售策略吸引顾客参与购买。

（3）班主任全程掌控，活动结束后组织对图书进行清点，填写《图书销售记录表》。

（4）活动结束后，各班自觉清理本班摊点及卫生区，学校组织卫生检查。

（5）未成交的图书由各班自行处理，已成交图书的钱款根据销售记录分发给图书主人。

（6）各年级组长负责巡查本年级市场，确保活动安全、有序地进行。

（7）各年级小记者负责活动采访、拍照摄影、资料收集等工作。

（8）活动结束后，学校将评选出"最佳书店""最佳推销员""最美海报""最佳广告语"等奖项得主。有意向申请者填写申请表，并提交相关材料，评选相关材料将在学校微信公众号上展示，由根据投票结果进行评选。每项5个名额，对优秀集体和个人予以表彰。（评选细则）

注意事项：

（1）班主任须认真做好宣传发动工作，充分调动起学生的积极性。学生预备交易的图书须事先征得家长同意。

（2）各年级组教师应共同参与，做好本年级各班的图书管理和纪律、安全、卫生保障等工作。

（3）各班须精心布置自己的摊位，尽力想出宣传高招、妙招来吸引顾客购买或交换，力争将活动开展得有声有色。

（4）学生须严格遵守活动纪律，不推挤，不喧闹，有序淘书，购书、换书时应文明砍价。各班活动情况将列入班级考核。

（5）活动结束后，各班组织学生上一节交流课，由活动中担任不同角色的班级成员互相交流经验、总结得失。在规定日期内各班级学生要上交以下体验材料：

① 各班级组织本次图书跳蚤市场的总结1份（电子版）

② 学生体验感悟：服务员每种体验岗位2份，活动心得3份

③ 家长对此次活动的看法与建议：每人1份

（6）班级负责交易人（学生）要求：

① 对货品熟悉

② 对人热情，有礼貌，有一定交往能力

③ 做事细心，做好每一笔交易的记录

④ 注意货品的保管，防止损坏或丢失

⑤ 做好本班书籍的分类摆放，便于顾客挑选

（7）学校将从布景设计、学生参与热情（活动场面）、会场纪律、展后清洁卫生四方面给予班级评比。

附件一：图书销售记录表

序号	书籍名称	所属学生	所属学生联系方式	成交价格	成交人	成交人联系方式

附件二：最佳书店申报表

班级		书店名称		售出书籍数	
书店成员及分工			书店标语		
书店亮点	（包括布景设计、学生参与热情、会场纪律、展后清洁等）				
班级意见				班主任 年　月　日	
学校意见				负责人 年　月　日	

注：还需要提交该书店布置、标语等介绍书店基本情况和亮点的相关照片、售卖现场氛围照片等。

附件三：最佳推销员申请表

姓名		班级		年龄	
售出书籍数			特长		
自我评价	（包括服务态度、个人对销售职业的看法、销售过程中遇到的问题、顾客感受、个人的收获感悟等）				
班级意见				班主任 年　月　日	
学校意见				负责人 年　月　日	

注：需要提交个人现场能够代表自己特色的工作照片。

附件四：最美海报申请表

设计人员姓名		班级		所在书店名称	
所在书店标语			所在书店售出书籍数		
海报亮点	（包括对设计原因、构图思路、设计创新点等）				
班级意见				班主任　　年　月　日	
学校意见				负责人　　年　月　日	

注：还需要提交书店海报。

最佳广告语申报表

设计人员姓名		班级		所在书店名称	
所在书店广告语			所在书店售出书籍数		
广告语亮点	（包括对设计原因、设计思路、设计创新点、书店广告语的评价等）				
班级意见				班主任　　年　月　日	
学校意见				负责人　　年　月　日	

由此可知，学校的"童书跳蚤"活动并不是简单纯粹的商业性质的图书销售活动，而是蕴含着丰富的教育内涵和价值。

首先，"跳蚤市场"活动的开展是有秩序的。活动方案中要求活动的整个过程由班主任全程掌控；义卖地摊的设置都有严格的要求，学生在现场需要遵守活动纪律，不推挤，不喧闹，有序购书，文明标价，不哄抬高价；活动结束之后要注意场内卫生等。这实际上是对学生文明礼仪的一次实践教学。以"跳蚤活动"为载体，有效传递人与人相处、人与物相处的基本礼仪规范及正确的道德观念和价值取向，从小处着手，促进学生良好品格和行为习惯的养成。这将会提升学生个人涵养，有助于培育书香个人。①

其次,整个活动过程是学生找寻自我、展示自我、成就自我的过程。活动方案包含"图书销售记录表""最佳书店申报表""最美海报申报表""最佳广告语申报表""最佳销售员""优秀个人""优秀集体"及活动中的"小记者""摄影师"等的分工。学生在这些实践活动中找到自己在一个集体中所应扮演的角色、承担的责任。这些"岗位"为学生们展示自己的个性特长提供了平台。任务的圆满完成将带给学生极大的满足体验,激励学生展现正向的精神面貌,为学生未来的健康发展打下坚实基础(图3-20)。

图3-20 头站镇明德小学"跳蚤"市场

再次,整个活动的圆满完成离不开学生之间的通力合作。② 每一个销售团体即为一个小组,整个小组拥有一致的目标,即把书"销售"出去,并对小组表现进行评价。这种类型的活动方式有助于激发学生的主动性和创造性,学生之间足够的对话交流有助于促进学生不断进行自我反省、增进学生之间的理解和沟通,保证了团队之内、学生之间相互取长补短,丰富了交流环境,培养学生的团队合作精神和合作意识。同时,这种合作学习与自主学习并不冲突,也有利于促进自主学习的发展。学生要把书卖出去,就要悉知这本书的精彩章节或内容,需要不断挖掘自

---

① 吉海荣. 低年级学生文明礼仪课程的实践[J]. 教学与管理, 2019 (5): 19—21.
② 刘登珲. 回归自身功能的校外教育课程规划研究[D]. 华东师范大学, 2015: 51.

己的优势潜能、不断突破自我，着力解决售卖过程中出现的各种意外问题等。这期间需要调动学生的智慧，不断通过他人售书等途径去学习。真正实现了"生活即教育""做中学"的基本理念；学生在一个团队中存在，需要找到自己的位置，发挥自己的光和热，这就需要学生们去发现自己的优势，并积极主动发扬光大，为团队效力，弥补自己的不足，争取团队荣誉。

因此，以此为平台，可以促进学生理论与实际的结合能力，提高学生学习的自主性，促进学生道德的完善和发展，为学生深入学习创造条件。

不仅如此，明德小学还对"跳蚤"市场进行了优化，升级成"入学赠书仪式，缺你'不可'（book）"。毕业班的学生将自己以往的教材、学习辅导材料及阅读过的各种书籍"卖给"学弟学妹们。其实，与其说是"卖"，正如王校长所说，倒不如说是"送"。

> 义卖活动让头站镇明德小学上上下下的每一个参与者，学生、老师、参与的家长，都感受到了爱的力量。爱心义卖活动用独特的形式让每个学生在活动中成长，在活动中感受到爱的力量……孩子们用他们的实际行动为需要帮助的孩子们献出了一份爱心。
>
> ——张金萍：《学雷锋义卖感悟》，摘自《头站镇中心学校教师成果集》

学生亲身感受到的教育才会是触动最大的教育。这样的赠书活动展现了爱在传递，学校中"实在美好"的理念在践行。

三、"美丽龙江，红色印象"采风活动

改革开放以来，我国经济发展取得巨大进步，人民的生活水平得到大幅度改善，这些成果都是我党长期奋斗的结果。2019年3月两会召开期间，习近平总书记说道："共和国是红色的，不能淡化这个颜色。无数的先烈鲜血染红了我们的旗帜，我们不建设好他们所盼望向往、为之奋斗的共和国，是绝对不行的。不能被轻歌曼舞所误，不能'隔江犹唱

后庭花'。"① 这实际上是习总书记对红色文化精神价值的强调,在社会主义现代化建设的今天,我们更不能忽视红色文化在理论和实践中给予我们的精神支撑。

正值中华人民共和国成立 70 周年,实现两个百年奋斗目标的关键时机,我校发起了"美丽龙江,红色印象"红色采风活动。

针对发生在头站本地的四次抗战活动——支援江桥抗战、高粱地战斗、申地房子战斗、血洗三家子,同学们在积极地查阅资料和咨询教师后开展了研学之旅(图 3-21)。

图 3-21　头站镇中心学校"亲近自然,传承历史"远足活动

学生们一路上沐浴着和煦的阳光,感受着家乡的美景,追寻着革命的足迹。在研学过程中,他们仿佛看到了当年那战马啸啸、红旗飘飘的战斗场面,增强了对毛泽东等老一辈无产阶级革命家的敬仰之情。在活动结束后,同学们纷纷写下了自己的研学感悟。通过一天的研学之旅,同学们收获颇多、感受颇深,深感作为革命老区儿女的自豪,同时意识到传承好红色文化的重要性,深感自己的责任重大(图 3-22)。

---

① 习近平. 两会现场观察[N]. 人民日报,2019-03-05.

图 3-22　头站镇明德小学校长王久义讲解龙江革命文化

由此可见，本次红色采风活动对学生的影响是知识和道德方面的双重提升。从知识视角来看，学校组织学生们研究学习龙江红色文化的相关内容：龙江红色文化包括相关的革命故事、相关历史人物、人物书籍，甚至一些歌曲等。学生接触学习这些红色文化，领悟其中的龙江精神，将红色文化融入当前的教学活动，是当前社会发展的需要，也是主体自身发展的需要，有助于提高学生的思想政治素质和道德素质，帮助学生树立正确的价值导向，培养正确的世界观、人生观和价值观。对红色文化的深入学习使龙江红色文化深入人心，有助于陶冶学生的情操，丰富师生文化生活，满足人们对日益增加的精神文化的需求，对消解当前浮躁的社会风气大有裨益。"少年强，则国强"，对学生进行红色文化的教育，有助于学生将红色文化这一传统文化与时代需求结合起来，为社会发展提供丰富的文化资源，不断推动社会发展。从道德视角来看，对红色文化的学习有助于学生坚定对马克思的信仰、对共产主义的信仰、对理想的追求，为实现中华民族伟大复兴的中国梦而努力奋斗。从小处着手，有助于提高学生报效家乡的热情。同时，对革命先烈的学习也有助于增强学生为人民服务的宗旨，构建正确的人生观、世界观、价值观，引导学生正确处理个人与集体的关系。将个人发展同为人民服务结合起来，全力运用所学知识和技能，投身于社会主义现代化建设这一伟大的事业中来。再次，对红色精神的学习有助于中国自力更生、艰苦奋斗意志品格的传承，也正是当时人民不怕艰难、顽强拼搏、艰苦奋斗的革命精神，才有了现在繁荣的新中国、前景光明的新时代。龙江红色精神的教育有助于培养人们艰苦奋斗和吃苦耐劳的精神。①

头站镇中心学校的远足活动从幼儿园就开始了，幼儿园的远足活动以"大手拉小手"的形式开展。每个小学生负责一位幼儿班的孩子，拉着他们一起远足。对小学生来讲，这种形式的远足有助于发扬小学生"爱幼"的传统美德，培养学生的社会责任感；而对幼儿园的孩子来讲，远足无疑增加了孩子们对即将成为小学生的向往。从这些大哥哥和大姐姐身上获得的关爱和身为小学生的积极形象，有助于培养幼儿们对学习和成长的兴趣和热情，有助于中华民族传统美德的传承，为人生的发展打下良好基础。

从意义层面上来讲，远足磨炼了学生们吃苦耐劳的优秀品质。这种红色远足活动有助于学生们了解自己家乡的文化，传承红色基因，增强爱国和爱家教育，找准人生发展方向，为人生的发展助力。

"红色龙江"活动演绎出村民们的守望相助及家校共育的和谐画卷，令人动容。在学生进行"美丽龙江，红色印象"活动的时候，家长们自发组成车队，为学生们的安全保驾护航。有些家长知道路程辛苦，前一天就准备好学生们的"干粮"和水，还有些经济条件好一些的家长用自己家的无人机进行航拍，记录孩子们成长的足迹。很显然，这一活动不仅深受家长们的支持，所到之处都产生了相应的社会效应，家长们、学校甚至社会各界人士各司其职、各尽所能，为孩子们的发展献出自己的一分力。

美丽静谧的头站人与自然融为一体，人与人之间和谐相处，保留着中国乡村最真挚的乡情。这一切必将滋养出人格、心灵与灵魂干净和谐的龙江学子，为他们未来的美好人生奠定基础。

---

① 张秀英. 延安红色文化的精神动力价值研究[D]. 延安大学，2019：12—18.

四、读书游学活动

游学,顾名思义就是在旅游中学习,是一种体验性教育活动。"纸上得来终觉浅,绝知此事要躬行",游学追求的是学生读书学习和生活实践的有机结合。

21世纪是人才竞争激烈的知识经济时代。研学旅行作为一种实践育人、提高学生身心素养的教育方式和手段逐渐被推广开来。2016年11月,教育部、国家发展改革委等11个部门联合印发了《关于推进中小学研学旅行的意见》(简称《意见》),研学旅行活动被官方"正名",成为我国基础教育教学的重要内容及综合实践育人的新途径,并要求将其纳入中小学教学计划,与综合实践活动课程统筹考虑。

研学旅行,是指由教育部门和学校根据学生身心发展特点和实际教学需要,有计划地组织学生走出校门,走进社会和自然,将校内外教育有效衔接,通过多种形式进行实地体验的综合实践活动。研学旅行将"学""游"结合,让学生在游玩中开阔眼界,在潜移默化中陶冶情操,在实地体验中学习,在集体生活中磨炼自己,旨在通过相对生动有趣的方式从多方面促进学生的发展,提高学生对学习读书的热情和兴趣,提高学生的核心素养。① 在国家政策的引导下,在学校建设书香校园的改革中,基于学生发展的需要,我校也积极开展读书游学活动。

我校的读书研学活动的开展已经有了自己的体系。以下是学校的"走进革命老区——爱国主义教育研学"的活动方案。

中国革命斗争经历很长时间,前辈们留下了很多纪念物,不仅具有纪念意义,更有着丰富的历史内涵和价值。走访革命老区,走进革命前辈的生活,深入了解历史,可以让中学生增长见识、陶冶情操、继承并发扬老一辈的革命精神。

头站镇是革命根据地,头站人民曾经用智慧和血肉书写过"高粱地之战""申地房子战斗""支援江桥抗战"等可歌可泣的英雄故事。

---

① 刘梅香. 小学研学旅行的现状及对策研究[D]. 济南:山东师范大学,2019:5—10.

生长在红色的家乡，让学生了解家乡、了解家乡历史，不仅可以增强自豪感，更可以让学生奋发图强、珍惜美好生活。

（1）实践活动主题：走访革命老区，了解老区历史，向那些为革命努力奋斗的前辈们致以敬意。同时了解关于革命老区当前的发展状况。

（2）活动目的：参观革命老区，深入了解老区历史发展，在革命老区为前辈服务。向当地居民了解老区发展状况。

（3）活动地点：家乡附近的革命老区

（4）活动时间：2018年4月26日

（5）实践安排：

①前期准备阶段：确定研学活动团队，开会召集成员讨论活动形式、内容，初步定下活动方案后再讨论修改，定下最终活动方案。

②活动程序：a. 收集相关历史材料；b. 走访附近居民，了解家乡历史；c. 参观遗址，交流、讨论、分享；d. 学生形成研学报告及心得体会；e. 设计我校楼廊文化，发挥墙壁"说话""传播""育人"功能。

（6）预期成果：通过走访革命老区，进一步加深大家对老区历史的了解，体会前辈们的辛苦及当今我们生活的来之不易，对前辈们心怀感恩之心。

首先，研学前的师生准备。教师作为重要的组织者，学生作为研学活动的主要参与者，需要做好充分的准备，以此为研学活动做好充分的准备。学校要安排足量的带队老师，对学生们进行安全教育，制定研学目标、活动方案等；学生方面，学校会就学生的身体素质、感兴趣的内容、有关研学地点的知识储备及所要注意的相关内容进行调查了解，积累相关的知识素材。其次，组织形式。学校尽量让每位学生都能参与，实现研学旅行全员化，以最大限度保障教育公平，提高整个镇的教育水平。同时，学校确定研学活动团队，安排专门人员，为学生的学习、生活及安全做好准备，充分保障学生的研学效果和体验。再次，行后的评价。学生是研学的主体，应尽量杜绝研学过程中只游玩不研学的现象。学校合理分配研学时间和程序，鼓励师生之间的研学交流。为进一步强化学生的研学意识,学校为学生们搭建了足够的知识及情感输出平台,实现研学效果的最大化。教师鼓励学生写研学报告及自己的心得体会,并且以此为主题开展综合实践活动,设计学校的楼廊文化,充分发挥文化育人的作用。

由此可见,从研学前的准备、研学中的组织和体验到研学后的总结评价,我校进行了认真筹备,充分发挥区域优势,构建自己的独特研学体验活动,引导学生树立书香研究的意识,培养学生的研究能力,激发学生深刻的思想情感。

学生们纷纷表示,在参观名校、博物馆等活动之后,他们开阔了视野,学到了许多知识,将自己平时所学的知识与实际生活有机联系起来,给知识赋予了一定情境,这极大地激发了他们的学习兴趣。同时活动锻炼了他们的自理能力、团队合作能力,也在实践中、情境中更加明晰了自己的兴趣,结交到志同道合的朋友。学生们就是在这样的互动交流中不断获得发展。[①]

去追寻文化的根脉,去感受文化的色彩,去品味一种立体的、丰满的、全息的、原汁原味的文化,这是一种很好的学习。古人提倡行万里路,行路也是一种学习,或者说是一种历练。一个人的胸怀与他行多少路是有关系的。

游学就是"品味"式的学习,是文化之旅的一部分。仅从课本中是无论如何也达不到"品味"的境界,更不能享受到"品味"式的学习。"品味"式的学习就如同享用美食。从技术的角度讲,我们今天已经能够将事物中的各种营养素分离出来制成药剂,用这些药剂可以完全维持生命,甚至这些药剂能够被人体很快吸收。但是,如果一个人仅仅靠吞食药片来维持生命,从不享受精美佳肴,那还能有生活的乐趣吗?同样,如果一个人一天到晚只是念书、做题、上课、考试,这样考上大学或许是没有问题的,但是他的生命是不可能鲜活的。游学活动就是享用文化大餐的过程,"大餐"过后,学生的精神活力一定会更加旺盛。

---

① 刘梅香.小学研学旅行的现状及对策研究[D].济南:山东师范大学,2019:16—23.

游学和博览具有深远的价值。书香会培养出一种善于识别价值的眼光。时间是会产生价值的。今天的博览和游学就是你们人生收藏的开始,参加这样的活动,说明你们是有远见的。而且这种游学活动传递的收获不仅止于此。在和小伙伴朝夕相处的互相帮助和相互交流的集体生活中一定还会收获更宝贵的东西——学生时代的纯真友谊。

第三节 学生阅读之星的表彰

心理学研究表明,学生某种良好的行为如能得到及时相应的认可,其内心就会获得满足,从而形成愉悦的心境,继而使其继续积极努力,使这种良好的行为不断得到复现,并产生另外某种良好的行为和结果。因此,激发学生阅读兴趣的时候,教师要在学生阅读过程中给予相应的肯定与鼓励,这样不仅有利于激发学生的阅读兴趣,而且有助于学生阅读习惯的养成。① 因此,学校开展了书香校园的阅读之星评比活动。

一、阅读之星的评价指标

本次研究用到了问卷调查的方法,在问卷中,当问到"您认为阅读之星的评价指标应当包括哪些?"的时候,学生和教师的统计结果分别如图3-23、图3-24 所示。

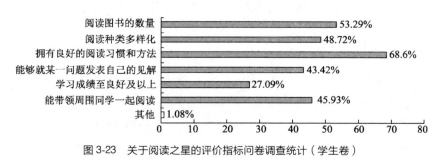

图3-23 关于阅读之星的评价指标问卷调查统计(学生卷)

---

① 周昭莹. 浅谈激发低年级小学生课外阅读兴趣的策略[J]. 新课程研究(上旬刊),2017(10):110—111.

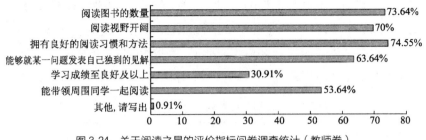

图 3-24 关于阅读之星的评价指标问卷调查统计（教师卷）

由图 3-23、图 3-24 可知，关于"阅读之星"的评价指标，约 98%以上的师生都表示同意"阅读书的数量""阅读视野开阔""良好的阅读习惯和方法""自己独到的见解""学习成绩至良好及以上""能带领周围同学一起阅读"等评价指标。

在师生统计结果中，排名前三的结果惊人地一致，分别是"良好的阅读习惯和方法""阅读图书的数量"及"能带领周围同学一起阅读"，并且"学习成绩"是所有选项中认同度最低的因子。这表明学校的师生对阅读的理解已经超出肤浅的与学习成绩挂钩的认知，更多地考虑到阅读所能够给予自身的发展及其社区效应（即能够给予其他人一些正面示范影响）。

另外，在选择"其他"选项的师生回答中，他们写的答案其实有很多已经包含在所给出的选项中了，比如"学习成绩好""每天都可以坚持阅读"等，后者可以归结到良好的阅读习惯中。这些答案也可以让我们反思，在设计这份问卷的答案的时候，"良好的阅读习惯和方法"所包含的内容可能过于宽泛从而模糊不清。也有一些答案基本上是无效的，如随便写一些和问卷题目不相关的内容。

由此，学校便将"阅读的数量""是否拥有良好的阅读方法和习惯"及"阅读之星的示范引领作用"作为主要的评价指标来开展我校的校园"阅读之星"的评比活动。

二、阅读之星的评比活动

为了激发学生的读书热情，学校还通过班会、黑板报、国旗下讲话、校园广播等宣传窗口，推出读书活动的典型，推介他们的读书书目，每个月还检查学生的阅读进度和读书笔记，评选出"阅读之星"，每学年结束，学校还评选校级的"阅读之星"，评选表如表3-1所示。

表3-1　头站镇中心学校"阅读之星"评选表

姓　　名		学　　校	
班　级		指导教师	
阅 读 量	课外阅读共计约（　　　）万字。		
阅读内容	阅读过的课外书有：		
阅读成果	①共完成读书笔记（　　　）本，约（　　　）字。 ②其他成果：		

由表3-1可知，"阅读之星"基本上是依照所指定的评价指标来进行评选的。书籍的数量、产出的字数等都是以量作为衡量标准；而设置"产出"这一指标本身就表明"阅读之星"的评价包含"质"（思想、情感等方面的升华）的要求。"质"与"量"互相配合，不断优化着头站学子的读书理念。

当问及师生及家长"您认为学校'阅读之星'评选活动的意义是什么？"的时候，得到的统计结果如表3-2、图3-25、图3-26所示：

表3-2　您认为学校"阅读之星"评选活动的意义是什么？（学生卷）

选项	人数	所占比例
提高学生的阅读意识	1 599	78.46%
激励学生主动阅读	1 288	63.20%

（续表）

选　项	人数	所占比例
可以起到榜样引领的作用	759	37.24%
营造浓厚的阅读氛围	779	38.22%
促进学生在竞争中交流合作	828	40.63%
其他	19	0.93%

您认为学校"阅读之星"评选活动的意义是什么？（教师卷）

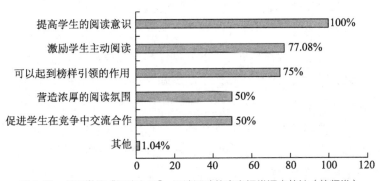

图3-25　关于学校"阅读之星"评选活动的意义问卷调查统计（教师卷）

您认为学校"阅读之星"评选活动的意义是什么？（家长卷）

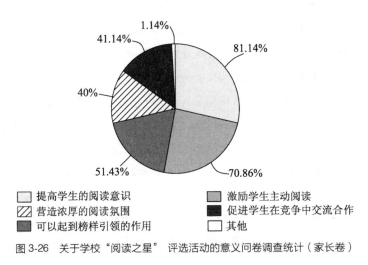

图3-26　关于学校"阅读之星"评选活动的意义问卷调查统计（家长卷）

调查结果显示，无论是学生，还是教师，抑或是家长，都同意"阅读之星"的评选有助于"提高学生的阅读意识""激励学生主动阅读"，但是排名第三的有了不同。教师和家长普遍认为，这种竞争性的评选活动"可以起到榜样引领的作用"，但是排名第三的选项在学生看来是"可以促进学生在竞争中交流合作"，本质似乎没什么差别，但实际上表明学生们不太喜欢比较紧张的竞争关系，即便处在无可避免的竞争之中，学生们也更倾向于用更加缓和的语气词来看待这种关系。

教师和家长第三名与前两名的投票差距显著小于学生同类别的差距。这其实暗含着大部分学生都避开了比较紧张的词汇。这表明，学生们都是有自我意识的，都有自己的主动性和积极性，希望被平等尊重和看待，更加强调自己在学习中的主动性和积极性，而不希望在紧张、压迫的环境中生存和学习。

这些调查数据显示，学校的教师和家长们要谨慎地应用这种竞争性激励评价方式。在进行评价的时候，要注意把学生放在主体地位，重点强调学生在学习中自身的主人翁地位，尊重学生的意愿和选择，引导学生主动为自己的行为承担责任，以此养成良好的学习习惯和培养正确的学习观念。

我是头站镇明德小学四年级（2）班的李木子，我是一名性格活泼开朗、自信的小朋友，当然这是我开始上小学之后才有的变化，以前的我是一个性格内向、不爱与人交流的小女孩。为什么会有这样的变化呢？因为我爱上了读书，开始妈妈规定我每天早晨起来读书15分钟，我很不开心，也不能理解，甚至有点讨厌，后来慢慢地就变成了一种习惯，在书中我找到了现实当中没有的快乐，也学到了与人交流的能力。书是人类进步的阶梯，书让我们在知识的海洋里遨游。读书可以让我发觉世界的精彩与生活的美好，读书可以让我在阅读中相互融合，而又相互分离。这就是一种快乐，一种与书沟通的快乐，无论是在清晨，还是在黄昏，我手捧着一本泛着清香的书，领略书中的奥秘和其他地方感受不到的快乐与安逸，这些知识与乐趣充实着曾经贫乏的大脑。读书让我享受生活，天天乐在其中。

我爱读书，书给我解开了许多不解之谜，书给了我一双观察事物的慧眼，书给我的生活带来了种种乐趣。有了书，我就拥有了通向幸福之门的万灵钥匙；有了书，我就拥有了心系苍生的宏愿；有了书，天涯海角也近在咫尺。这就是书的奥妙！

　　在喧嚣的都市中，人们往往忘记了许多原始的生命本能与需求。汽车代替了行走，电视机代替了观察，网络代替了交流。我不否认进步，但我知道有的东西是永远不能被代替的，如一片纯净的自然，如一本泛黄的旧书和一首经典老歌。即使我们拥有一切最先进的设备，在我的内心深处，还是更喜欢书带给我的平静而又波澜起伏的感觉……读书不能改变人生的长度，但可以改变人生的宽度和厚度，通过读书你可以视通四海、思接千古，与智者交谈，与伟人对话。对于一个生命有限的人来说，这是多么幸福的一件事啊！

　　——李木子：《走进书海的小李》，摘自《在书香中成长：优秀学生风采录》

　　这样的感悟会让人兴奋而感动。她真实地记录了自己通过阅读所获得的性格、习惯等方面的变化，记录了书籍带给她在思想境界方面的提升，已经开始超越自己所处的生活环境，思考发展着的时代和社会，思考生命的本源、生命存在的意义等形而上的东西。书籍带给她无尽的力量，爱自己和他人的力量。书籍让她更深刻思考自己、思考人生、思考社会，让她心境更加平静柔和，达至人生另一番境界。

> 真正的教师一定是读书爱好者：这是我校集体生活的金科玉律，而且已成为一种传统。一种热爱书、尊重书、崇拜书的气氛乃学校和教育工作的实质所在。一所学校可能什么都齐全，但如果没有为了人的全面发展和丰富精神生活而必备的书，或者如果大家不喜爱书籍，对书籍冷淡，那么就不能称其为学校。
>
> —— 苏霍姆林斯基

第四章　基础与拓展：书香校园建设的课程与教学

　　阅读课程建设是"营造书香校园"的有力保证。许多新教育实验学校在开展"营造书香校园"行动后曾一度轰轰烈烈，但"营造书香校园"很快就平静了下来。其中的原因有很多，但是没有重视阅读课程建设无疑是一个重要的原因。因为只有从阅读课程建设的视角推进"营造书香校园"，才能克服"营造书香校园"行动中的自发性、间断性。首先，阅读课程的建设可以从课程目标上保证"营造书香校园"行动的方向性，从而使之有一种持续的动力；其次，阅读课程的建设可以从课程的内容与实施的时间上保证"营造书香校园"行动的稳定性，从而使之有了一种重要的依托或永远的抓手；最后，当"营造书香校园"从课程建设的层面上开展时，教师与学生都多了一份责任感，保证了"营造书香校园"推进的深度与广度。因此，阅读课程建设从根本上保证了"营造书香校园"沿着一条可持续发展的道路前进。从这个意义上讲，阅读课程建设之于书香校园建设的必要性是显而易见的。

第一节　书香校园建设的校本课程

校本课程是基础教育课程改革的组成部分，是实施素质教育的有效途径。我校依据党的教育方针、国家课程计划的要求，将"转变教学方式，提高课堂效率"的科研课题融入校本课程，引导学生关注生活、关注社会、关注新农村建设，解放学生的心灵，使学生"心有所思，情有所感，而后有所为"。校本教材不仅有利于开阔学生的视野、提高学生的素养、陶冶学生的情操，更是对学生进行热爱家乡、热爱祖国教育的好教材。

一、书香校园校本课程理念

学校校本课程的理念设计是在核心素养的基础之上结合学校办学理念及实际进行的。国家当前推崇的核心素养主要是指人们运用知识、经验、能力、技巧等解决实际问题和困难的本领，同时它更是人们对于历史和现实中个人生存、发展状态的积极审视、关照和洞察，以及对于当下和未来存在的、事物发展的多种可能性进行明智、果断、勇敢的判断与选择。这正与我校的"实在美好"办学理念契合。首先，"实在美好"是真（Truth）、善（Goodness）、美（Beauty）的三位一体表达。"实"指向真，"好"指向"善"，"实在美好"本质就是真、善、美的合一。其次，"实在美好"是理想图景与现实情境的统一：既指向形而上的精神世界，又指向形而下的现实体验。而"实在美好"的教育指向的是真、善、美相互统一的全人教育，是培养头、心、手合一而情感、思维、意志全面发展的教育（图4-1）。

在幼儿园和小学阶段，课程目标设立和实施都应侧重"美好"，帮助孩子"感美""立美"，让美渗透各个学科的全过程，让他们多玩耍、多游戏，用自然美、艺术美、社会美的形式来培养孩子感受美好的能力，并积极引导孩子进行简单的创造美的活动，以美育支撑德育，帮助孩子养成富有健康审美的行为准则和生活习惯，实实在在地去实践美好的

图 4-1　头站镇明德小学办学理念图

事、成为美好的人。这个阶段的课程要有运动、劳动、音乐、文学、美术、舞蹈、生态世界观、公民与社会、数学、科学、朗诵、写作、手工、游戏、自由活动、野外体验式学习等。

在初中阶段,课程目标设立和实施都应侧重"实在",要以培养和谐发展、具有实在创造能力的人为中心,这种创造能力要有审美的支撑,是创造美好的能力,是"创美"。这个阶段着重用世界文化的精品来进一步提高感美与立美的水平,并重点进行创美的教育,即逐步使学生们的审美意识的冲动在对世界文化精品的欣赏、模仿与创造性的表现中,在对自然美、艺术美、社会美、科学美与哲学美的综合理解中,得到较复杂和较高级的实现。

无论是课程目标的设定、课程方案的设计,还是课程实施的过程,都必须指向"实在美好"中的真、善、美。根据办学理念、育人目标及《中国学生发展核心素养》,学校的课程在"实在美好"求真、求善、求美的上层理念指导之下开发了 3H(Head, Heart, Hand)的校本课程,着力实现学生头、心、手三个维度的发展。头的教育指向思维能力,培养有一定知识储备、充满想象力、具有思辨性和创新性思维的人。心的教育指向情感能力,培养富有家国情怀、心理健康、有爱心、有良好审美能力的人。手的教育指向有意识、有目的的行动能力，培养身体强健、肢体协调，拥有良好生活习惯、较强行动意识和动手能力的人。这个3H的课程恰好与我国课程目标的核心素养契合，最终实现学生头、心、手、情感意志思维的全面协调发展，以培养脚踏实地、仰望天空的人。

二、书香校园3H课程建设的主体板块

学校打造了3H课程体系，所呈现的是一个立体的课程结构。如图4-2所示，"3H"课程体系包含基础课程和校本课程。基础课程又涵盖了国家课程和地方课程，其次对国家课程和地方课程进行二度开发，形成"学科基础课程、学科融合课程、学科拓展课程"基础课程群，而校本课程又是3H课程的具体化。

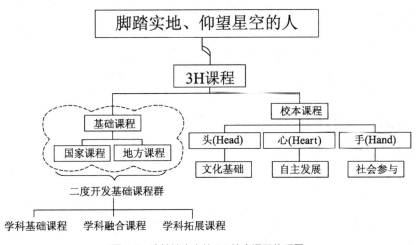

图4-2 头站镇中心校3H校本课程体系图

在3H校本课程的具体化中，由头、手、心三部分相辅相成，与我国的核心素养理念相契合，从一个多维的角度让学生逐步形成适应个人终身发展和社会发展需要的必备品格与关键能力。并且这种学习兼具稳定性、开放性与发展性，是一个伴随终身可持续发展、与时俱进的动态优化过程，是个体能够适应未来社会、促进终身学习、实现全面发展的基本保障（图4-3）。

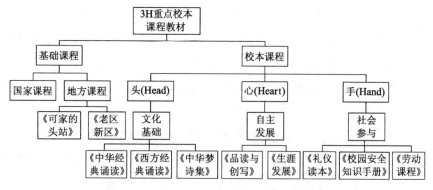

图 4-3 头站镇中心学校 3H 校本课程具体结构图

头指向的是学生核心素养中的文化基础,重在强调能习得人文、科学等各领域的知识、技能,掌握和运用人类优秀智慧成果,涵养内在精神,追求真、善、美的统一,发展成为有宽厚文化基础、有更高精神追求的人,其中包括人文底蕴和科学精神。人文底蕴,主要是学生在学习、理解、运用人文领域知识、技能等方面所形成的基本能力、情感态度和价值取向,具体包括人文积淀、人文情怀、审美情趣等基本要点。科学精神,主要是学生在学习、理解、运用科学知识、技能等方面所形成的价值标准、思维方式和行为表现,具体包括理性思维、批判质疑、勇于探究等基本要点。①

头站镇中心学校校本课程在这方面开设了若干课程,并且编写了相应的校本教材,如《中华经典诵读》《西方经典诵读》《中华梦诗集》,旨在为学生融汇中西方的优秀经典文化打下坚实的文化基础、奠定其文化底蕴,为学生的发展树立根和魂。

心指向的是学生核心素养中的自主发展,重在强调能有效管理自己的学习和生活,认识和发现自我价值,发掘自身潜力,有效应对复杂多变的环境,成就多彩人生,发展成为有明确人生方向、有生活品质的人,其中包括学会学习和健康生活。学会学习,主要是学生在学习意识形成、学习方式方法选择、学习进程评估调控等方面的综合表现,具体包括乐

---

① 钟启泉. 核心素养十讲[M]. 福州:福建教育出版社,2018:28.

学善学、勤于反思、信息意识等基本要点。健康生活，主要是学生在认识自我、发展身心、规划人生等方面的综合表现，具体包括珍爱生命、健全人格、自我管理等基本要点。①

对于学生自主的发展，学校采取了多元的方式，在班级或校园活动中都有所体现。在校本建设上我们则设计了两门课程：一门是"品读与创写"，另一门是"学生生涯发展"。"品读与创写"旨在培养学生在学习过程中自我吸收和自我成长的能力，注重的是学业上的自我管理。而"学生生涯发展"旨在培养学生在生活上及对未来的人生目标上的意识养成及情绪人格上的完善，注重的是生活及精神上的自主发展。学生的自主发展是实行人的主体特征的基本属性凸显。

手指向的是学生核心素养中的社会参与，重在强调能处理好自我与社会的关系，养成现代公民所必须遵守和履行的道德准则和行为规范，增强社会责任感，提升创新精神和实践能力，促进个人价值实现，推动社会进步，发展成为有理想信念、敢于担当的人。其中包括责任担当和实践创新。责任担当主要是学生在处理与社会、国家、国际等关系方面所形成的情感态度、价值取向和行为方式，具体包括社会责任、国家认同、国际理解等基本要点。实践创新主要是学生在日常活动、问题解决、适应挑战等方面所形成的实践能力、创新意识和行为表现，具体包括劳动意识、问题解决、技术应用等基本要点。②

在学生的社会参与方面，学校首先最重视学生的德育，并且以传递中华优秀传统礼仪为己任开设了国学礼仪课，并编写了《礼仪读本》，让学生在参与社会前先对自身的品行进行培养。只有先做人才能做好事，这与我们身处的革命老区的红色精神是一致的。其次就是保障自身的能力及进行安全课程的教育，并编写系列《安全知识手册》，旨在让学生能够在关键时刻保全自己。只有能够在危机情况下解除危机，才能在生活中更好地解决问题。最后就是劳动教育课程，我校一向认为劳动教育应该在学校教育中占有重要的位置，并且开设了相应的劳动课程。

---

① 钟启泉. 核心素养十讲[M]. 福州：福建教育出版社，2018：30.
② 余文森. 核心素养导向的课堂教学[M]. 上海：上海教育出版社，2017：7.

比如，让学生在校园内开垦自己的一方土地进行植物种植管理。正如马克思所说的，生产劳动主体与对象之间必须建立起联系，这种联系不是单向的，而是双向的，是彼此相互影响的。生产劳动的发展一方面让人不断提高创造财富的能力，为人类的生存和生活提供保障。另一方面，作为主体的人在生产劳动中建立并改进了人与自然、人与人、人与社会的关系。激励人对争取更美好生活、扩大与世界交往的兴趣和想象力。①在当下社会，社会参与是作为人的社会性的本质属性的重要体现。

三、书香校园特色校本课程内容分析

学校开展了许多校本课程，旨在为学生的综合发展打下坚实的基础，各门课程相互联系、相互渗透，构成一个多维多元的课程模式。该课程系统不是封闭的，而是动态开放、不断完善的。这些校本课程致力于推动学校建设和发展，已成为学校的特色名片。在校本课程的开发过程中，学校领导非常重视，组成编写机构，具体分工，责任到人，全体教师各施所长，使校本课程具有独特的意义和地方特色。校本教材的编写及校本课程的实施集聚全体师生的智慧，每门校本课程对学生的发展都起着举足轻重的作用。

"最是书香能致远。"埋下文化的种子，收获生命的丰盈。头站镇中心学校将以灿若星河的文化，铭刻出师生发展的幸福烙印，书香四溢，硕果飘香，迎来一个个春华秋实的葳蕤季节，缔造书香莹润的幸福校园。为师生的幸福发展张本，为更高的人生奠基，也为龙江杏坛的绚丽园地描绘出精彩亮丽的一笔。

——宋金玲：《阅读滋养生命　书香浸润心灵》，摘自《头站镇中心学校教师成果集》

我校在编写书香校园校本教材之前，本着以人为本的指导理念，对学生、教师及家长进行意见征集（图4-4、图4-5、图4-6）。

---

① 周谷平. 马克思主义教育思想的中国化历程[M]. 杭州：浙江大学出版社，2008：782.

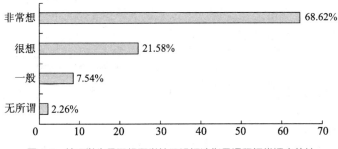

图 4-4 关于学生是否想要学校开设阅读指导课程问卷调查统计

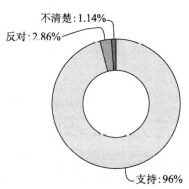

图 4-5 关于阅读课程对教学质量影响的问卷调查统计（教师卷）　　图 4-6 关于家长是否支持学校开设阅读指导课的问卷调查统计

综合调查看来，学生、教师和家长对书香校园的阅读课程开设都是持支持态度的。学校也在各方力量的支持下如火如荼地进行书香校园建设，并开展出若干书香校园阅读课程。

因篇幅有限，无法对每门校本课程进行介绍，在此特挑选学校几门特色的校本课程进行分析。

（一）"礼仪读本"：继中华礼仪，立修身之本

中华传统文化的学习不仅在于学，更在于行。对此为了让学生更深刻地感悟中国文化，头站镇中心学校在中华传统诵读的基础上增加了礼

仪文化的学习，让学生在知和行上都有所助益。礼仪的学习除了作为中华传统诵读的辅助项目之外，更是个人修身和立身的根本。我校开设"礼仪读本课程"是为学生成长打下基础。

优秀是一种习惯，素质就是不用提醒。我们养成好习惯，然后习惯塑造我们。播种行为，收获习惯；播种习惯，收获性格；播种性格，收获命运。

——王洪会：《礼仪读本序言》，摘自《礼仪读本》

1. "礼仪读本"课程建设的重要性：传播中华礼仪，培育合格公民

我国是礼仪之邦，注重礼仪，把礼仪作为国家政治制度。纲常伦理、习俗民情的本色是中国传统文化的特点。俗话说："没有规矩，不成方圆。"必备的文明礼仪知识是人们形成良好文明礼仪、行为习惯的基础。人的知书达礼并不是先天而生的，而是通过后天的教育和实践获得的。通过开设这样的校本课程对同学们进行礼仪教育，就是为了让同学们初步学会怎样尊老爱幼，怎样礼貌待人，懂得在学校、家庭、社会里怎样做，才能成为一名合格的小学生，以后才能成为一个合格的公民。

良好的品德是一切思想的基础。尊重师长，团结同学，有责任心，善待他人，文明诚信，勤奋刻苦，热爱劳动……这些中华传统美德教育都是他们在未来社会上立人树身的必要因素。在多种德育形式中，书香园地是对学生进行思想教育的有效阵地。通过开展丰富多彩的读书活动，孩子们增长的不仅是文化知识，还有个人修养。

——李影：《让我们在书香建设中践行"全人教育"》，摘自《头站镇中心学校教师成果集》

2. "礼仪读本"的课程内容

《礼仪读本》的编写分为两个级段。初段是为一、二年级的学生编写，主要是一般校园行为日常的规范，为刚进入校园学习的学生打下良好的行为习惯基础。高段是为三、四、五、六年级的学生编写，已经从校园的行为规范延伸到校外的行为礼仪，包括待人接物的方式方法等，礼仪校本读物不仅是中华传统诵读的补充，更是学校德育的重要部分。

低年级《礼仪读本》适用于一、二年级，内容主要从五大主题展开。五大主题主要包括校内礼仪、礼貌用语、家庭社会、礼节规范、综合礼仪。为学生从社会生活架构上进行行为规范的引导，让学生了解和掌握与自己社会日常生活有关的文明礼仪，加深对文明礼仪教育重要性的认识。在五个篇目之下又进行五个单元的课堂行为规范的引导，五个单元分别是上课礼仪篇、下课礼仪篇、写字礼仪篇、值日礼仪篇及安全教育篇。五个单元着眼于对刚入学的学生进行校园课堂规范的引导，为其以后的校园生活奠定基础（表4-1）。

表4-1 《礼仪读本》低年段目录（节选）

第一篇　校内礼仪（总序）	
第1课	我爱上学
第2课	我爱学校
第3课	我爱国旗
第4课	我爱学习
第5课	我懂规矩
第6课	我爱干净
第7课	我有精神
第二篇　礼貌用语（总序）	
第8课	认识礼貌用语
第9课	在学校使用礼貌用语
第10课	在家里使用礼貌用语
第11课	在社会使用礼貌用语
第三篇　家庭社会	
第12课	我是乖孩子
第13课	我是令人喜爱的好孩子
第四篇　礼节规范	
第14课	尊师敬长我能行
第15课	我是礼节小百科

高年级《礼仪读本》适用于三、四、五、六年级，内容主要从社会生活日常主题展开，从学生的实际出发，通过生动的事例让学生明白在不同的场合、针对不同的人和事能表现出恰当的文明礼仪习惯，学生逐渐提升自己的人文素养，做一个知大小、明事理、懂规矩的好少年。而主题的涉猎范围较广，包含16个主题，分别为尊师、升旗、待客、网络、赛场等16个场景的礼仪规范，此规范之下开设了五个单元型教学，分别是仪表礼仪、言谈礼仪、校园礼仪、家庭礼仪及公共场所礼仪，将规范更加具体化，实践性更强（表4-2）。

表 4-2 《礼仪读本》高年段目录（节选）

尊师礼仪篇	待客礼仪篇
行走礼仪篇	做客礼仪篇
同学礼仪篇	集会礼仪篇
穿着礼仪篇	购物礼仪篇
称谓礼仪篇	赛场礼仪篇
问候礼仪篇	假日旅游礼仪篇
餐桌礼仪篇	倾听礼仪篇

3."礼仪读本"课程建设的改进意见

针对礼仪读本校本课程，我们认为在三个方面应当加以补充。首先，应该与实际相联系，不能仅将礼仪教育停留在文本之上，而更应该渗透到生活和社会之中去实践。其次，应该在校内营造良好的利益文化氛围，比如在宣传栏上粘贴有关标语、举办礼仪风采比赛等，让学生全方位、多层次地接受礼仪知识的熏陶，内化其自身礼仪修养的动力。最后，礼仪教育应该是学校、家庭及社会合力的结果。家长要将对孩子培养的中心转移到"如何做人"上，并通过以身示范将真、善、美传递给下一代。学校则可以充分利用母亲节、父亲节开展主题班会，给父母打个电话问候，回家为父母做一件力所能及的事情。社会是礼仪教育的大课堂，不仅要全方位地宣传礼仪知识，还要为礼仪的应用提供实践的平台。

（二）"品读与创写"：品读学规律，创写增见识

品读学规律，创写增见识。这是语文教育的重要经验之一。其目的是帮助小学生巩固语文基础知识，提升阅读水平和创写能力，从而提高语文成绩。我们依据新课标的精神，立足于素质教育，组织语文学科相关人员、一线教师，开设了"品读与创写"这门课程，并精心编写了《品读与创写》的校本教材，旨在让学生在阅读优秀文本之时充分发挥自主性进行文章的创写，实现阅读能力、习作能力及自主能力三个维度的发展。

1."品读与创写"的重要性：培养阅读品味，提升创写能力

品味阅读，即遵循阅读规律，让阅读成为一种生活方式。小学生要开展品味阅读，要想提高品味阅读的效率，真正实现阅读为我的目标，就要长期坚持品位阅读。学生在紧张学习之余，甚至在寒暑假期之中，见缝插针，去读一读知识新闻类的书，学艺术经典，与更多的"名著"对话。这样，读书让生命始终充盈着知识的"源头活水"。个性在这里得到张扬，美丑在这里得到分辨，心灵得到熏陶，人格得到完善。通过"品读与创写"，学生在书本的阅读之下学会自主学习、自我管理，充分发挥自身学习的主观能动性，对于其学业起着十分重要的作用。

2."品读与创写"的课程内容

"品读与创写"的校本教材《品读与创写》根据年龄段划分，每个年级都有不同的主题。我校教师团队几经斟酌，对小学阶段数百篇课文的主题予以提炼，将阅读内容概括为四大主题：人、自然、社会、文字，围绕主题编写校本教材。教材分为三大板块：美文阅读、阅读操练、主题作文。我们设计四种编排模式：诗文诵读式——由经典诗词、现代诗导入；活动设计式——由"悦"读美文活动设计导入；品析鉴赏式——由课文品读导入美文拓展；经典导读式——由整本书阅读（或名著电影）导入。在创写课程建设方面，我们依据学生的年龄特点对其训练有所侧重。低年级侧重于说话训练，主要包括儿歌、童谣，给儿童最好的示范，采用说一说、写一写、画一画等方式，激发孩子的习作兴趣。中年级则是侧重"解题、指导、范文"，给学生更大的选择空间。在高年

级，写作形式不拘一格，采用给材料作文、故事新编、学生考场佳作等方式鼓励学生自然表达、大胆表达。

"品读与创写"的主题从四个方面进行建构，本着学校"实在美好"办学目标，同时结合全校范围内的问题调查而选择设计的四个主题，围绕人、自然、社会、文字开展。力图让学生在阅读和活动过程中学会尊重生命、理解生命的意义及人与人之间的关系，学会独立发展与积极合作，并通过彼此间对生命的呵护、记录、感恩和分享获得身心的和谐。除此之外，学校充分尊重学生的意愿，对学生感兴趣的阅读课程进行统计，其中古诗词和现代散文的题材学生较为喜爱，分别占比37.59%和34.2%，而学生对于古文的喜爱程度相比就较低，仅为5.84%，这份基于学生阅读爱好的统计也是"品读与创写"内容选择的重要参照（图4-7）。

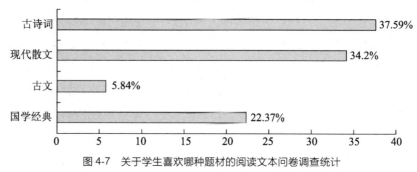

图4-7 关于学生喜欢哪种题材的阅读文本问卷调查统计

综合课程特点及学生意愿，我们选择了四个维度展开讨论（表4-3）。

表4-3 "品读与创写"课程文本选择的四个维度

主题一：儿童的本真与"我"的可爱
英国诗人弥尔顿说："儿童引导成人，如同晨光引导白昼。"我们通过阅读养护孩童的神性，让孩子倾听、好奇、惊喜，让孩子学会用神性澄澈自己的心灵、关照自己的生活、领悟生命的意义和价值，让孩子的童年充满诗意。
主题二：自然的纯真与"美"的喜爱
我们引导儿童关注"青草和红的白的牵牛花、鹧鸟的歌声，以及三月的羔羊和母猪的一窝淡红色的小崽，母马的小驹，母牛的黄犊……"走进自然，热爱生命；在自然中生活，获得力量；亲近自然，爱上身边的一切，发现美，创造美。

(续表)

主题三：社会的诚真与"善"的热爱
当儿童靠近社会的时候，我们不仅要让他知道道德、规则、文明，更要让他感受到社会的诚真与善良，因为社会让儿童形成信仰、态度等思想观念。阅读要让儿童感受善，强化感恩之情，逐步养成健康的信仰和健全的生活态度，这样才能更好地适应社会、服务社会、建设社会。具有感恩之心、慈悲之心，这才是新社会的儿童。
主题四：文字的慧真与母语的挚爱
我们纵观中华民族几千年的文化长河，其中流淌着诗人挥卷豪放的笔墨，吟咏着雅士肺腑动人的长歌。通过回顾这壮美辉煌的篇章，我们不难发现，是文字意义上的记录与传播，化解了空间的阻隔，经过时间的打磨，才使文化深入我们的内心，使我们感受到言语的魅力。

3. "品读与创写"校本课程改进意见

首先，教师在引导学生阅读《品读与创写》时，不应将文本意义的解读结论直接告诉学生，导致以一种权威话语无情地剥夺了学生的自主诠释的权利。而应该让学生作为阅读主体存在进行阅读活动，阅读是一种自我体验、感受和领会，不应该让学生和文本之间的"神契"让位于压制和屈从。

其次，真正的阅读和写作应该是非功利性的，是读者和作者之间的心灵沟通，是作者感情和思想的真诚流淌，读者通过感悟、体验，走入作者的内心，再把感悟和思索自然表达出来，是一个生命进入另一个生命的融合过程。所以，教师在讲授过程中应该注重文章内在思想和情感的传达。

最后，要避免写作教学中"程式化"的倾向。不应使写作教学功利化和程式化，应该让学生充分调动自己的生命体验和真实感受进行创作，这就要求在选择文章篇目之时要注重选择大家之作、具有真实情感的作品，为学生的习作树立典范。

(三)"西方经典诵读"

"西方经典诵读"是我校创建书香校园体系之下开设的一门阅读经典课程，该课程以外国优秀的寓言、神话故事为内容，旨在为学生提供原汁原味的外国文学背景。学校结合一线教师对文本进行甄选,旨在为学生提供一个最佳的外国文学语言环境。学生通过短小的篇幅培养对外文的兴趣,了解外国的语境,进而拓宽视野。

1. "西方经典诵读"课程建设的重要性:读西方经典,长中华智慧

基础教育课程改革是在时代的大背景下进行的,建构一种有活力的、有精神感染力的学校文化,需要我们去思考、去挑战。"西方经典诵读"是旨在让学生更好地学习和应用英语,弥补基础课程缺失的不足,更好地实施和促进素质教育的开展,不断完善新课程体系的一项重要举措。"西方经典诵读"校本课程是对国家课程和地方课程

图4-8 《西方经典诵读》校本教材封面

进行补充和完善的必要措施。一方面,西方经典的阅读开拓了学生的视野,让其更好地体会西方文化的独特;另一方面,可以通过中西方文化的对比培养学生文化的包容性和文化自信。而且西方经典文化的阅读也可以让学生了解西方的文化传统、人物风貌,为以后的学习奠定基础。

王久义校长十分重视学生对西方经典文章的学习。他认为,"'西方经典诵读'校本课程开发的目标是为了满足教师专业发展的需要,给予教师参与开发课程的机会,独立或合作开发富有特色的课程,促进学生个性发展,培养学生可持续发展的能力。由于本地地处老区,经济和社会发展水平有限,信息获取程度及教师的知识结构、家庭中家长普遍的文化水平不高等,因此本地具有和大多数乡村中小学一样的情况。如何改善这种状况是学校教育者应极力探究的。本地学生的实际情况是常识性了解不够、视野相对比较狭窄。根据本地学生的实际,开发适合学生

实际操作，易于和乐于让学生接受的形式与方式，在经典中学习英语文化、了解英语文化、应用英语进行交际。基于此，编写了这本校本教材，希望它能为孩子们的成长出一份力。"

2."西方经典诵读"校本课程内容体系

首先，"西方经典诵读"校本课程的文本结构是中英文对照，上半部分为英文，下半部分为中文，充分考虑不同能力的学生英文阅读水平。其次，篇章主体由三个部分构成，分别是外国经典寓言故事、中国成语和寓言故事及谚语。

这些故事或来自民间智慧，或来自著名作家的经典作品，都是世界文学宝库中的珍贵遗产，阅读后孩子们的心灵会从中得到养育和陶冶，并获得有益的启示。教师可以在学习本单元之前预留学习任务，推荐学生们提前阅读这些故事，并根据阅读内容创编英语小对话或情景剧，在激发学生学习英语兴趣的同时，也激发了他们阅读经典的兴趣。

——王淑宏：《阅读经典》，摘自《头站镇中心学校教师成果集》

第一部分是外国经典寓言故事，如《农夫与蛇》《老人与海》等，旨在为学生打开外国文化的语境。

例1：外国经典寓言故事

The Farmer and the Snake

One winter a farmer found a snake stiff and frozen with cold. He had compassion on it, and taking it up, placed it in his bosom. The snake was quickly revived by the warmth, and resuming its natural instincts, bit its benefactor, inflicting on him a mortal wound. "Oh," cried the farmer with his last breath, "I am rightly served for pitying a scoundrel." The greatest kindness will not bind the ungrateful.

农夫与蛇

一个冬天，农夫发现一条蛇冻僵了，他很可怜它，便把蛇放在自己怀里。蛇温暖后，苏醒了过来，恢复了它的本性，咬了它的恩人一口，使他受到了致命的伤害。农夫临死前说："我该死，我怜悯恶人，应该受恶报。"这故事说明，即使对恶人仁至义尽，他们的邪恶本性也是不会改变的。

第二部分为中国成语和寓言故事,如《掩耳盗铃》《画蛇添足》。学生能够在了解外国寓言的同时也充分对我国的文化进行传承和翻译,树立文化自信。

例2:中国经典成语故事

Draw a Snake and Add Feet to It

Long long ago, several people had a jar of wine among them and all of them wanted to drink it by themselves. So they set a rule that everyone would draw a snake on the ground and the man who finished first would have the wine. One man finished his snake very soon and he was about to drink the wine when he saw the others were still busy drawing, so he decided to draw the feet to the snake. However, before he could finish the feet, another man finished and grabbed the jar from him, saying, "Who has ever seen a snake with feet?" The story tells us going too far is as bad as not going far enough.

画蛇添足

古时几个人分一壶酒,他们都想独自喝完那壶酒,所以就定了一个规矩:每人在地上画一条蛇,谁画得最快,这壶酒就归谁。有一个人很快就把蛇画好了。他正打算喝这壶酒时,看见别人都还在忙着画,就决定给蛇再画上几只脚。结果,蛇脚还没加完,另一个人已经把蛇画好了。那人一下把酒壶夺了过去,说:"有谁见过长脚的蛇?"这个故事告诉我们这样的道理:做得过分和做得不够都是不对的。

第三部分为谚语,在为学生提供英语习作素材的同时,也为学生的人格及理想树立了一个标杆。

例3:谚语

1. A bad beginning makes a bad ending. 不善始者不善终。

2. A candle lights others and consumes itself. 蜡烛照亮别人,却毁灭了自己。

3. A cat may look at a king. 人人平等。

4. Adversity makes a man wise, not rich. 逆境出人才。

5. A friend in need is a friend indeed. 患难见真情。

6. A friend is easier lost than found. 得朋友难,失朋友易。

3.《西方经典诵读》教材改进意见

《西方经典诵读》是学校重要的课程资源。经前期广大教师的努力,学校已经取得了一定的成就，但后续的文本编选还需要认真思考，头站镇中心学校编委认为对于外国文学作品的编选以下几点值得注意：

首先，作品类型要丰富。纵观《西方经典诵读》的外国作品选文，贴近儿童现实生活的作品稍少。经典作品固然有其可取之处，可毕竟离儿童当下的生活遥远，学生不具备相应的文化背景和经验。究竟该如何权衡经典外国文学作品与当代外国文学作品在语文教材中的呈现，还需有关方面进一步地思考和探讨。

其次，选文改动要慎重。如果教材选编者认识到文章经典，很难割舍，但原封不动选入课本又太长，不现实，可以安排课下亲子阅读，在家长中推广亲子阅读。在中低年级的小学生识字功能还没有完备的情况下，让父母每晚抽出一点时间和孩子一起阅读。通过父母的引导，孩子从小感受文学的美感，激发想象力，培养健全的人格。

最后，选文的趣味性要加强。儿童喜欢阅读具有趣味性、游戏性的文学作品，是由其接受心理上的好奇心和喜欢幻想等特点决定的。幽默是一种可贵的精神品质，儿童接触大量的幽默文学对形成儿童豁达乐观的性格品质有很大帮助。儿童的活泼天性与幽默文学的诙谐和哲理有一种天然的心灵契合，选择趣味和哲理的幽默作品，儿童才能从内心真正地接受，产生真正的认同感。

四、"3H"校本课程的实施、评价及反思

为保证学校"3H"课程行有实效、稳妥深化、逐年推进，我校制定以下原则以确保"3H"课程实施及巩固课程实施的效果。

(一) 关于"3H"校本课程的实施原则

原则一：课程实施过程中，要更开放，可以打开校门，请外校教师或其他领域的专业人士走进学校；也可以让学生走出教室、学校，进入真实的情境，到自然中，到社会去实践所学知识；把课程的选择权教给孩子，尊重他们的独立人格，激发他们的学习内驱力。

原则二：在课改中，不能只关注教学模式和教学手段而把教学模式误以为是教改核心，应该以学生为本，把课堂还给学生才是课改的核心。

原则三：课程的实施离不开课堂，我们把理想课堂分为三个层次：有效、多元和个性。实际上这是一个逐步上升的不同境界：第一关注有效的落实，第二挖掘知识所在学科内在的魅力，第三是社会生活、师生生命的共鸣。

原则四：在进行学科教学时，要关注孩子思维的独立性，还要引导学生思考和关注人类发展问题。

原则五：在进行学科教学设计时，大胆创新，进行学科拓展与融合，深入各个学科，并打通学科间的间隔。可尝试项目制教学。根据学生的自身能力特点和水平差异，在社团课程开展上可尝试走班制。

原则六：教师在教学过程中要关注学习的根本，不追求热闹好看的课堂，应追求活动的、共同的、反思性的有效学习；要坚持生本原则，尊重学生，不轻慢学生，营造温馨和谐的空间与人文氛围。

（二）关于"3H"课程的评价说明

课程评价是实现选择教育理念的一个极其重要的环节，课程评价起着导向和质量监控的重要作用，根本目的在于改善和发展教学，发挥个性特长，为学生的终身发展服务，关注个体的发展和需要，它直接影响教育双方的积极性乃至整个教学活动的健康发展。[①]且《基础教育课程改革纲要（试行）》明确提出，要"改变课程评价过分强调甄别与选拔的功能，发挥评价促进学生发展、教师提高和教学实践改进的功能"。因此，在校本课程实现实质转变的基础之上，学校评价系统也应该相应进行变革。具体如下：

首先，将结果评价变为过程诊断，将教师中心评价变为学生、教师、家长多方评价，变单一评价指标变为多个评价指标。其次，要建立基于多元智能理论的多元评价体系，加强过程性评价和增值性评价所占比例，引入具有科技含量的评价技术（如ACTS）等。再次，建议不断增

---

① 邬宪伟. 选择教育：职业教育的一个新视角[M]. 上海：上海教育出版社，2017：97.

加评价指标，如公益参与、实践性活动、创业尝试、承担各种活动的组织策划工作。最后，尽量使评价语言是描述性而非结论性的，以发现及鼓励为主，变负面评价为积极正面评价，变分数评价为诊断评价，评价不再是结论，而是接下来教学设计的参考报告。

（三）关于建设校本课程的反思

在校本课程设计和实施之中，除了在基础课程层面的建议外，我们还提出以下几点：

第一，根据学校地域、设施、师资、经费等实际情况，对所建议开设的课程可进行取舍增补或以主题贯穿进行整合。例如，农场课程可以与科学相结合，并参考陈耀的山水田园课程；也可与万物启蒙课程相结合，比如围绕果蔬种植、生长，从历史、文学、艺术、生物等多个方面开展课程；可以根据本地四季分明的特点，开展二十四节气课程，并与农场课程相结合。

第二，校本课程的实施要考虑结合本地资源、时间、师资等进行研发。例如，头站镇中心学校有红色文化，可以将这些优秀的红色文化融入校本课程之中。

第三，借鉴、引进或购买国内外优秀课程和服务。校本课程从总体上看还是以文化能力为主，缺少实践性和创新性的课程。可以从多角度、多方面引进国内外优秀课程，拓宽学生视野，如钱锋的"万物启蒙课程""阿福童"财商教育等。

第四，尽量引进社会资源，充分关注国家、地区政策指导及政策优惠及时更新课程建设，应充分利用家长资源，可以开设家长进课堂等课程使校本课程多元而丰富。

第五，根据孩子年龄和身心发展规律，在课程设计和实施上要注意梯度式推进。例如，在社区课程实施上，小学低段的孩子以行走、参访为主，认识自己居住的地方，了解不同的人的生活，意识到弱势群体的存在；小学中高段孩子可以参与社区公益活动；初中孩子可以进行社区调研，发现社会问题，找寻解决方法，比如向相关机构反映发起募捐等。

还要分层开展阅读课程：一、二年级结合读、写、展绘本课程；三、四年级开始与篇章写作结合；五、六年级独立整书阅读，可以引进阅读教学软件辅佐，如"阅伴"；七至九年级思辨性阅读文史哲书籍，并进行思想性、文学性写作。

第六，加强国际化建设，寻找、缔结国际友好学校，共同研发课程，进行师生互访。

第二节　充满书香气息的班本文化

促进义务教育的均衡发展和提升教育内涵发展质量是我国基础教育当前面临的首要任务。作为学校的个体单位，班级所呈现的班级风貌则是一所学校教育智慧的缩影。实践表明，在同一校园文化中，不同的班级存在一定的文化差异。这种差异不但体现了不同班级间的个性，还反映了各班级间发展水平的差异。班级文化是指班级成员在班主任引领班级目标迈进过程中所创造的物质财富和精神财富的总和，它在一个班级中是客观存在的。班本课程的开发为班主任提高业务素养提供了肥沃的土壤。它是以班级为课程实施的载体，以班级的实际情况为前提，师生双方共同开发的富有班级特色、以满足学生发展需求为宗旨的课程。班本课程的确立及实施可以让班主任的教育工作呈现有序的而非随意的局面，有个人教育目的而非被动接受任务；可以拓宽学生的主动发展空间，促进学生个性的发展，让学生各方面的素质得到和谐的发展；可以培养学生勤于动脑思考、动手实践和善于合作、勇于创新的能力；可以弥补课程资源的不足，重在解决学生的实际问题，满足学生个性化的需要，体现了新课程的理念和班主任的教育追求；班本教育的理念和实践的多样性和特色化可以极大丰富和提升教师、学生的生活，必将成为解决当前素质教育的一把金钥匙。

一、学校班本文化课程的理念

随着新课程改革的不断推进，校本文化的研究与重构越来越受大家的关注，校本课程的兴起在一定意义上引发了人们对班本课程及班本文化的开发与构建。实际上，"校本文化"与"班本文化"之间有着无法割舍的内因逻辑，即任何校本文化的建设总是建立在班本文化的基础之上，或者说是班本文化的总和。反之，一所学校的班本文化建设总是以校本文化为方向与核心，而班本课程则是班本文化基础性和实践性的部分。班本课程是基于班级文化的层面上发展起来的，作用于班级文化，同时又反作用于班本课程自身，在总体上促进了班级文化建设的繁荣发展。因此，这样不仅为班级文化增添更多文化情境性的内涵，同时也将班级、学生及教师的不同个性特征充分凸显出来，形成班级文化体系中独有的风格。

班本课程在与校本课程的关系上是相互配合的，同时又具有一定的独立性。首先，班本课程是学校课程体系中的组成部分，学校是课程开发的主体，班本课程自然要与学校课程总体系保持紧密的配合关系。在本质上具有教学的针对性及侧重点，不为迎合国家义务教育而服务，专心地对众多课程内容进行拓展及优化。因此，班本课程具有综合性的特征，能够增强课程与生活的有机融合，进而开阔学生视野，培养学生养成交叉性的创新思维，激发学生树立学习的热情。其次，班本课程对于学校课程体系来说在一定程度上又是独立的。虽然课程开发的主体属于学校，但是班级教学是由教师进行的，文本的设计和计划的实行都是由班主任和学生一起实践的，具有独立性。

班本课程秉承学校办学理念，坚持以"培养脚踏实地、仰望星空的人"为育人目标，依据我校研究性学习的课程理念，学生以研究性学习为路径，每个班级根据学科课程、德育课程、中国传统文化课程进行校本课程的选定与研究。有的班级的班本课程选定对学科知识的外延有着重要作用，比如通过对语文知识的学习，解读唐诗宋词；通过对历史知识的学习，探寻古代先贤。有的班级的班本课程选定是学校德育课程的外化，比如"礼仪见修为，感恩见行动"。有的班级的班本课程选定是对中国传统文化的挖掘，比如"书法扬个性，国粹永流芳"。以班本课程为载体，打造独具特质的个性魅力班级，形成班级课程特色。

二、学校班本文化课程的内容

班本课程的内容体现出了综合性，以便承载综合性的学生成长文化，满足本班学生的个性化成长需求。教师将国家课程、地方课程创造性地改造后变得更适合本班学生的成长现状；教师在拆解了学校的育人目标、课程规划后选择适宜的内容在本班落实；教师在分析了班级现状、学生的共性和个性后梳理出学生的成长需求，并根据需求来确定班本课程的开发主题。但主题离不开学校的"实在美好""培养脚踏实地、仰望星空的人"。因此，班本课程的研发实践是为了更好地适应学生的个性发展，帮助每一个学生成长为最好的自己，成为积极进取、享受生活、怀抱未来的人。所以，我校班本文化课程的内容选择主要围绕以下几个角度开展。

第一，阅读课程为生命打造底色。阅读班本课程的形式一般都是以晨读的形式呈现。例如，九年级（4）班的"阅读指引人生"和七年级（3）班的"诗韵伴我成长"都是在清晨早读课时让学生带着自己喜爱的文本来进行阅读。在阅读中培养学生鉴赏文学作品的能力，在持续地摘抄、感悟、点评练笔中提升他们语言表达的形象化能力，在体验与探究中丰富情感、提升审美能力。

第二，益智课程为思维加速。益智竞技类的班本课程主要是以小组或个人竞赛形式为主，在每周周三下午的综合实践课上进行，如六年级（2）班的"象棋活动的研究"和九年级（3）班的"数学使人睿智，数学使人精细"。益智课程有助于激发学生的学习积极性，帮助他们在自主探索和合作交流的过程中真正理解和掌握基本的理性知识与技能、数学思想和方法，获得广泛的思维逻辑活动经验。

第三，中华文化课程提升文化自信。中华文化课程的涵盖面比较广，包括国粹、历史、中华传统礼仪等。中华文化课程是以小组项目形式出现的，每个小组负责通过网络、实地考察、名人拜访等形式收集有关资料，汇总成班级手册供学生学习鉴赏，如六年级（6）班的"唐朝帝王风云榜"、七年级（4）班的"国粹京剧中的脸谱"等。中国传统文化是中国数千年沉淀下来的精华，学习中国传统文化可以增加对历史的了解、对文化的了解、丰富自己的知识面。学习中国传统文化也可以培养民族自豪感和增加民族凝聚力。万物发展都有相通之处，数千年的文化史也是中国人数千年的思想和行为演变史，以史鉴今，可以提高学生的思想深度和广度。

当然除了以上的主题之外，学生和教师还可以"另辟蹊径"，选择他们最感兴趣的主题进行班本课程的建设，尊重学生主体性是班本文化建设最重要的原则，头站镇中心学校班本文化如表4-4所示。

表4-4 头站镇中心学校班本文化一览表

六年级（1）班	走遍天下书为侣
六年级（2）班	象棋活动的研究
六年级（3）班	经典研读实践
六年级（4）班	感恩
六年级（5）班	三国人物品鉴会
六年级（6）班	唐朝帝王风云榜
七年级（1）班	名著学习之旅
七年级（2）班	学好英语面向世界
七年级（3）班	诗韵伴我成长
七年级（4）班	国粹京剧中的脸谱
七年级（5）班	走近名人
七年级（6）班	话说母亲河——黄河、长江
八年级（1）班	春满杏林誉华夏古代名医研讨录
八年级（2）班	多彩的少数民族
八年级（3）班	中国传统民居建筑地域性特色探究
八年级（4）班	研读诗的"神话"
八年级（5）班	传承美德我在行动！
八年级（6）班	拥抱健康，幸福一生
九年级（1）班	向学先贤砥砺前行
九年级（2）班	中国传统文化
九年级（3）班	数学使人睿智数学使人精细
九年级（4）班	阅读指引人生

三、学校班本文化建议及改进策略

关于班本课程的主题选择。首先,班本课程开发应具有综合性、统整性的特点,这就要求教师在班本课程开发的过程中具备稳定的文化主体意识,坚守班本课程的价值属性。其次,教师应选择一种走在时代前列的对社会发展、学生成长有导向作用的社会主流文化、先锋性文化来引领班本课程的价值选择。再次,因为班本课程更有自主作为的空间,更有助于满足本班学生的个性化需求,更有助于班级文化气象的生成,所以教师要以班本课程开发为价值实现的基本载体。

关于班本课程的课程规划。首先,教师要规划出班本课程与学校整体课程的内在关联性,要规划出课程目标、本班学生的个性化需求与课程资源的内在关联性,要规划出不同学期开发的不同类型的班本课程的内在关联性。其次,规划出适宜的课程数量。班本课程的开发人力有限、资源支撑相对不足、实施空间较小、服务的人群相对比较单一、实施时间以学期或学年为宜,决定了教师不可能大量开发班本课程,开发数量以能满足本班大部分学生的成长需要为宜。再次,规划出稳妥的实施时间。从国家课程、地方课程与校本课程的整合中找到一部分课时,并与综合实践结合起来,安排学生在家中、社区中实践部分课程内容。

关于班本课程的管理。班本课程管理要富有弹性,班本课程管理直接面对每一个学生,是一个多层次、多结构、多因素的复杂活动。教师不宜在一个月、一个学期或一学年内提出过于统一的课程管理要求,宜实行弹性课程管理,针对不同的课程形态、不同年龄、不同性别、不同学习基础的学生,分课程、分类别、分层次、分时期地对学生提出课程管理的要求。

最后值得强调的是,在新课程改革的带动之下,对于班本课程的构建应充分突出课程的多样性与个性特征,以适应新课改及德育教育多元文化的需要。一方面,教师在对国家课程、地方课程及学校课程的讲解过程中应严格在科学规范的角度下进行。另一方面,在班本课程的开发上还应最大限度地追求实效性与鲜明的班级文化特色。将二者有机融合,相辅相成,相互依存,共同推动班级文化建设的优化发展。

第三节 "146"问题导学型教学模式课程改革

我校的课程教学改革经过学习和摸索形成了"146"问题导学型教学模式。课程改革既是实施素质教育的要求，也是提高学业水平的需要；既是提高学生综合素质的要求，也是提升教师教育教学能力的需要；既是改变现实的需要，也是龙江教育发展的需要。龙江县教育局认识到课程改革的重要性、必要性和迫切性，站在创造龙江教育辉煌的高度深入推进课程改革，并且把创建"高效课堂"作为推进课程改革的突破口。

一、"146"问题导学型教学模式的顶层设计

明德小学教务处主任王胜明在其论文中写道："现在，在教学中我们比较注重认知，认知是教学的一部分，就是学习。在认知方法上我们还有缺陷，主要是灌输。其实，认知应该是启发，教学生学会如何学习，掌握认知的手段，而不仅在知识的本身。学生不仅要学会知识，还要学会动手，学会动脑，学会做事，学会生存，学会与别人共同生活，这是整个教育和教学改革的内容。解放学生，不是不去管他们，让他们去玩，而是给他们留下了解社会的时间，留下思考的时间，留下动手的时间。学校给予的是启蒙教育，但更重要的要靠自己学习。学和思的结合，行和知的结合，对于学生来讲非常重要，老师无法手把手教人的理想和思维，但理想和思维又决定了人的一生。这不是分数能代表的。教学改革还要回到学、思、知、行这四个方面的结合，就是学思要联系、知行要统一。我一直信奉这样一句话：'教是为了不教。'不在于老师是一个多么伟大的数学家或文学家，而是老师能给学生以启蒙教育，教他们学会思考问题，然后用他们自己的创造思维去学习，终身去学习。"

为了更好地实现头站镇中心学校的课程改革，学校领导及校骨干教师多次赴江苏、浙江等全国经典特色名校进行教育考察学习，观看了这些名校的教学观摩现场，聆听了名校长们先进的治校理念的报告会，为学校的课改提供了有利的依据，借鉴他们的经验，结合我校实际，回校

后，我们组织召开了课改小组研讨会，集思广益，将我们的课改方案进行了全面的修订。以理论研究为支撑，以学校实际为出发点，以落实核心素养为前提，学校课改之路做到以下几个方面：

回归学习本质——解决问题。要真正实现这一改变，就需要深刻理解人是如何学习的，进而回归到学习的本质。纵观人类社会，无论是思想发展史、社会进步史，还是科学发现史、技术革新史，无一不是在不断发现新问题中解决问题，又在解决问题中发现新的问题。每个独立的个体都是在不断地自我追问中寻找到自己的精神家园。只是在现代知识的海洋中，我们似乎迷失了自己。所以，回归问题的探求，并在这个过程中找回自己应有的智慧，应是学习的本意。

学习方式改变——问题化学习。从以讲授为中心转变为以学习为中心的课堂，中间的桥梁是"问题化学习"。"问题化学习"让我们看到，所有的教学必须以学生学习为主线去设计，必须让学生真实的学习过程能够发生并且展开。问题化学习就是以真实的问题形成问题链、问题矩阵，让孩子在学习中、在对问题的追寻中慢慢形成一个知识结构——从低结构到高结构，从本学科的结构到跨学科的结构，从知识到真实的世界。在问题化学习的过程中，以认知建构的方式去重组问题、重组内容，让学生在问题与问题的联系中、在综合地带和边缘地带进行知识的碰撞、进行知识与知识之间的联系。这就是问题化学习方式极具价值之处。同时，问题化与情境是紧密联系的，问题往往产生于情境。真实的生活情境在以核心素养为本的教学中具有重要价值。如果学生在学校学到的知识与现实生活建立不起联系，那么很重要的原因就是学校教学活动所应依存的情境缺失。情境是学生核心素养培育的途径和方法，是核心素养实现的现实基础。知识是素养的媒介和手段，知识转化为素养的重要途径是情境。如果脱离情境，知识就只剩下符号，知识的应用和知识蕴含的文化精神就无从谈起。

教学模式的变革——小组合作。学习小组是班级的基本元素，班级是通过小组的管理来运转的。学习小组的建设在教学和班级管理中都起到了关键的作用。在班级管理实践中，学校把培养学生的团结协作意识、增强学生的集体荣誉感、加强学生的自主互助作为课堂教学改革的根本落脚点。

课程规划——学科和跨学科课程。落实核心素养,从学校的课程规划角度,要完成两种课程的设计:一是学科课程,二是跨学科课程(即综合性课程)。学科课程是基于学科的逻辑体系开发的,目的是让学生掌握学科知识的间接经验。跨学科课程是学生获得直接经验的过程,它关注的是学生面对真实世界时的真实体验和直接经验,是以社会生活统合和调动已学的书本知识。它有利于学生获得对世界完整的认识,有利于培养学生的创新精神和解决实际问题的能力。两种课程的主要学习方式各有特点,后者以探究性学习方式为主导。两种学习方式交互在一起,才能够让教育和学习回归生活,才能体现学生学习的全部社会意义。也许可以这样说,所有以核心素养为指向的教学需要通过学习者间接经验学习和直接经验学习的交互才能实现。

二、"146"问题导学型教学模式的实践探索

头站镇明德小学是一所农村集中办学的学校。长期以来,农村教育与城镇教育存在很大的差距。教师传统教学的观念根深蒂固,老一套教学模式延续久远,对陈旧的教学方法轻车熟路,加之教师的年龄结构、知识结构不一,对于课程改革的理念、模式、方法不能全然接受。大多数教师不能主观从内心接受课改理念,就出现了穿新鞋走老路、做表面文章的现象。同时,对学生评价方面应试教育还占主流,所以一直以来传统教学模式还是占据课堂教学,教师没有把课堂还给学生,对学生不放心,教师的角色没有转变,没有真正建立起学生自主、合作、探究的学习方式,对学生的学习能力、思维能力和实践能力培养存在严重的阻碍,对学生健康人格和创新精神的培养就更不够了。

基于上述的理念及结合学校观摩访学的经验,学校进行了课堂教学模式的改革。课改探索的路程比较艰辛,经过多次实践、多次修订,从最初的"两学一用,两行一总结"到"132"课堂教学模式,再到现在的"146"模式,可谓一次又一次地提升和蜕变。最后确定"146"问题

导学型教学模式（也简称为"146"模式）作为学校当前的校本模式。

在"146"问题导学型教学模式中，"1"指的是目标，这里包括孩子们课前进行"查、划、写、记、练、思"结构化预习，写学习笔记时的导学目标和课堂上的学习目标两部分。"4"指的是四项学科能力训练，如表4-5所示。"6"指的是课堂教学的六个环节，即专项训练→出示目标→探究学习（自主学习、合作学习、展示交流）→巩固训练→拓展提升→回顾总结。

表4-5 "146"课程改革中的四项学科能力训练

语文学科："听、说、读、写"。如学习活动中的听记名言、倾听发言、交流、讨论、展示时的语言表达，对文本各种方式的朗读，听写、默写及写出对文本的感悟等，方法灵活多样，逐步提高孩子学习素养的能力训练。
数学学科："思、论、展、评"。思，学生自学思考，获得信息；论，组内交流讨论，将不能解决的问题记录下来，整理成班级问题；展，小组展示本组能解决的问题；评，其他组同学对展示的同学进行补充、质疑、评价，同时大家一起解决以前产生的班级问题或者是在展讲过程中形成的新问题。
英语学科："读、说、听、写"。读，学生自读课文，圈点勾画出已学会的内容和自己不能理解的内容；说，小组内学生说一说个人获得的信息；听，听原文，在其他小组和老师的指导下解决不会的知识；写，在学生理解的基础上检测提升，完成本课练习及拓展延伸。
自然学科："收、观、论、验"。收，课前收集有关资料；观，图文观察，获得信息；论，小组就获得信息进行讨论；验，师生共同实验进行验证。
品社学科："看、访、展、感"。看，学生图文结合，获得个人信息；访，学生把老师课前布置的实践走访在小组内交流；展，各小组把本组生成的信息、问题等展示给全班，其他同学质疑补充；感，谈感受。

之所以最终采取"146"模式，是因为它真正创设出了以学生为主体的学本课堂，将文本知识问题化、问题能力化，以"问题"为主线，以评价为手段，以团队学习为平台，真正意义上实现了知识与技能的迁移，落实了培养学生学习能力的要求。在"146"模式中，学生的自主、合作、探究学习方式通常通过学习小组来组织完成，课堂教学双边活动的开展也是主要通过小组学习来开展，小组学习的效果好坏是决定高效课堂实施成败的关键。因此，在确立教学模式的同时，我们把小组创建工作作为重点，对班级学生进行学习小组的创建。将学生进行科学的编

组,并制定相应的小组合作规则及评价机制,重点对学生进行思、论、展、评等数学方面的技能的培养,以提高小组学习的实效性(图4-9)。

小组合作学习是一种富有创意的教学理论与策略体系,是以小组为基本组织形式,利用教学动态因素之间的互动来促进学习,以团体成绩为评价标准,共同达成教学目标的活动。对于小组合作头站镇中心学校出台了一系列措施,详见附件《头站镇明德小学学习小组创建的原则与小组管理方法》。因篇幅有限,本书仅列举小组合作的建设框架供读者参考(表4-6)。

图4-9 "146"问题导学型教学模式课上小组合作图

表4-6 头站镇明德小学学习小组创建的原则与小组管理方法简介

一、小组类别。两种形式并存:行政小组和学习小组。行政小组是班级的日常与学习管理评价的团队,学习小组主要是以学科学习为主的管理评价团队。
二、小组规模。研究与实践均表明,一、二年级两两成对的"四人小组"为最佳,三、四、五年级以"六人小组"为宜。
三、小组划分。划分原则:组内异质,组间同质。组内异质为组员之间的互助合作提供较大的可能;而组间同质为组际之间的公平竞争奠定良好的基础。划分方法:① 依据学习成绩;② 由班主任、科任教师一起,根据学生的性别、性格及学科优势等进行组间的个别平行调整,实现人力资源的最优组合。
四、小组座次。高年级全班按"方阵式"排列;每组按"围坐式"排(两两对坐),组长坐在小组中间。
五、小组分工。给每个成员扮演不同角色、担当相关责任的机会,力求"人人有事做,事事有人管";小组组成分别是小组组长、学科组长、常规组长,包括纪律组长、卫生组长、礼仪组长、宣传组长、生活组长等。无论是哪一种分工设置,各分工组长都要职责明确。各小组将每日情况进行汇总,并将结果在班内公示栏进行公布。
六、小组文化。老师要从精神文化建设方面进行引领,主要以熔铸共同的价值追求为核心,培养和激励小组成员的认同感、归属感、责任心的主人翁意识和团结奋斗的团队精神。

（续表）

七、小组培训。如何发挥小组的积极作用，对它的培育是"重头戏"。其中包括小组组长培训和小组成员培训。通过一系列学习习惯的养成，初步学会怎样与学习伙伴沟通交流，初步体验合作学习的快乐，为真正高效的小组合作学习奠定基础。只要我们坚持要求明确、坚持榜样示范，课堂上学生的合作学习意识就会在其间慢慢流淌。

八、小组管理。课堂改革同时进行，实施效果却可能大相径庭，其中关键的措施就在于是否建立了"以发展为本"的小组评价机制，并真正加以贯彻执行。这样才能促进合作小组健康发展。

三、"146"问题导学型教学模式课改成果

通过几年的坚持和不懈努力，学校的课堂教学发生了明显的变化，特别是师生教学方式的变化。学生、教师及教学方式的转变是课改以来课堂教学发生的较为显著的变化。

学生学习的主体性凸显。学生学习方式多了，活动空间大了，思维变得活跃了，学生的学习行为开始由"被动"转向"主动"，学生的学习情感开始由"厌学"转向"乐学"。学生开始学会在小组合作中分享学习的快乐，在展示交流中展现与众不同的想象力与创造力。

我班通过学生的自主管理，参与管理的学生人人有责任、个个担担子，既是管理者、参与者，又是被管理者、合作者，形成"事事有人做，人人有事做，时时有人管，处处皆育人"的良好局面。以学生为主体的学本管理增强了学生的使命感、责任感、信任感和成就感，教育管理效果也日益凸显。大家都知道，我个人每年都有很多个工作日因各种活动都不能在班级亲自管理，但班级的各项工作始终是有条不紊地进行着，这都得益于学本管理的科学管理方法。

——头站镇中心学校教师张瑞华

教师教学主体转向教学主导。教师们从台上走到了台下，由主演变成了主导，把课堂还给了学生。由传授者向促进者转变；由管理者向引导者转变。由以往的单兵作战向紧密合作过渡；由"画地为牢"向资源共享过渡；由源于教材向开发课程资源过渡。且在课改的过程中，全校教师认真领会了新课程有效教学的理念及行动策略。教师通过集体学

习、个人学习，认真整理笔记等系统化学习活动，增强了自身理论水平和教学实践能力。

课堂的氛围活跃。课堂教学改革让课堂成了学生展示的平台。过去一直提倡的讨论、质疑等课堂活动有了一定的内容和时间，教师把持课堂的现象明显改变。课堂上，学生之间学会合作了，与众不同的见解越来越多了。纵观我校的课堂教学，小组讨论近乎成了学生自主学习的常态。

四、"146"问题导学型教学模式课改中存在的问题及建议

"146"问题导学型教学模式虽然给我们学校的课程教学带来极大的提升，但是在课改过程中存在以下问题，也要予以重视并积极改进。

其一，课堂教学模式目前虽然比较规范，但不够完善。比如，有些班级对学术助理、学科长、小组长设置不全、培训不力，他们在课堂上不能发挥比较积极的主导作用，教师的替代、指导现象还比较严重。

其二，课堂教学能按课型模式设计，但课型单一，而且课堂环节不全，课堂流程不够自如，课堂学习目标不够明确，课堂效率不是很理想。

其三，教师角色意识虽然发生了很大的变化，但目前不少课堂还是教师支持型的课堂，教师还是讲得太多，对学生信任不够、培养不够、放手不够。

其四，学生作为课堂主人的角色虽然得到了很大程度的肯定，但学生的合作学习能力还比较弱，如小组合作学习的方式方法、时间把握、展写展讲的能力、学科长组织管理能力等比较欠缺，需要很好的训练。

为了扎实有效地优化教学模式，头站镇中心学校的课改工作提出以下努力方向。首先，在课堂中，教师要逐渐隐退，逐渐示弱，让学生凸显，让学生"逞强"，让学生真正做课堂的主角，把讲台、板书、活动都给学生。其次，加强小组合作学习的方法指导，培养学生合作学习的能力。要循序渐进地培养学生：如何自主学习，如何在全班展讲、展写、交流，如何做笔记。最后，注重积累。积累经验是教师教学、学生学习不断进步的基础和保障。教师首先要做好教学中的自我积累，写好每节

课的课后教学反思、批改反思等；然后通过听课、评课、集体备课、经验交流会等形式，相互学习借鉴，这种积累会更加全面。总之，积累教学和学习经验的过程是教师、学生不断学习、提高的过程。

第四节　书香校园阅读指导

"书香校园"的基础和核心是"读书"，阅读得法，事半功倍。走过书香校园的特色之路，统一路小学的学生实现了读书量的积累。"如何引导学生实现由阅读量的积累到阅读质的提升"，这是我们书香建设中的又一项探索。

一、书香校园阅读指导的重要性

阅读是人类特有的活动，是人与外界的一种交流方式。通过阅读，可以陶冶性情，克服时间和空间的限制，从而与古今中外的优秀文化进行交流。任何人都应该从阅读中获得知识、汲取营养，从而丰富内心世界、增强感受力。对于中小学生阅读的指导，方法是最重要的。科学地指导学生多读书、读好书对于学生来说是大有裨益的：形成正确的人生观、世界观，拓宽知识面，提升艺术审美、观察、发现、创造能力。因此，教师应该对学生的阅读进行科学、有序、有效的指导，培养他们阅读的兴趣，教会他们阅读的方法，提升他们阅读的能力，开创素质教育的新局面。

对于孩子的成长而言，重要的不是读什么，而是培养一种以书为伴的良好习惯，而这种习惯只能通过从头到尾读完一本再读一本的循环不断的过程才能培养出来。

——王胜明：《教师如何指导学生阅读》，摘自《头站镇中心学校教师成果集》

关于学生对阅读的看法，我们对全校的学生进行了一次调查，分别从"是否喜欢阅读"及"阅读对他们有什么帮助"两个方面进行，结果如图 4-10、图 4-11 所示：

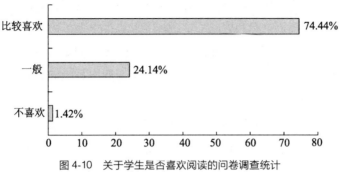

图 4-10　关于学生是否喜欢阅读的问卷调查统计

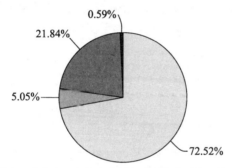

图 4-11　关于阅读对学生的帮助的问卷调查统计

首先，从学生对阅读的态度来看，从图 4-10 可以看出，77.44% 的学生对阅读比较喜欢，不喜欢的仅占 1.42%。其次，在对于阅读对自身有何帮助的选项中，大部分还是以对考试有益为主，占比 77.57%，其余的兴趣性发展比例较少，仅为 21.84%，较少数的学生认为阅读无积极作用。

基于上述调查，我们认为学生还是非常喜爱阅读的，并且认为阅读对自身的影响是积极、正面的，而学校教师需要做的就是将他们往正确的方向引领，给学生一定的阅读指导。

二、书香校园阅读指导的原则

阅读是有方法的,阅读指导更是有方法的。但在教学实践过程中往往阅读方法越来越讲究利益、效益,而缺乏质感和内涵;越来越讲究功利、实际,而缺乏目标和方向,这脱离了阅读的本质。因而,讲究阅读方法、获得阅读指导、提高阅读质量成为学校书香校园建设的迫切需要。在专业理论的指导之下,结合全校教师、学生和家长的问卷调查,学校规定了如下的阅读指导原则。

原则一,以培养儿童阅读的兴趣和习惯为导向。教师应该针对儿童求知欲的具体表现,进行积极地启发诱导,使儿童明确阅读的意义,把他们读书的兴趣与愿望激发出来。同时,除了结合阅读教学向儿童推荐阅读书籍外,应该在教室图书角或学校图书馆内经常向儿童介绍一些新书。介绍新书不应该只列举书名,应用表格形式列出书名、作者、内容简介等,最好附有剪贴或手绘的插图,以便激发儿童阅读的兴趣。在培养儿童阅读的兴趣工作中,根据各年级儿童阅读的兴趣与特点来确定阅读的要求与内容是很有必要的。低年级的儿童阅读能力较差,应该选择内容浅显、生动有趣、情节鲜明而又简短的读物,如童话、寓言、民间故事等。中年级儿童已经掌握了朗读与默读的技能,社会兴趣开始发展起来,他们不仅对动植物世界感兴趣,而且对于历史、地理和革命领袖、科学家、英雄人物的传记也发生兴趣,因此应该引导他们阅读这方面的书籍。高年级儿童在阅读兴趣上更加广泛,求知欲更加旺盛,个人的独特兴趣也表现得非常突出。

原则二,要把握好经典传承与时代气息相结合。将经典性和时代性有机地结合在一起,要防止学生毫无辨别地而一味地去追逐形形色色的"畅销书"或另类的"时尚读物"。这就需要教师时时关心知识界、思想界的各种动态和新成果。

原则三,要把循序渐进与博览群书相结合。教师在认真筛选、推荐作品的同时,还要站在一定的高度把握作品的内在特性,逐步、有序、分阶段地指导学生阅读。坚持博览群书与循序渐进相结合,最重要的是要及时发现并纠正学生阅读中存在的贪多嚼不烂、囫囵吞枣、只注重了解故事梗概、忽略作品的艺术感染力等一系列不良的阅读习惯，让他们在对文学作品的生动感悟之中、在研究与赏析之中提高自身的阅读与审美能力。在阅读过程中，要熏陶学生的感情、性格、人格，培养学生的同情心和正义感，重视学生情感、态度、价值观的正确导向。阅读的目的是拓宽视野，提高对真、善、美的欣赏和评判能力，丰富和净化学生的心灵。因此，阅读不能局限在某一个或几个特定的领域、流派或体裁之内，而是要引导学生广泛涉猎反映不同领域、不同时代、不同民族社会生活的风格迥异、题材多样的优秀作品。阅读本身即为了给学生打开一扇扇窗户，学生要厚积、博览，才能稳步提高自己的人文素养。新课标、新教材对阅读教学提出了更多、更高、更新的要求。

三、书香校园阅读方法指导的内容

阅读方法有很多种，因篇幅有限，本书从两个维度进行阅读方法的训练指导：一个是基于阅读群体的年龄段，另一个是基于阅读场域。

（一）基于阅读群体的阅读方法指导

1. 幼儿阅读指导：培养习惯，激发动机

在早期阅读中，幼儿的内部动机可以保证阅读活动的顺利进行，并取得积极的阅读效果。但并不是每个孩子生来就喜欢读书，而且部分幼儿对图书的好奇心最初也只是受潜在的动机力量驱使，需要通过实践获得成功与乐趣才能逐渐形成和稳定下来。因此，幼儿的内部动机是幼儿早期阅读的前提，在实践中我们可以从两个方面进行指导。

（1）创设情境

a. 创设适宜的阅读情境，激发幼儿的主动性。教师能够及时发现幼儿阅读兴趣并为他们创设早期阅读情境，就能够吸引他们的阅读积极性。幼儿园要提供满足幼儿兴趣需要的早期阅读读物，吸引幼儿主动参与到早期阅读的活动中。

b. 创设适宜的问题情境，激发幼儿的求知欲。教师可以特意为幼儿创设一些问题，即在阅读的读物内容和幼儿的求知心理之间制造一种"不协调"，将幼儿引入与问题有关的情境中。在提供问题的情境时，应该尽量将问题提得小而具体，带有一定的启发性，给幼儿造成心理上的悬念，激发幼儿的阅读欲望。

（2）幼儿阅读方法指导

a. 交谈。教师应该与幼儿进行各方面的交流，讨论图书中的故事情节和内容，交流各自的感受，促使幼儿对图书中的故事进行思考和提问。交谈时教师要认真听幼儿的话，让他们坦率地提各种问题，并给予解答、肯定和评价，增强其阅读的自信心。

b. 讲解。一方面，教师要经常给幼儿讲解书中的故事、童话和儿歌，这样既能正确示范阅读和概括讲述的方法，又能大大提高幼儿的阅读兴趣，对幼儿喜欢的故事，教师可以反复讲给他们听，有意识地让他们在不断倾听和感受中认识一个精彩的故事是由连续的画面构成的。另一方面，也要给幼儿充分讲述的机会和时间。可以让幼儿在集体中讲述，还可以师生间个别讲述，还可以与同伴相互讲述。这样既能了解他们对图书的阅读情况，又能提高幼儿的口语表达能力，体验书籍给他们带来的乐趣。

c. 思考。教师要促使幼儿对书中的故事进行思考和提问，这样会有助于他们理解书中的内容和语言。应指导幼儿边看边想，启发他们合理想象，从画面上的人物姿势、动作去认识人物在干什么、将要干什么，从人物或动物的表情、神态去了解其内心活动。

d. 音语结合。幼儿阅读是一种视觉的、听觉的、触觉的多种感官的综合活动。一部分幼儿虽能自行阅读一些图书，但是因为幼儿的理解能力差，所以对图书内容理解有限，他们更喜欢边听录音机播放故事边阅读图书。因此，我们常常选用配乐的阅读材料，引导幼儿运用多种感官感知画面，进一步进行阅读活动，满足他们视觉、听觉、触觉的综合性需要。

e. 设计游戏。游戏是幼儿学习的最佳方式，因此早期阅读应该是幼儿与教师、家长或同伴一起玩耍的一个游戏。教师或家长可以采用以下的方法：

> （1）采用角色扮演，挖掘读物的娱乐功能。角色扮演是幼儿很喜欢的一个活动，教师在指导幼儿阅读时运用故事当中的角色，让幼儿进行模仿，这既可以提高幼儿参与阅读的兴趣，也可以提高幼儿学习语言，学会表达的能力，促进幼儿对阅读材料的理解。
>
> （2）设计游戏的环节，增强幼儿阅读的兴趣。教师在幼儿阅读中设计一些游戏参与的环节，不仅能减轻幼儿阅读中的疲倦感，还可以增强幼儿阅读的积极性。另外，拼图、说相反、改错法、猜迹法等方式都是提高幼儿阅读积极性的方法。
>
> （3）挖掘读物本身的游戏性，提高幼儿阅读的参与性。很多读物本身就带有游戏性，教师仔细挖掘读物本身的游戏性，并在阅读的过程中，根据读物本身的游戏性，设计有助于提高幼儿阅读效果的游戏，幼儿能在游戏中得到满足，并很快在游戏的情境中把读物的内容表达出来。

以下是我校幼儿园部早期阅读教学案例：

案例一：《谁咬了我的大饼》教学设计

头站镇中心幼儿园 赵静

活动目标：

（1）理解故事内容，学说故事中的对话。

（2）知道不同动物的咬痕特征，并能根据特征进行判断。

（3）培养幼儿的观察合作能力及探索的兴趣，体验阅读的乐趣。

活动重点：

理解故事内容，学说故事中的对话，尝试用自己的语言描述各种小动物的咬痕特征。

活动难点：比较牙印的不同，并能做出正确判断。

活动准备：

（1）地垫制作大饼

（2）《谁咬了我的大饼》的 ppt

（3）自制各种食物和小动物卡纸图片若干

活动过程：

一、实物导入

师说：今天老师带来了一件神秘的礼物，大家猜一猜是什么？我给大家提示一下,这个东西好香啊!……对了,确实是一块大饼,不过这个大饼不是我做的,小猪做了一个好大的饼,累得睡着了,等他醒来一看,怎么了?生答:大饼不知道被谁咬了一口。他急得都要哭了。师说:听说你们班个个是小侦探,想不想和老师帮助小猪一起抓小偷?生答:想。师说:如果你是小猪你该怎么抓小偷?请小朋友回答。小朋友们给出了不同的答案。

二、教师用课件放映 ppt

放映到河马和小猪的对话。师说:到这里你发现小偷了吗?生答:没有。不过在这个过程中我知道了不同动物的牙印是不一样的。

三、请小朋友总结小动物的牙印

小朋友总结后和评委老师一起做游戏。师说:那现在老师就要考考你们,我这里有几种小动物和食品店被偷吃的食物,我派一个小朋友把好吃的食物送给评委老师,你们的任务是讨论这个食物是被哪个小动物咬的,然后把这个小动物送给相应的评委,让评委老师给你们做裁判吧!讨论开始。现在就让我们把食物送给评委吧!

四、拓展延伸及亲子作业

师说:除了能用齿痕破案外,小朋友们想象一下还有什么线索能帮助破案。教师预设答案:脚印、指纹、字迹等。师说:除此之外,还有很多,小朋友们回家和爸爸妈妈一起找找答案吧!

五、给故事命名

教师继续播放幻灯片,聪明的孩子一眼就看出来是小猪自己咬的大饼。生问:为什么是小猪咬的?师说:其实这个小偷不是别人而是他自己,如果让你给这个故事起名字,你觉得叫什么比较合适?幼儿自由回答。师说:这个故事出自一个绘本,名字叫《谁咬了我的大饼》。

六、以做大饼的游戏结束活动

师说:现在小偷也找到了,让我们跳支饼干舞庆祝一下吧。教师示范动作,教幼儿做饼干的律动,随着音乐一起做饼干。师说:现在把你们的饼干分享给其他的小朋友吧!

2. 小学阅读指导：识字有方，阅读有法

小学生的阅读是人生阅读学习的起始阶段，是将一张白纸添上最新、最美的图画的良机，但也极易被不慎的笔墨涂损。小学生阅读的启蒙性及序列性主要是从识字、词到句、段、篇。无论是语言形式还是思想内容，都须循序渐进，才有利于掌握系统知识。但由于学生年龄小，欠缺生活经验，不具有足够的知识储备，所以小学生的阅读需要精心且具体地培养和指导。

不论是好的习惯还是不好的习惯，它们的养成都不是一蹴而就的，它们是长年累月、一点一点养成的。我们要注意帮助学生养成良好的习惯、改掉不良习惯。好的习惯是学生全面发展的助推器，它可以帮助学生更好、更快地发展。

——王翠平：《如何培养小学生良好的阅读习惯》，摘自《头站镇中心学校教师成果集》

小学生的思维正处于由动作思维转变为形象思维的时期，如何指导其进行识字阅读最能体现教师的教学水平。为此我们对全校的教师进行了一次有关阅读课的开设是否对教师专业水平的提升有帮助的调查，结果如图4-12所示：在全校教师中占69.09%的教师认为阅读课的开设对其专业发展非常有帮助，认为没有帮助和不确定的教师仅占总数的1.82%。由此可见，阅读的开设、阅读方法的研磨对教师的专业发展也有很大作用。

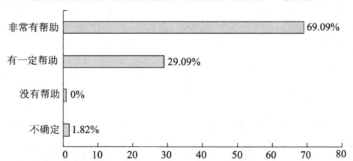

图4-12 关于阅读课的开设对教师职业发展是否有帮助的问卷调查统计

小学生的阅读不仅是为了理解读物的思想内容，从而吸取知识、体味情感、欣赏语言，更重要的是学会阅读、掌握方法。教师在指导小学生阅读的时候一般按照以下四个步骤进行。

初读：通读全文，了解全文大意，利用工具书，结合上下文自学字词，这样让学生从整体上初步把握文章的内容，同时也对文章的语言、结构、写作目的有一个大致了解，为进一步深入理解课文打下了基础。

精读：按自然段边读边想。弄清句与句之间、段与段之间的关系，进而掌握文章的中心思想。做到读懂内容、理清思路、通晓全文。在阅读中应当发现问题，提出疑难，深入思考，解惑释疑；同时，对课文的重点段落和美词佳句仔细揣摩，体味文章的思想感情，分析文章的表现形式和写作技巧，吸取文章精华，进一步加深对全文的理解。

悟读：学生的阅读往往只是停留在字面或文章的表面感受上，学生要理解体会书中的思想内容，只凭故事内容是很难捕捉到的，要透过语言文字进行深入思考，从中悟出作者真正的目的。

熟读：学生在理解文章的基础上要多读，达到熟能成诵，使课文的语言变成自己的语言。尤其对那些词句优美、文质兼优的课文或段落应当熟读成诵，以便在自己的写作中恰如其分地套用仿写。"读书破万卷，下笔如有神"，这是语文教学的千年古训，也是我们现代人开展读书活动所遵循的原则。

教师还可以教导学生养成"不动笔墨不读书"的方法。具体操作如下：

（1）圈点勾画。用相关的符号在书或文章上记录下自己阅读时的见解、感受，或爱或憎或疑或思，如用"＿＿＿""？"等符号分别标示重点词句、疑难困惑、偏差错误等。

（2）做批注。在文章旁边写出自己的见解和感受。可以品评遣词造句的精妙，写出自己的理解、体会和感想，可以谈谈对同一问题的不同见解或由此引发的联想，还可以指出原文的纰漏等。

（3）做卡片。为了便于记忆和积累，鼓励学生把名言警句、精彩片段、佳词妙句等写在卡片上，以随身携带，随时翻阅、背诵。

（4）进行再创作。包括续写、扩写、缩写、改写等形式。改写又包括改人称、改写法、改体裁等。以上"动笔墨"的方法，要根据学生年级不同，在要求上体现差异。低年级主要是圈点勾画、做摘记、做卡片；

中年级编提纲、做批注；高年级写体会、再创作。

3. 中学阅读指导：理解文本，感悟人生

中学生的阅读往往从量上开始提升，所以其目标不能只局限于识字能力和阅读习惯的养成，还要培养在短时间内获取信息的能力。因此，中学教师应该培养学生整本书阅读的能力，即将"整本书"当作读者阅读的对象，阅读内容不是单篇文章，而是"一整本书"，着重强调阅读书籍结构和内容上的"整"。相对于"碎片化""零散化"的单篇文章来看，对于正处于人生发展期的初中生而言，"整本书"的阅读有利于拓宽学生知识面、提高学生系统阅读能力。

怎样进行整本书阅读的指导呢？整本书阅读教学整个过程分为三个步骤，层层递进：导读课、阅读推进课和成果交流课。下面笔者具体谈谈整本书阅读教学的做法。

导读课。整本书阅读教学的基础是激发学生的阅读兴趣，让学生爱上阅读。因此，教师在班内开展整本书阅读的前提是选对书，教师所推荐的书籍本身一定要适合学生年龄特点和认知水平。书选好后，在导读课上，我们要做的是：最大限度地激发学生的阅读兴趣，让他们对本次阅读充满期待；指导学生制订读书计划，让激情在计划的约束下得以持续；教给学生一些适合这本书的读书方法，消除学生的阅读障碍。做到以上三点，我们就上好了导读课。

阅读推进课。推进课要在学生充分自读的基础上展开，我们虽然把它叫作"阅读推进课"，其实它可以是一节课，也可以是短短的几分钟，还可以是几节课，甚至更长时间。无论时间是长还是短，只要以推进学生的阅读为目的的课，就可以叫作阅读推进课。阅读推进课的形式可以多种多样，如每天布置一章的阅读作业，让学生带着阅读小问题自读，第二天利用午自习等闲散时间进行推进课,交流阅读情况。也可以在每节语文课上课之前,利用三两分钟进行整本书阅读的知识问答,在争先恐后的抢答中提高学生的阅读兴趣,理清阅读中没搞懂的问题。还可以根据学生的阅读情况,搜集整理学生在阅读过程中遇到的困难,把学生在阅读过程中遇到的困惑摆到桌面上,大家共同协商解决。总之,阅读推进课的最终目的是推动学生的阅读走得更深、更远,保证学生的阅读激情不减,为学生下一阶段的阅读铺好路。

成果交流课。成果交流课是整本书阅读的后期阶段,是学生读完整本书后的成果展示与分享。成果交流课以促进学生阅读分享为目的。教师要为孩子们营造聊天般的氛围,让他们自由地表达自己的独特思考与感悟。学生的观点无所谓对错,"一千个读者眼中有一千个林黛玉",切勿评判学生的观点是否正确。教师和学生的关系自始至终都是平等的。成果交流课是学生自己组织的一次文学沙龙,教师要把话语权还给学生。学生邀请教师发言的时候,教师要掌控好发言的尺度,切勿做滔滔不绝的"麦霸",切勿让自己"权威式"的发言吓跑学生的灵感,也尽量避免和学生辩论,把文学沙龙变成师生辩论会(但是,孩子们之间是可以有思想碰撞的)。要时刻谨记:做一个安静的倾听者。除了用语言表达展示自己的阅读成果外,学生阅读成果的呈现形式还可以是多种多样的。例如,可以鼓励孩子制作读书卡、书签、手抄报,还可以组织孩子排演课本剧、评选读书之星等,也可以进行写作跟进。

案例二:《红楼梦》全本阅读

(一)导读课:精心设计活动,巧妙激发兴趣

《红楼梦》艺术地位独步古今,文化内涵博大精深。如何引导高中生在整本书阅读与研讨中感受其艺术之美、文化之丰?这需要老师精心设计导读活动,既能整合《红楼梦》的内容和艺术,又能引发学生的阅读兴趣和欲望。我主要从以下几个方面来开展阅读活动:

1. 三则神话故事。《红楼梦》前五回出现了三个神话故事——"石头补天""绛珠还泪""太虚幻境"。"石头补天"与"绛珠还泪"两个故事可以扣住"顽石""美玉""神瑛"三个词语的词典意义和文本的

形象意义进行异同比较，引导学生了解贾宝玉的来历、才用、品德、情性等特点，理解宝、黛爱情的前世因缘。"太虚幻境"可以选读图册判词和《红楼梦》十二支曲，引导学生了解其运用的谐音法、图画法、拆字法、寓意法等，从而举一反三，能自主阅读并理解其他判词和曲文，了解其对贾府众多女儿的不幸命运的揭示，对于贾府运数合终、子孙无以继业、最终会走向衰颓局势的预示。

2. 四则现实故事。小说第一回至第四回讲述了两个现实故事——甄士隐和贾雨村的故事，我们可以扣住两人的名字、命运和出场来探究其意义。这两个人物的名字分别谐音"真事隐去""假语存"，交代了小说的创作方法。两者的出场贯穿首尾，成为小说的穿线人物；甄士隐梦幻识通灵，介绍了贾宝玉的来历；贾雨村托身葫芦庙、寄身林府为西席和乱判葫芦案，引出了甄英莲、林黛玉、薛宝钗等众多人物，介绍了贾、王、史、薛四大家族。甄家由盛而衰，隐喻了贾府的盛衰变化；甄士隐的出家暗示了贾宝玉最终的人生归宿。

3. 如实描写真人。《红楼梦》敢于如实描写，写的都是"真"的人物，好人不一定完全是好，坏人也不一定全都是坏，正如贾雨村所说的，是"正邪两赋而来的异样"的人。用现在的话来说，《红楼梦》里塑造的都是圆形人物，不是扁平人物。如通过贾宝玉这一人物形象去激发学生欣赏书中更多的人物形象，老师可以设计"我为宝玉拟书单"的活动，带动学生浏览小说，梳理宝玉爱读的书，进而理解宝玉崇尚人性自由、爱情自主的思想同封建正统思想之间的冲突；还可以以"你认同宝玉的人性观吗"为问题，让学生对宝玉的人性观尤其是女性观进行辩证思考；以"你喜欢这样的情痴情种吗？"为问题，带领学生理解其"情不情"的本质内涵，了解其从"泛爱"中逐渐摆脱贵族公子的纨绔习气的过程。然后在课堂上多留一点时间，让学生自由表达在当前阅读中所体会到的人物复杂性：林黛玉孤标傲世、目无下尘，也真诚热情、风趣幽默；薛宝钗沉稳圆融、藏愚守拙，也天真烂漫、善良体贴；即使命运相似的人物，也有自己的个性，如同样经历父母早逝的痛苦、寄人篱下的黛玉和湘云，一个多愁善感，一个英爽豪侠。读《红楼梦》，我们会在人物复杂的性格中感受生活的真实。

4. 宝、黛、钗情感纠葛。贾宝玉、林黛玉生长在贵族家庭的日常生活中，是在封建礼教和封建家长制的双重束缚下成长起来的，他们对美好青春、自由爱情充满了憧憬和追求。然而，宝玉的"泛爱"、宝钗的金锁、湘云的金麒麟让身体怯弱、寄人篱下而无人做主的黛玉对爱情的未来充满了迷茫与不安，这种不安化为宝、黛日常生活的一次次争吵，化为宝、黛、钗之间微妙的纠葛。宝钗也有少女的天真烂漫，也有对爱情的觉醒与向往，但她时时用封建礼教的道德规范自己的言行，压抑自己青春的气息。这种向往与克制的矛盾冲突在宝、黛、钗的纠葛中表现得委婉含蓄。

5. 林黛玉诗词赏读。大观园中众位少女结社作诗，既是当时宗室文人、旗人子弟生活的投影，也是小说人物个性的写照。而众姐妹中，最富有诗性的当属林黛玉。《葬花吟》《题帕三绝》《咏白海棠》等诗歌既暗含了黛玉孤标傲世的人生态度，也流露出黛玉风露清愁的情感特色。可见，小说中的诗词不是点缀，而是为暗示人物不同命运、塑造人物不同形象服务的，读诗即读人。为此，我设计了猜读《桃花行》、比读《咏白海棠》、精读《葬花吟》、诵读黛玉其他诗词等活动，和学生一起感受黛玉诗歌的审美价值，理解其人格追求及情感意蕴。最难得的是，作者写谁的诗词就能化谁的声调口气。书中所有的诗词都是贴着人物的语气、性格和命运来写的，读诗也是读生活。课后激发学生欣赏其他人物的诗词，感受小说中流淌的诗意，理解诗歌中透露的人性、预示的命运、折射的现实。

6. 日常生活细节。《红楼梦》不以"奇"取胜，而敢于描写日常生活。这一节课上，引导学生泛读第三十九回至第四十回"刘姥姥进大观园"的章回，以"评一评英雄榜"为活动，激发学生略读《红楼梦》日常生活描写的片段，感受作者描写的贵族世家豪华奢侈的生活中蕴含的社会内涵、文化内蕴。例如，请学生评选"审美大家""枯荷知音""煮茶圣手""美食专家"等英雄榜，让学生在略读文本中感受到贵族生活的画卷、人物的文化修养和贾府生活的精致奢华。《红楼梦》从贾府日常生活的琐事写来，而我们百读不厌，是因为这日常生活里有复杂人情、有丰富人性、有不同的审美情趣、有深刻的社会内涵。作者小中见大，从寻常中写出了不寻常。

7. 小说语言艺术。这节课重在咬文嚼字、含英咀华。我从四个角度切入，欣赏《红楼梦》的语言艺术：精读"众人谈论金麒麟"，领略简洁的语言中彰显的人物个性；精读"元妃省亲""刘姥姥逗笑众人"，品味朴素语言中散发的浓郁氛围；精读"湘云醉卧"的经典片段，感受雅俗共赏的语言风格；精读"宝玉挨打"的情节，感受清淡的语言中藏有的深厚社会内涵。

8. 后四十回的价值。《红楼梦》的后四十回的作者是谁，历来难成定论；后四十回的艺术成就也饱受诟病。但是正如夏志清先生所说："没有这后四十回，我们就没有评价这本伟大小说的基础文本，因此我觉得光看前八十回的表现而抹杀后四十回的价值是一种不诚实的行为。"这节课上，我们通过略读后四十回，来了解其对于前八十回的积极意义。如紧扣小说的文体特色，从"环境描写""人物塑造""情节开展"三个方面，引导学生进行探讨。对"环境描写"，我选择了"黛玉之死"的场景描写，让学生将其与前八十回的"可卿之死""晴雯之死""尤氏姐妹之死"进行比较，从而辩证赏析"黛玉之死"的艺术价值；对"人物塑造"，我选择了贾母这一形象，从其祷天、散余资、离世等章回中寻找细节，理解其独撑大厦的大义、散尽余资的宽厚、淡看风云的从容；对"情节开展"，我选择了宝玉"中乡魁"和贾府"沐皇恩"两个情节，从个人和家族命运安排的角度，让学生结合前五回的判词和曲文，来探讨自己是否认同。在充分探讨的基础上，水到渠成地引导学生，如果学生对后四十回的内容有不认同的，可为主要人物的命运设计故事，激发学生进行再创作。

（二）阅读推进课：交流阅读经验，探索阅读方法

1. 读回目，理清结构及主线。《红楼梦》是章回体作品，其回目犹如小说的"眼睛"，简练工整，精要地概括了各回的主要内容。在整本书阅读之前，可以引导学生掌握初读回目以梳理整本书内容及主线的方

法。教师分别选择了含有贾府环境及运势变化和含有众女儿称呼及命运走向的回目,让学生品读关键词,从而把握小说的网状结构,理清其主线:一是家道中落的纵向主线,小说以贾府为中心,叙述了四大家族由鼎盛走向衰败的过程;二是人物聚散的横向主线,小说以宝、黛爱情悲剧为中心,叙述了众多女性的不幸命运。这样引导避免了老师的强行灌输,既让学生掌握了阅读章回体作品的方法,也让他们在紧咬文本的过程中自己去发现、获取信息。

2. 扣文体,贴住文本细读。结合教师阅读《红楼梦》的经验,教师对自己编写的回目提纲、圈点批注的文字和撰写的阅读心得进行了展示,引导学生真正感知"贴着文本"阅读的具体方法。《红楼梦》是文学作品,是长篇小说,教师着重从环境描写、人物塑造、情节发展、手法运用、主题探究等方面对文本进行圈点批注,并将自己细读的结果和学生交流,让学生感受到教师所说的阅读方法和乐趣。

3. 知学情,变着法儿阅读。中学生初读《红楼梦》,会有人产生读不下去的感觉,教师要适当地在尊重学生原生态阅读的自由上,变着法儿地带着学生读。笔者主要推荐以下阅读方法:其一,通读全书。通读,形象地说,即学生"连滚带爬"地读。《红楼梦》篇幅之长,章回之多,情节之密,人物之众,常常让初读者摸不着头绪,教师可带着学生编写章回提纲,以初知小说内容,梳理故事情节,感知书中人物。其二,略读章回。略读,也称浏览或跳读。迅速阅读相关章回,以引导学生筛选信息、整合内容。例如,我在开展"日常生活"的阅读活动时,让学生迅速跳读第三十九回至第四十二回,筛选刘姥姥进大观园这一情节中呈现的贾府吃、穿、住、行、娱乐等细节画面。其三,精读细节。精读,即品读文本细节、圈点批注、品味鉴赏。例如,对于"黛玉含酸""静日生香""共读西厢""宝玉挨打"等经典细节,教师可陪着学生紧扣人物的语言、动作、神态等细心涵泳。其四,研读主题。研读带有主题探讨的意味,它立足于"群读",即围绕或整合同一个主题进行群文阅读,以深入探讨其内涵。读《红楼梦》可以以人物形象为主题,如专门组织"甄士隐""贾雨村""贾宝玉""林黛玉""薛宝钗"等人物的主题研读;

也可以以情节为主题,如探讨"黛玉之死"的场景描写的艺术优劣,并建议学生将"可卿之死""晴雯之死""尤三姐之死""尤二姐之死"等情节进行群阅读;此外,还可以开展以黛玉的诗词、宝玉的读书观为主题等各类研读活动。其五,共读分享。共读实际上是在阅读中互相感发、交流体会,如我建议学生根据不同的阅读主题写作阅读心得。《红楼梦》是小说,可以从人物形象、情节开展、艺术手法赏鉴、主题探讨等多方面大胆表达自己的看法,并通过优秀习作心得交流、印发和推公众号等方式鼓励学生踊跃分享。

(三)成果交流课:交流读书心得,探讨小说主题

1. 交流心得。《红楼梦》不仅是一部百科全书,而且是一座艺术宝库。作为长篇章回体小说,它高度的艺术成就让许多研究者沉醉其中。这节课,通过读书笔记交流,让学生自由表达阅读《红楼梦》的收获,在相互碰撞中激发学生反复阅读、深入探究的兴趣。

2. 探讨主题。关于《红楼梦》的主题向来有不同的说法,"人情说""色空说""挽歌说""反封建说"等,可谓"仁者见仁,智者见智"。我就"我们从《红楼梦》中读出了什么"为题,以红学研究者的不同观点激发学生,鼓励学生读出自我,读出生命的感悟,促进自己的精神丰富与成长。

3. 鼓励阅读。《红楼梦》是可以读一辈子的书,课堂的活动只是一个引导,课后的自主阅读显得更为重要。我们的课堂活动设计只是为了窥一斑而见全豹、牵一发而动全身。整本书阅读的重要意义,在于通过引导,让学生会读、能读、爱读、乐读,从而在阅读中吸收中华优秀传统文化,丰富自己的精神世界,促进自己生命的感悟与成长。教师可建议学生通过略读、精读、群读、参读等方式,在《红楼梦》的阅读中感受其无穷的乐趣,从而让《红楼梦》在年轻人的世界里活起来。

(四)基于场域的读法指导:课堂以群文,课下辅亲子

1. 课堂上的群文阅读

群文阅读就是在有限的语文课堂上呈现与某个议题相关的多篇文

章，少则两篇，多则四五篇。在阅读中发表自己的观点，与组内同学进行集体构建，扩大阅读面，增加阅读量，进行多方面的言语实践，对全面提高学生的语文素养、养成阅读的良好习惯具有十分重要的意义。群文阅读也是学生较喜欢的阅读方式之一，据学校的问卷统计（图4-13），课堂一起阅读占了近四成，占比远远高于其他阅读方式。

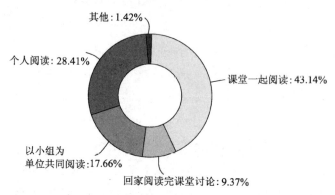

图4-13　关于学生喜欢哪种阅读方式的问卷调查统计

（1）以文章要素为中心组织群文

以文章要素为中心组织群文，也有人称为以教学内容为中心组文。这种群文组织方式实际上延续了单篇文章教学思路，可视为单文本教学的改良版。它依据的组文中心来自单篇文章教学的重要内容，也是文章构成的要素，如文体知识、人物形象、作者、结构、文章主旨等。有的教师以体裁为经，将《武夷山和阿里山的传说》《日月潭的传说》《神女峰的传说》串在一起，凸显传说的体裁特点；有的教材以人物为经，将课内的《少年闰土》和课外的《中年闰土》两篇文章组织在一起，让学生更全面地把握闰土这一人物形象。这种按文章要素组织群文阅读的路径是目前最为普遍的，其显而易见的好处是，教师可以将教材中现成的文本（尤其是精读文本）确定为主文本，即群文中的"1"，然后围绕主文本去搜索相关的辅助文本，即"X"。这种组文方式的弊病在于，群文阅读的主题丰富性与文本多样性受到了限制。

（2）以主题为中心组织群文

除了按文章要素组织群文之外，按主题组文也是常用的一种方式。这些主题一部分取自教材的单元主题，如青春、人与自然、家国情怀、民俗风情等，另一部分则来自教师自己的阅读与生活经验。比如，教师可以在读了童话《等信》《忠实的朋友》《旅伴》后，以"友谊"为主题，组织学生进行群文阅读。

按文章要素组织群文，辅助文本对于主文本而言，相当于资料文，主要起到从各个角度为主文本补充拓展资料的作用，那么按主题组织群文，辅助文本更多地起到一种丰富与深化主题的作用。比如，部编初中语文教材中的《叶圣陶先生二三事》表现了叶圣陶先生为人淳厚的品质，教师可以以"文人品格"为主题，选择一组写朱自清、季羡林、金岳霖的文章，既让学生了解不同学者的性情，也让学生从多个角度理解"为人淳厚"的内涵。

（3）以议题为中心组织群文

群文阅读除了可以扩展学生阅读面、增加阅读量之外，更大的价值在于提升学生的思维能力。因此，有的教师不满足于仅仅把多文本当作资料文或例文来处理，而是选择另辟蹊径。

蒋军晶就是其中的代表，他在组织群文阅读时按具体的议题组织群文，充分考虑文本之间的逻辑关系，形成了自己鲜明的组文风格。蒋军晶提出了组文的三个要求：

a. 形成强大的矛盾张力；

b. 有明显的整合效果；

c. 便于发现规律。

这三个要求在文本中的具体关系为互斥、互补、交叉。用《传统的纸质书籍会彻底消失吗》《纸质书不会消失》两篇观点截然相反的文章，激发学生探究与争鸣；选择《去年的树》《大鹅过生日》《猴子和武士》三个风格迥异的互补文本，探究"同一个作家为何有不同风格的作品"；在《创世神话》一课中选择不同民族的神话让学生求同存异，探究"为什么不同地域、不同国家的创世神话会有相似之处？"以发现神话创作的规律。

以上 3 种群文阅读的组文方式中，前两种更为普遍。按文章要素和按主题组织是自上而下的组文策略，即教师根据一个明确的中心如文体或结构去选择相关文本，组建的"群文"整体上是一个"类"，教师从类型特点出发，去确定群文阅读的教学内容；按具体议题组织，则是自下而上的组文策略，即教师在多文本的阅读中发现文本之间的联系，并据此生成一个议题，围绕它设计教学。相对来说，后一种组文方式更考验教师自身主动阅读的能力和批判性思维，也更符合学习任务群下专题学习的需要。在拥有必要的阅读经验的基础之上，语文教师运用有效的策略，更有效地选择和组织群文，挖掘群文阅读教学的深度和广度，以发展与提升学生思维、提高学生语文核心素养。

2. 课外的亲子阅读

家校共育是当下热门话题，孩子的教育是社会、家庭、学校合力的教育。家长对阅读有自己的兴趣和看法。学校对家长进行了一次调查，统计结果如图 4-14 所示：

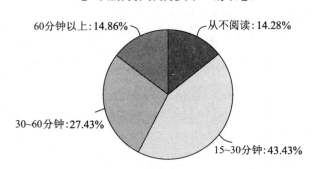

图 4-14　关于家长一天的阅读时长的问卷调查统计

从图 4-14 可以看出，其中 70% 左右的家长阅读时间维持在 15 分钟至 1 个小时。可见家长想阅读，但时间不长，其中可能有多方面的原因，总体而言，这样的阅读可以帮助自身充电提升，但是对于指导学生是远远不够的。亲子阅读的重要性由此可见。

阅读不能仅停留在课堂上，课外的亲子阅读不仅是学生书香校园的延展，还能进一步增进亲子关系。关于亲子阅读，头站镇中心学校采纳了以下八条原则：

第一条：陪孩子一起选故事书。如果可以，陪孩子到有一千本、一万本故事书的图书馆或书店里去选书。如果找不到这样的图书馆或书店，到巷口边的小书店、文具店找找也可以，重要的是一定要陪孩子一起去。

第二条：陪孩子一起选故事书的时候，心里不要一直惦记着文学性、科学性、知识性、教育性……不要忘了，不是你读，而是孩子读，你只是伴读而已。比较糟糕的情况是，陪孩子选书的时候，你总是坚持要孩子选你想让他读的故事书，那孩子迟早会被吓走。

第三条：陪孩子读故事书的时候，不要害怕，怕自己发音不标准，怕自己看不懂，怕孩子问问题，怕自己说得不对……怕这样，怕那样。当内心充斥着害怕的时候，你会散发出相应的气息，孩子就会很敏锐地感受到，跟着你一起怕。其实阅读本来就是一项猜谜游戏，不会的字可以猜，不懂的意思也可以猜，猜多了自然就清楚了。

第四条：读故事书的环境很重要。要安静，没有嘈杂的声音，电视机开着的时候不好，连邻家的狗不停地吠也不好，那孩子的注意力是不容易集中的。挑一张舒适的沙发，或是藤椅也可以，只要够大就好，让孩子能够坐在你的怀里或是身旁一起读。坐着念可以，躺着读也好。

第五条：不要想借着陪孩子读故事书，就利用故事来教训孩子。这是很重要的。笔者有一个朋友就是这样，一边说故事一边教训孩子，虽然语气委婉，但他的孩子再也不要他陪着看故事书了，笔者真为他感到可惜。

第六条：要能耐得住烦，同样的故事书可以一遍又一遍地读，也可能一天要读十几本不同的故事书，如果孩子这样要求的话。我认识一个小女孩，一个早上，同一个故事她连续听了十六遍，因为她喜欢。世界上没有多少东西像故事一样那么吸引孩子。

第七条：读故事书的时候，不要急着跟孩子谈故事里的意义，有时候故事书里的东西需要时间想一想，像浸泡菜一样，久了，味道才会出来。最忌讳的是陪孩子读故事书时一直谈些大道理。

第八条。不要请别人帮你陪孩子读故事书，也不要找一大堆的录音带，更不要搬出一堆的理由说做不到。

另外，亲子阅读具体有以下几点方法：

（1）讲述提问法。方法：父亲（母亲）与孩子拥坐在一起，采用父亲（母亲）讲述，或边讲边提问、解释疑难的方式，引导幼儿阅读理解阅读材料。作用：促进母（父）子之间的情感交融，激发幼儿对阅读活动的兴趣。提高孩子对阅读材料的感受能力和理解能力，帮助幼儿掌握有序翻阅等基本阅读技能。注意点：父母要以亲切的态度与孩子共读，当孩子初学阅读，或阅读有困难及提出共读请求时，父母可多采用此种方法。

（2）角色扮演法。方法：父母与孩子以口头扮演、动作扮演等形式担任阅读材料中某一角色的方法，如说某一角色的语言、做某一角色的动作等。作用：可大大增强幼儿对阅读活动的兴趣，提高幼儿的语言、动作的表达能力，加深对阅读材料的理解；有利于父母与孩子之间建立民主、平等的关系。注意点：父母和孩子要注意采用适合角色的语气、语调、动作，父母要投入地进行扮演，切勿敷衍了事，父母和孩子可以交换角色多次扮演。

（3）移情法。方法：让孩子站在阅读材料中某一角色的立场思考问题，提出见解、表达愿望的方法，如："如果你是小红帽，碰到大灰狼你会怎么办？"作用：帮助孩子加深对角色的处境、心情、欲望等的感知和理解，培养幼儿的移情能力、思考及解决问题的能力。注意点：父母要帮助幼儿全面地了解角色所处的情境，突出矛盾，引起孩子的思考。

（4）自由阅读法。方法：由孩子自由地翻阅讲述，或听录音翻阅的方法。作用：培养幼儿的自主性、自律能力及独立阅读能力；反馈幼儿在阅读兴趣、能力、习惯等方面的发展情况。

（5）改编情节法。方法：在阅读中，鼓励孩子积极根据自己的理解和思考，对故事中原有的情节进行改编。作用：拓宽孩子思路，发展孩子的创造性思维，使孩子体验到成功的乐趣，激发孩子继续阅读的兴趣。

注意点：父母要小心呵护孩子的创造欲，不可打击孩子的积极性，如遇到孩子的改编不合情理时，可耐心地对其讲清道理。

（7）延伸想象法。方法：在阅读活动中，鼓励孩子想象在阅读材料所提供的情节发生之前或发生之后可能发生的情节，并加以讲述。作用：激发孩子的想象及思维的连续性，满足孩子喜欢追求完满的心理需求，提高孩子运用语言的能力，增强孩子的自信心。注意点：在孩子熟悉理解阅读材料后可鼓励孩子进行延伸想象，父母尽量采用"诱导"的方式，切忌强求孩子和打击孩子的积极性。

（8）猜猜、认认法。方法：在阅读指导中让孩子观察封面，猜猜书名，或猜猜下一个情节，猜猜角色的语言，认读书名、关键词等，也可在日常生活中让孩子猜标准、符号等。作用：增强阅读活动的趣味性，提高孩子对图画、文字、符号转换关系的理解，激发孩子对汉字的兴趣，培养孩子的推理能力。注意点：父母要引导孩子注意观察，留给孩子思考的空间；抓住教育的时机，让孩子养成勤思考的好习惯。

（9）改错法。方法：在阅读指导中，父母故意把故事情节或名称漏讲或讲错，使幼儿做出反应对父母进行更正的阅读指导手法。作用：帮助父母与孩子之间建立民主和平等的关系，增强孩子的自信心，培养孩子观察和倾听的细微性，增强孩子的有意注意。

（10）随机引导法。方法：父母在日常生活中及时抓住早期阅读指导的契机，对孩子加以引导。作用：这种教育由于通常发生在孩子好奇或遇到问题时，而且与日常生活密切相关，所以更具实效性，它对激发孩子求知欲、培养孩子洞察力、促进父母与孩子的交往具有独到的作用。注意点：父母要留意观察聆听孩子的愿望，及时把握教育契机，做到恰到好处，切忌把随机教育变为"唠叨不已"，这样会引起孩子反感。

四、书香阅读指导的建议

促进学校书香校园的建设就需要切实有效地提升学生的阅读素养，就要回归阅读的应有之义——人文情感的陶冶和提升。在阅读建设中我们还要注意以下三个方面。

（一）树立正确的阅读观

面对当前阅读功利主义的熏陶和应试教育的浸染，要想实现有效阅读必须深思并重塑一个正确的阅读观念。阅读不是得分工具，而是具有教育意义的语文学习方式；阅读的主体不应是被动的学习机器，而是具有生命主体性的学生。阅读作为一种阅读方式、阅读手段，不外乎是为了提升学生素养，而现实总是将手段与目的对立或混淆。王尚文教授在批判把语文学科当成工具这种观点时说道："把语文当成一门工具学科来教逐步演化为'技能训练'，这使得语文教学失去了人文性价值和教育性价值。由此及彼，在语文阅读中也呈现出这样的工具性，学校、教师、家长、学生将阅读作为一种提分的手段和工具，眼中只看到了其具有的工具性价值，忽视了其内在价值——教育性价值。阅读的教育性价值简而言之就是对学生的成长和发展具有积极的影响和教育作用。除了增长知识、提高能力之外，更为重要的是学生的情感、态度以及价值观的培育。'读史使人明智，读诗使人灵秀'，凡有所学，皆成性格。"培根讲到的怡情，就是阅读在学生的身心发展上的积极作用，也就是阅读的教育性价值。因此，我们要正确看待阅读的价值，从只注重其工具性价值慢慢转向其促进学生发展的教育性价值。

（二）师生互动与教学相长

教师与学生是阅读过程中双主体的对话关系，教师与学生的互动体现在师生平等地分享和交流读物、积极地参与到文本对话中去、教师给予适当且准确的阅读指导和建立一个行之有效的阅读平等关系，主要体现在两个方面。第一，教师使学生自由地选择书籍。"自由"并不意味着放任自流，而是语文教师在指导学生选择阅读书籍时要给予一定的指导和规范。要以课标规定的课外读物为核心，以学生的兴趣和教师的推荐为方向，最终形成学生个性化的阅读圈。因此，在指导学生选择书籍的过程中，教师要真诚地倾听学生的想法和建议，尊重学生的兴趣和爱好，在此基础上根据学生的阅读水平和阅读爱好，结合自身的教育观念和阅读经验，向学生推荐适合阅读的读物。第二，教师给予学生交流的机会。教师在与学生交流之前要有自己的阅读体验和领悟，然后真诚地、主动地与学生进行交流和探讨，积极地思考学生所表达的情感和思想。在与学生交流时既能平和地接受学生的多重理解，又能准确地指导学生的理解。教师在指导学生阅读过程中需要不断充实自身的阅读量、涉猎不同类型的书籍，从而丰富自身的阅读素养。学生在教师言传身教中主动阅读、深入阅读，从而实现有效阅读的目标。师生在平等的"阅读相处"中教学相长，实现双方的共生和发展。这也是目前教学关系中最有价值的目标。

（三）更新阅读方式，提高阅读元认知能力

阅读指导是教师直接参与学生阅读的方式，对学生的有效阅读的达成具有重要意义。教师在进行阅读指导时不应该只拘泥于简单的阅读方法的传授，而应组织相关的阅读活动去吸引、维持学生的阅读。这不仅是更新阅读方式，还有助于提升学生的阅读元认知能力。一方面，不断更新阅读方式。阅读方式的更新和创新能够在短时间内激发学生的阅读兴趣，吸引学生更大程度地参与到阅读中去，如小组合作阅读的方式。教师可以征求学生喜欢和感兴趣的阅读物，结合自身的阅读经验，指定不同的阅读小组，将选择同类型、同题材或者同样读物的学生组织成一个阅读小组，以小组为单位进行阅读，组内成员可以相互合作、相互交流、相互督促。再比如，设置新颖的阅读方式，在课内教师摘取精彩的片段或段落，声情并茂地向学生朗读或者带领学生朗读；或者先向学生介绍文章的写作风格、结构特色，设置悬念，让学生猜想作者是谁。阅读方式并不是一成不变的，而是在教师了解学生阅读情况的基础上，有目的、有计划地设计相关的阅读环节去激发学生的阅读欲望，使学生主动地、积极地去阅读。

（四）家校合作，共助有效阅读

学校与家庭是学生进行阅读的重要场所和基地，这就要求学校领导和家长不仅能够提升各自的阅读支持条件，还要共同合作、紧密交流，一起为学生的阅读提供支持和保障。学校要不断加强图书馆建设，丰富阅读活动；家长要不断提升自身素质，支持学校相关活动和工作。

> 发然后禁，则扞格而不胜。时过然后学，则勤苦而难成。杂施而不孙，则怀乱而不修。独学而无友，则孤陋而寡闻。燕朋逆其师，燕辟废其学。此六者教之所由废也。
>
> ——《礼记·学记》

第五章　合作与竞争：书香校园建设的班级活动

"一切影响都只能通过活动而对人格发展产生作用"，现代心理学家皮亚杰特别强调活动在人的发展中的意义。他认为，人是活动着的个体，在人与环境、人与活动、人与遗传这三对关系中，活动是最关键的因素。学生只有在环境中活动才能触摸世界、感知万物，才能促进认知结构的发展。活动是儿童认知发展的关键。人作为行为的主体，都在一定的社会环境（包括物化环境和人际环境——活动的客体）中从事各种各样的活动，并接受社会道德的影响，逐渐形成与社会一致的社会态度、价值观、人生观及个性特征，按照所处的社会规范成长为社会的积极成员。这个过程便是人的个性化与社会化的过程。①

活动是行为构成的主体和客体相互作用的过程。从哲学的角度看，活动的过程是指人们在有意识、有目的地改造客观世界的同时改造主观世界的过程。② 让我们把视角缩小，聚焦到班级这个场域中。我校每个班级都为营造浓郁的书香氛围做出许多努力，包括书香物质氛围的营造、书香精神氛围的营造。班级中所开展的各种活动在引导学生积极阅读、树立合作与竞争的价值观念方面做出了重要贡献。

---

① 杨连山，杨照. 班级活动创新与问题应对[M]. 重庆：西南大学出版社，2013：9.
② 刘培征，等. 班集体活动论[M]. 天津：天津教育出版社，2002：1.

第一节 班级故事大王的评选

21世纪初,英国在华威大学举办了一场教育研讨会,邀请了多国著名的教育专家到场,大会通过研讨基本达成共识:实施教育的过程应包含情感教育,情感是教育的重要因素之一,情感教育可以关注学生的情绪情感和为人处世的态度。接着,美国的教育研究协会第一次将"情感与情感修养"加入会议讨论内容,这在一定程度上表明情感教育在当时成为西方教育界热烈研讨的话题之一。人的学习潜力是无限的,情感教育的实施可以激发学生的求知欲和好奇心、关注学生的内心深处,最终不断完善学生的个性和人格,将情感因素加入教育过程中能够实现最终的教育效果。①

情感是什么?《心理学大辞典》认为,"情感是人对客观事物是否满足自己的需要而产生的态度体验"。这个定义与情绪的定义有重叠,因为心理学上把情绪也定义为"人对客观事物所持的态度体验"。其实,情感并不只是一个心理学概念,还涉及社会学、行为学、管理学、美学、伦理学等众多社会学科。

情感与人的日常生活紧密相连、息息相关,是人类生存和发展不可缺失的一部分。"当我拿到大学录取通知书时,我猛然觉得这12年的寒窗苦读换来的除了一张通知书外,似乎什么都没有——没有朋友,没有刻骨铭心的体验,没有美好的回忆,没有对生活的热情,没有稳定而深刻的兴趣爱好。除了无奈地'喜欢'数理化和英语等高考课程外,简直都忘了国歌是怎么唱的。"这是一位大学生写出的困惑,也道出了我们的教育问题:过分关注学习成绩,而忽略了情感教育。正如列宁所说,"没有人的情感,就从来没有也不可能有人对真理的追求"②。时下较热的新闻关于"北大牟林翰"PUA等表明,智力的高低与一个人所拥有的情绪情感能力并无直接关联,事实表明,缺乏情感并不比缺乏智力带来

---

① 韩馨瑶. 初中语文现代诗歌的情感教育研究[D]. 大连:辽宁师范大学,2019:2.
② 李斌,缪露. 情感哲学与情感教育[M]. 西安:西北工业大学出版社,2015:1.

的灾难后果要小。

情感是人精神生活中重要的一部分，能够让人体验亲近和感受复杂。有学者在书中给情感教育下了定义："情感教育作为整个教育过程中的一个重要部分，在教育教学的过程中重视学生的社会性情感品质形成，有助于学生提高个人的情感控制能力，可以让他们在学习和生活中获得良好的情感体验，健全自己的独立个性，培养良好的人格特征。"[①]

情感教育有三个重要功能，第一个重要功能是能够促进个体的社会化。情感在本质上是社会进步的产物，进行情感教育的过程可以当作一种对生命的唤醒。它能关注学生个体个性的发展，帮助个人强化生命意识，深刻思考自我的生命价值，更重要的是关注人与人之间的关系。人与人之间的交往是要依靠情感来确定发展方向的。

情感教育的第二个重要功能是利于个体情感发展。人的喜、怒、哀、乐等情绪是与生俱来的，更加复杂的情绪和情感是在个体社会化的过程中产生的。教材内外有很多有关亲情、友情、爱情的诗歌篇目，诗人创作的这些作品往往能贴近学生们的现实生活。教师要思考这些诗歌的创作源头，让学生对照诗歌作品思索自己的人生，在课堂上用丰富的教学资源感染学生，让学生通过学习诗歌感受其中的美好情意，引导学生流露出自己的真情实感，拓宽他们的人文视野，用眼睛发现生活中的真、善、美，使自己的情感和人格发展都朝着正确、积极、乐观的方向迈进，为他们的情感发展奠定基础。

情感教育的第三个重要功能是体现人文关怀。人文关怀是对人类社会的终极关怀，包括关注人的尊严、命运、价值和传承人类文明。情感教育首先要考虑学生们的成长规律，其次要考虑当前社会提出的和谐发展要求，在教学中使学生个体的情绪情感、态度价值观等方面产生变化。进行情感教育的过程中不能忽视学生的情感状态和精神质量，在全面进行素质教育改革的今天，教育的宗旨与核心更多地倾向于关注学生的全面良好发展。教育教学不能缺少人文关怀，从这个角度来看情感教育不

---

① 鱼霞. 情感教育[M]. 北京：教育科学出版社，1999：16.

仅能够传授知识，更重要的是传递一种对生命的关注和重视。①

基于此，学校开辟出各种活动，促进学生体验文学作品中的深刻情感，感受作品中蕴含的人生哲理和情感力量，进而把握情感、态度、价值观的正确方向，使学生的情操得到陶冶和升华，在课堂活动中加以情感渗透，让学生与创作者产生情感共鸣，将收获的情感体验内化成深厚的情感。

"故事大王"大赛鼓励让故事陪伴学生健康成长。比赛坚持以儿童为本，尊重幼儿生长发育规律，通过科学合理的赛程设置，孩子在故事中感受真、善、美，感受故事语言的丰富和优美，更好地发挥故事教育、审美、娱乐等功能。幼儿通过故事，立体地认识世界，涵养兴趣，陶冶情操，提升美感。②

《3～6岁儿童学习与发展指南》中指出：幼儿的语言能力是在交流和运用的过程中发展起来的。应为儿童创设自由、宽松的语言交往环境，鼓励和支持幼儿与成人、同伴交流，让幼儿想说、敢说、喜欢说并能得到积极回应。③ 而实际上，语言学习是一项终生的事业。这一理论适用于任何年龄阶段的学生。针对调查中的问题"你认为'班级故事大王'的评选应关注什么？"，教师和学生的调查结果分别如图5-1、图5-2所示：

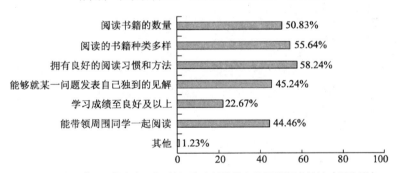

图 5-1　关于"班级故事大王"的评选应关注什么的问卷调查统计（学生卷）

---

① 韩馨瑶. 初中语文现代诗歌的情感教育研究[D]. 大连：辽宁师范大学，2019：10—11.
② 首届闽台少儿"故事大王"大赛[J]. 东南传播，2018（8）：6.
③ 刘姗姗."故事大王"为幼儿个性发展提供舞台[J]. 科学大众（科学教育），2014（10）：115.

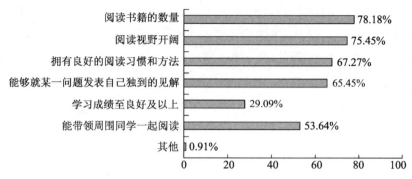

图 5-2　关于"班级故事大王"的评选应关注什么的问卷调查统计（教师卷）

分析学生和教师对这一问题的回答结果可以发现，绝大部分学生和教师同意调查中问卷设计者给出的"故事大王"评选指标应关注的事项。大部分教师认为，"阅读书的数量""阅读视野开阔""拥有良好的阅读习惯和方法""能够就某一问题发表自己独到的见解"等是"班级故事大王"的评价指标；而学生则认为"拥有良好的阅读习惯和方法""阅读的书籍种类多样""阅读书籍的数量""能够就某一问题发表独到的见解"等是其评选指标。占首位的对于教师而言是"阅读书籍的数量"，于学生而言是"拥有良好的阅读习惯和方法"，一个是偏向量化的指标，另一个是偏向质化的指标，也许在教师看来，"拥有良好的阅读习惯和方法"的重要外化衡量指标就是阅读书籍的数量。

然而，学校给出的"故事大王的评分"表如表 5-1 所示。其指标与师生所认为的不太一样。

表 5-1　故事大王比赛评分表

班级	姓名	故事题目	普通话标准、口齿清楚、声音响亮（25分）	语句流畅、语言生动（25分）	精神饱满、感情真挚（25分）	表情自然、肢体语言丰富（25分）	得分	名次	备注

学校给出的"故事大王"的评价指标包括：普通话标准、口齿清

楚、声音响亮（外在声音表现能力）；语句流畅、语言生动（语言表达能力）；精神饱满、感情真挚（情绪情感体验及表达能力）；表情自然、肢体语言丰富（行为表达能力）。这表明，我校对"故事大王"的要求与学校的"阅读之星"仅仅强调阅读的侧重点稍有不同。对"故事大王"评选超越了简单的知识层面，更加追求学生情感态度的体验及变化，并且也注重对所学知识创生和情绪情感的表达。当下，教育应该用合理的教学方式，进一步加强学生的核心素养[1]，包括学生的语言组织能力、对语言的运用方式、赏析能力、丰富学生的情感思维、创新思维能力、理解能力等多方面的综合能力。

故事的表现或者讲述要基于对内容的深刻理解。作为比赛，要将自己对内容的理解和创生更形象而富有感染力地展现给观众，则需要表演者对自己的声调、语言、动作甚至情境进行精心设计，整个流程下来，学生的各种综合能力必将得到锻炼，而且在一遍又一遍对表现内容的学习和设计过程中熟读精思、虚心涵泳的效能便体现出来。充分挖掘学习内容中所蕴含的情感，有助于学生们开拓人生视野，从全面多元的角度了解世界，培养出海纳百川的胸襟和气阔，激发学生对知识和真理的热情和兴趣，增强学生的情感领悟能力，提高自身的文化品位。[2]

对学生进行引导，并给予学生足够的成长空间，孩子们会重新书写历史。学校充分关注学生的体验和成长，为学生提供各种支持，在"实在美好"理念的引导下，在科学技术的辅助下，"故事大王"的教育理念得到升华和普及化。学生们自发进行了"情景剧"编排、"阅读交流会"及"基于微信平台的阅读交流和创生"活动。

学生分工协作，从网上搜集资料，对相关知识的文化背景、作者背景等进行深入研究，然后在课堂上交流自己的成果；还有一些小组排练情景剧，研究角色，通过角色扮演，深刻体会作者及相关人物的心路历

---

[1] 徐淑云. 核心素养导向背景下的小学语文教学研究[J]. 名师在线，2019（34）：66—67.

[2] 韩馨瑶. 初中语文现代诗歌的情感教育研究[D]. 大连：辽宁师范大学，2019：2.

程。通过团队之间的交流与合作,同伴群体之间相互学习,每个学生获得的远比自己阅读的更多(图5-3)。

图5-3 头站镇中心学校学生进行读书汇报

情感是一切行为的原动力,人在没有理智之前就已经有了情感,在理智发展起来以后情感仍然左右着人的理智。因此,如何处理好自己的情感是我们一生都在学习的课程。朱小蔓教授在《情感教育论纲》中提出:"情感教育,就是关注人的情感层面如何在教育的影响下不断产生新质、走向新的高度,也是关注作为人的生命机制之一的情绪机制,如何与生理机制、思维机制一道协调发挥作用,以达到最佳的功能状态。"① 教育本身就是对人与社会、人与自然、人与他人、人与自己关系的教化,如果不从教育者和受教育者的感情入手,就很难找到教育行为真正的动力源头。②

当问教师"您对哪一种读书展示平台更感兴趣?"的时候,得到如图5-4所示的统计结果:

---

① 朱小蔓. 情感教育论纲[M]. 南京:南京师范大学出版社,2019:1.
② 李斌,缪露. 情感哲学与情感教育[M]. 西安:西北工业大学出版社,2015:1.

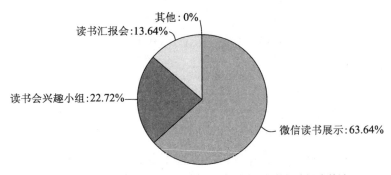

图 5-4 关于教师对哪一种读书展示平台更感兴趣的问卷调查统计

教师们最喜欢的读书展示平台的方式是"微信读书展示",接着才是"读书会兴趣小组"及"读书汇报会"展示方式。得出这样的统计结果可能是因为线上交流方便、快捷,不会有在众人面前发表观点的紧张感和严肃感,在感觉自由和相对安全的环境中更容易思绪飞扬。也正是因为如此,学校将"故事大王"的活动创造性地延伸到线上,创立微信读书群(图 5-5)。

图 5-5 微信读书交流群(朗读)

科技不仅改变生活，也促进教育发生革命。"故事大王"不能只局限于线下，头站镇明德小学也鼓励学生们在微信上开展朗读展示。学习打破了时空限制，构建阅读社区，在社区中学生朗读的成果会得到教师的点评，也会收获他人的赞美，获得正向的情感体验，对学生积极学习行为的养成是很有帮助的。

积极评价是影响积极人格形成的重要因素，积极体验是形成积极人格的重要因素。积极人格是拥有积极的持续发展的高效能人格的简称，是充满正能量的人格，是积极价值观和积极心态占主导地位、积极向上、向前、向善、求发展谋幸福的人格，是充分发挥主观能动性、激发生命潜能、积极学习、蓬勃发展、幸福分享与奉献，具有知识与智慧、坚韧意志和高效能行动品格的人格。① 这样的人格才是"实在美好"。头站镇明德小学利用先进的教育手段深入贯彻了这一理念。

第二节　书香班级的创建活动

在学校组织中，班集体是学生共同生活与共同活动的"准社会"组织。不仅对班集体的形成与发展，而且对班集体中的每位成员的个性发展和创造精神与实践能力的培养，都有重要作用。

班集体的形成与发展有一个过程，有一个从量变到质变的发展规律。它的形成一般划分为班级松散群体、有组织的班级群体、初级班集体、成熟班集体与优秀班集体五个阶段。一个成熟的班集体是由班主任（包括任课教师）和学生组成的，有共同的奋斗目标、坚强的领导核心、正确的集体舆论、和谐的人际关系和集体主义精神的坚强集体。班集体形成的过程从一定意义上说就是班主任和学生共同参与各种教育活动的过程。这一过程也是师生素质不断发展的过程。可以说，没有活动就没有教育，就没有班集体的形成与发展。苏联教育家马卡连柯最先肯定了班集体的教育功能。他认为，

---

① 孙新宇. 积极人格教育视域下提升初中生学习效能的策略研究[D]. 哈尔滨：哈尔滨师范大学，2019：15.

学生集体既是教育的对象，又是教育的手段，形成一个良好的班集体能够促进每个学生健康的成长。他说："教育了集体，团结了集体，加强了集体之后，集体自身就能成为很大的教育力量"，"不管什么样的劝说也做不到一个正确组织起来的、自豪的集体所能做到的一切。"这样的班集体形成靠什么呢？主要是靠组织开展丰富多彩的班集体活动。班集体中的教师与学生都要在班级生活和丰富多彩的班集体活动中学习怎样做人和怎样学习。可见，班级活动与其他社会活动的区别就在于它是一种培养人的活动，是一种有计划、有目的地促进学生"全面发展基础上的个性发展"的教育活动。因此，班集体活动必须体现社会的要求，使学生在班集体活动中接受社会价值观，理解社会生活的目的及其意义，掌握社会道德规范，体现社会角色，学会生存技能，为进入社会做好准备。同时，班集体还是师生间、生生间精神交往的园地，是他们发展交往能力的场所。班集体活动恰恰能满足学生的交往需要、归属需要和发展需要，而这种需要又是班集体形成与发展的心理基础。①

群体是社会组成的基本细胞。群体是通过共同活动形成的，离开共同活动，群体便失去了它存在的基础。人们即使聚在一起，如果没有共同的活动，只能称为人群、人堆或者叫"乌合之众"。通过共同活动人堆便转化为群体甚至可以上升为集体。例如，若干年前，有一次，很多人到华山旅游，人虽多，但只有共同的知觉对象（华山天险的风光），人群好像是没有加黏合剂的散沙。突然间有人从悬崖边掉下山去了。当时在场的第四军医大学学生马上行动起来，组织了一批见义勇为的游客，报警的、找担架的、找缆绳准备下崖营救的……通过救人的共同活动，群体形成了，群体中有了各种不同的角色，各尽所能，通力合作，为着同一目标而团结起来。并且迅速上升为集体，受到全国人民赞扬。因此，共同活动是群体形成的基础。

----

① 刘培征，等.班集体活动论[M].天津：天津教育出版社，2002：1—2.

维果茨基十分强调共同活动对人的心理发展的极其重要的作用。人出生以后就生活在群体中，儿童的心理最初是通过与成人的共同活动发展起来的。随着儿童成长与心理的复杂化，儿童逐渐脱离成人，在游戏的共同活动中互相配合，模仿成人的社会生活，从而促使儿童的个性进一步发展。维果茨基指出，"个性是通过他在别人面前的表现才变成自身现在这个样子，这个是个性形成的过程"①。个性的形成与发展离不开群体的共同活动。

马卡连柯说："集体并不等于一群人，而是一个有目的组织起来进行活动的机构，是一个有活动能力的机构。"② 班集体目标既是学校教育教学目标具体化的表现，也是班集体工作的出发点、评价标尺和班集体前进的动力。

班集体的建设和目标的达成要注意班集体舆论的建设。这里所说的舆论是班集体对于社会生活、集体活动和班集体成员的行为所做出的评价、要求和希望。舆论是一种强有力的影响，在某种意义上说，它比班主任、教师个人的力量要大得多。舆论对于集体来说有以下作用：第一，引导作用，即对集体的行为进行引导、加强或减弱；第二，评价作用，对集体及集体中的个人的行为进行评价，从而调节其社会行为；第三，调节作用，即抑制或鼓励班集体成员的活动；第四，指标作用，舆论水平常常是班集体水平的重要指标。健康的舆论有助于班集体的建设及班集体成员的个性和能力的发展。③

班集体是学校开展阅读活动的主要场所，是学校建设书香校园文化的有效个体，更是学生受书香文化耳濡目染的重要环境。为了有效凝聚书香文化及推进阅读活动的组织和开展，头站镇中心学校打造"书香班级"，建设班级读书环境，营造班级"悦读"氛围，规范与丰富班级阅

---

① 龚浩然，黄秀兰. 班集体建设与学生个性发展[M]. 广州：广东教育出版社，1999：187.

② 马卡连柯，格牟尔曼，别特鲁兴. 论共产主义教育[M]. 刘长松，杨慕之，译. 北京：人民教育出版社，1954：429.

③ 龚浩然，黄秀兰. 班集体建设与学生个性发展[M]. 广州：广东教育出版社，1999：283—284.

读的形式是非常重要的。在建设书香班级的过程中，学校启动了关于班级学生阅读的实验研究，关注学生的兴趣爱好与身心发展的特点，让学生设身处地地感受书香文化，沉浸在"悦读"氛围当中。这些研究充分体现了新课程改革的要求，遵循学生的认知规律与学习发展规律，阅读活动开展的全过程中充分展示了"自主、合作、探究"的学习策略。

班级中打造"书香班级"，积极主动阅读的环境氛围有助于学校改革目标的实现。"孟母三迁"说明了环境对学习的重要性，良好的环境之所以能促进人成长，是因为良好的氛围能产生"场"效应，有了健康向上的"场氛围"，学生在环境的影响与熏陶下，学习习惯与文化修养才能得到逐步提高。班级"阅读场"具体体现为良好的读书氛围、读书环境，以及相互合作、相互竞争的伙伴学习关系等。教师在其中起到重要的引导作用，除此之外，教师也会通过创设情境，启发想象、联想等来激活存在于学生心中的"阅读场"。① 这样的"阅读场"便是上文提到的舆论效应。

在建设书香班级活动中，当问及学生和教师"您认为打造书香班级应该从哪些方面着手？"时，教师和学生分别得到如图 5-6、图 5-7 所示的数据。

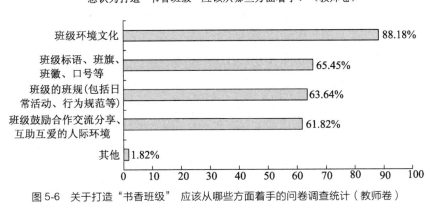

图 5-6　关于打造"书香班级"应该从哪些方面着手的问卷调查统计（教师卷）

---

① 潘颖薇. 初中"书香"校园建设及"悦读"活动开展与实践的研究[D]. 武汉：华中师范大学，2012：21.

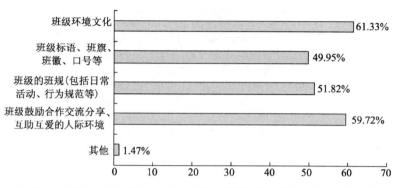

图 5-7 关于打造"书香班级"应该从哪些方面着手的问卷调查统计（学生卷）

由此可见，98%以上的师生同意书香班级的打造，班级物质环境、班级标语、班旗、班徽、口号、班规、互助互爱的人际环境等都是打造书香班级的因素。毋庸置疑的是，班级物质文化环境的打造是大多数师生认同的在打造书香班级中应当居于首要地位的内容。对于接下来的内容，师生看法稍有不同。作为教师，希望通过制度化的班级标语、班旗、班徽、口号等的设计来体现班级凝聚力，打造集体文化；而在学生看来，班级群体中，形成和谐亲密、互相帮助、交流分享的人际环境比外在的制度化的规则要更加重要，这也恰恰呼应本章的主题：合作与竞争。同伴之间的竞争固然重要，但是营造和谐的人际关系，互助友爱的氛围更加有助于学生的健康成长。

这也给我们教育管理者一个启示：引导学生树立正确的合作与竞争观念，构建和谐的人际关系环境要比外在的规则更加重要。

为了推进学校书香校园的建设，头站镇中心学校着力推进"书香班级"的建设，制定了"书香班级"的评选规则，如表 5-2 所示。

表 5-2 "书香班级"评选细则

班级					
项目分值		评选指标	评选办法	得分	备注
读书氛围（20分）	10分	班级布置有浓郁的"书香"味。	以现场检查为准		
	10分	班级"图书角"能够"人文化"设计，并与其他图书合理科学结合，实现图书共享。	以现场检查为准		
读书活动（50分）	15分	每学期（2017—2018学年）至少组织开展一次主题读书活动。	查活动记录、访谈		
	15分	能确保学生有充足的阅读时间，阅读课每周必上，并能保证阅读课质量；对阅读课挪作他用的班级，将实行一票否决。	访谈、查学校阅读课记录单		
	20分	教师在语文主题学习实验中能深入思考实验内涵，以自身阅读带动和指导学生课内外阅读，班级所有学生都能完成《丛书》阅读，并且大部分学生养成课外阅读时间每天不少于半小时的阅读习惯。	参考课堂教学访谈、抽测学生《丛书》阅读		
读书效果（30分）	10分	学生诵读量达到中心学校规定标准。	期末学生阅读成绩		
	15分	师生积极参加各级读书评选活动且成果显著。	查获奖纪录、证书		
	5分	教师自身读书情况（兴趣、习惯等）	读书笔记、访谈		
最后得分					

学校"书香班级"的建设具有以下一些特征：

首先，注重启迪式自然环境场的营造。各班中张贴风格各异的"阅读口号"，让师生每天与其会晤，可以激发读书热情，同时也能引起家长的关注；教室外创设具有班级特色的文化走廊，每个班级针对学校每个楼层不同的主题创设不同的班级文化，如棋类文化、历史知识、医学常识、地理知识、传统文化、著名经典等，学生走在不同班级门口，就进入了不同知识情境，三五驻足观望，相谈甚欢，受到不同类别的知识的熏陶；当然，走廊上与黑板报上也有读书主题、"好书推介""我的读书足迹""读书之星""教师寄语"等板块；每个班级还设立开放的流动书架，书香漂流，师生共读，有专人管理。还会把学生们的读书心得等在走廊进行展示,让学生体味创作成功的喜悦。

其次,营造有互动交流活动的环境。一方面,鼓励同伴互动阅读。有些班级会张贴读书排行榜,督促学生不断阅读。在学生集体的学习活动中,同伴能相互学习、相互影响、取长补短,同伴互助是学生自身学习与成长的重要资源。推荐好书佳作,要求同伴一起阅读与分享,并从不同角度写读后感;利用班会与家长会组织读书分享会,倾听孩子的心声,进一步了解和理解孩子,学生们在分享中能互相学习和共同提高。另一方面,好书师生共读。教师和孩子们一同读书,不仅可以营造读书氛围,文化修养也能得到提高,更重要的是同读一本书,教师有了切身的读书体验,对学生的阅读指导更有针对性。那些具有深刻文学性、思想性的读物需要教师带领学生去深入理解,对于那些孩子喜爱的书,教师能站在孩子的视角去体验、去审美、去感悟,拉近了师生的心灵距离,师生共读,引领学生走进美好的文化世界。

最后,阅读时间场的规范与营造。有规定的课外阅读时间,有助于学生们阅读习惯的养成。开设阅读课进行读书心得分享、读书方法指导、读书与写作课指导、优秀读物分享等,根据学生的阅读情况有针对性地利用阅读课。开设主题阅读活动,师生针对某一主题进行深入交流探讨。①

当问到教师"书香校园环境建设以来,班级氛围有无改善?"的时候,得到的统计结果如图 5-8 所示。

图 5-8 关于书香校园环境以来班级氛围有无改善的问卷调查统计(教师卷)

---

① 潘颖薇. 初中"书香"校园建设及"悦读"活动开展与实践的研究[D]. 武汉:华中师范大学,2012:22—24.

调查结果显示，对于教师来说，97%以上的教师同意班级的氛围是有很大改善的。综合全部的调查结果发现，不仅班级的读书设施设备更加完善，读书的环境更加浓厚，师生之间的人际关系也得到了很大的改善。

"让书香飘逸人生"是头站镇中心学校四年级（1）班的座右铭。无论在哪里，同学们身上都飘逸着书香气息。走进四年级（1）班教室，除了显眼的黑板外，最引人注目的便是班级后方的图书角。班级一角贴上了一张五彩斑斓的读书排行榜，同学们读书的热情非常高涨，见到书，便如鱼得水。随着排行榜上记载的书籍越来越多，同学们的热情也愈发高涨，几本，十几本，几十本，一本接着一本，读书成了孩子们的乐趣。正是在这段时间，班上的书香气息最浓、最香；也正因为排行榜，同学们深深爱上了书，爱上了可以跨越时间与空间的距离，飞过现实与梦想的差距的书籍。我们在这里遨游于书海，在这里沉浮于故事不同的结局中，在这里流连忘返于故事的情节中……

图5-9 书香班级"悦读"一角

——选自头站镇中心学校四年级（1）班之书香班级建设感悟

阳光洒满校园，书香浸润心田。学校一切教育工作都是通过班级进行的，可以说，班级是学校进行教育教学及管理的基本单位。通过营造书香氛围，制造平台和条件让学生们生活在书籍中，让学生不仅在书香中发现生活并感受生活，更让学生得到审美的启迪、精神的润泽、心灵的陶冶，进而找寻到阅读的快乐。

第三节　阅读之星的评比

中小学生都具有好动、好奇、好问、好玩、好胜、好模仿、好学习、信息多、见识广、精力旺盛等特点。实验证明，在共同活动中注意激励的作用是很重要的。

激励，这是用精神的（包括口头和书面）或者物质的方式对个人或群体的进步和成绩给予肯定的评价，从而激发其良好动机的一种积极强化的手段。激励的方式有很多，包括表扬、给予荣誉称号、发给奖品、吸收入队入团等。对于中小学生来说，在共同活动中注入竞赛气氛会大大地提高孩子们实现集体目标的积极性，因而有利于发展学生的集体意识。①

苏霍姆林斯基说过，"一个人在中小学年代读过哪些书，书籍在他心灵里留下什么痕迹，这一点决定着人的情感的培养，决定着年轻人对待同年龄的人、对待长者以及对待生活的态度……所谓'生活在书籍的世界里'，这跟认真地学好功课并不是一回事。一个人很可能以优异成绩从中学毕业，但是全不懂得什么是智力生活，完全没有体验过阅读和思考这种人类的巨大喜悦。所谓'生活在书籍的世界里'，这就是追求思想的美，享受文化的财富，使自己变得更加高尚。"②

基于此，为了激发学生的读书热情，学校通过班会、黑板报、国旗下讲话、校园广播等宣传窗口，推出读书活动的典型，推介他们的读书书目，每个月还检查学生的阅读进度和读书笔记，评选出"阅读之星"。每学年结束，学校还评选校级的"阅读之星"。班级"阅读之星"主要通过"阅读反馈卡""星级评价"等形式进行考评。表5-3是头站镇中心学校的"阅读反馈卡"。

---

① 龚浩然，黄秀兰. 班集体建设与学生个性发展[M]. 广州：广东教育出版社，1999：197.

② 潘颖薇. 初中"书香"校园建设及"悦读"活动开展与实践的研究[D]. 武汉：华中师范大学，2012：23.

表 5-3　头站镇中心学校"阅读反馈卡"

姓名		班级		班主任	
书名			作者		
主要内容					
读后感悟					
自我评价					
家长评价				家长签名：	
老师评价	等级：			老师签名：	

分析表 5-3 可知，头站镇中心学校的"阅读反馈卡"重点包括：书籍主要内容概括、读后心得体会、对自己的阅读过程及效果等方面的评价，家长对学生的阅读过程及阅读效果的评价，教师根据以上几个部分对学生阅读进行的星级评定。最后学生将自己所获得的等级进行综合，最高等级者获得"阅读之星"的称号。班级"阅读之星"的评选每月都不一样。这一评价方式注重学生的阅读过程，重在培养学生良好的阅读习惯和阅读体验。学年末根据这一学期学生的阅读星级评选出班级的"阅读之星"去参与校级的评选活动。各班的表现形式稍有不同，但是评价思路是一致的，即根据学生课外阅读数量及自己的读书心得、读书笔记等。

还有些班级为了激励学生阅读，卓有创意地开展了"阅读银行"的活动。在"阅读银行"活动中，学生的任务就是赚取"阅读存折"，并且让自己的"存折"的数目不断增多。学生们可以通过读书做读书笔记、谈自己阅读感受等阅读积累的方式，做成自己的"存折"。"存折"可以兑换很多权利，如兑换值日班长一天、去图书馆阅读一节课、免写一天作业等，学生们乐此不疲，在班级中开展得很成功。

在班级创设"阅读之星"活动的意义方面，我们利用问卷进行了调查。教师和学生的统计结果分别如图 5-10、图 5-11 所示。

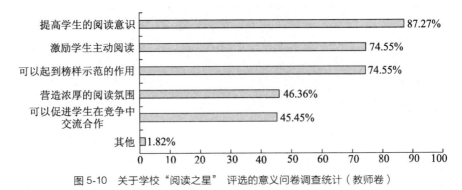

图 5-10　关于学校"阅读之星"评选的意义问卷调查统计（教师卷）

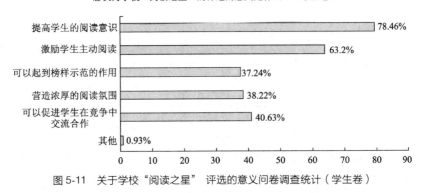

图 5-11　关于学校"阅读之星"评选的意义问卷调查统计（学生卷）

分析问卷结果显示，98%以上的师生同意："阅读之星"的评选能够"提高学生的阅读意识""激励学生主动阅读""起到榜样示范作用""营造浓厚的阅读氛围""促进学生在竞争中交流合作"。仔细分析可以发现，"提高学生的阅读意识"是所有师生都赞同的内容。除此之外，"激励学生主动阅读"及"起到榜样示范作用"是教师非常关注的；而对于学生而言，自身在这一评比活动中的"竞争交流与合作"是自己所关注的。综合来看，角色不同，对这一活动的关注点也是不一样的。学生们能够明白学校各种育人活动的良苦用心，能够充分利用学校各种资源不断促进自身发展。

阅读使我各方面都有了很大的进步。"腹有诗书气自华,最是书香能致远",阅读可以使人健康、优秀、高尚、儒雅。

——四年级(4)班"阅读小明星"隋研

小时候,妈妈每天都要陪着我看书,长大之后,我看书的兴趣与日俱增,一有时间就沉浸在书的海洋里。通过阅读,我的知识也越来越丰富,阅读让我明辨是非、识别善恶、分清美丑,阅读让我更自信、更坚强。俗话说:"秀才不出门,尽知天下事。"书有一种魔力,让你不必身临其境也可以感觉到它的壮观。在书里,我"去"了黄果树瀑布、埃及金字塔、尼亚加拉大瀑布、天山等。书给了我知识和力量,让我可以在知识的海洋里徜徉。

——四年级(5)班"阅读小明星"姜俊浩

我与书结下了不解之缘,在书中结识了那么多可爱的小生灵。有美丽善良的美人鱼,有天真可爱的小红帽,有好吃懒惰的大狗熊。我用稚气的眼睛去看,用天真的童心去品,从《狼来了》的故事中懂得了诚实,从《卖火柴的小女孩》童话中学会了同情,从《凿壁借光》的成语典故中知道了勤奋。

——五年级(2)班"阅读小明星"谢宇婷

读书的一大乐趣,莫过于当你正为一个问题绞尽脑汁而百思不得其解的时候,或对某一个问题似有所闻的时候,打开书一看,这种"柳暗花明又一村"的感觉让你那么舒服、那么自在。读书对于不同的人有不同的乐趣:对于从事体力劳动的人来说,读书是一种休闲;对于从事脑力劳动的人来说,读书可能是一种缓解疲劳的灵丹妙药;烦闷时,读书能够解闷;愁苦时,读书能够忘忧……读书给人恬淡、宁静、心安理得的快乐,是名利、金钱不可代替的。书就像人类的精神营养剂,缺了它,生活必有缺陷。

——五年级(7)班"阅读小明星"孙诗涵

学校的"阅读小明星"们给我们讲述:阅读可以修身养性,使人高贵儒雅;阅读教人明辨是非,更加自信坚定;阅读可以带我们领略山河美好,展现大千世界;阅读可以带我们感悟世间真情,教会"实在美好"；阅读可以帮我们答疑解惑，体会"拨云见日"的惊喜；阅读让人恬淡、宁静……在学校"阅读之星"的引领下，学校书香校园的内涵建设将向纵深发展。

不管是"班级故事大王"的评选及"阅读之星"的评选，还是"书香班级"的创建，这都是我校营造书香氛围、调动学生阅读积极性的重要手段。当问及"你认为书香校园环境建设对你的学习和生活有没有改善？"时，得到的统计结果如图 5-12 所示。

图 5-12　关于书香校园环境对学生的学习和生活是否有改善的问卷调查统计（学生卷）

调查结果显示，92.44%的学生对这一调查持积极态度，书香校园环境的建设给学生们的生活和学习带来了积极变化。学生们并没有因为学校的各种活动变多而压力变大、更加焦虑等，持"不确定"和否定的学生只占据了较少部分。

在书香校园教育理念指导下，开展的班级活动主要包括活动目标、组织结构、人际关系、环境氛围、规范化管理、情感管理等。丰富多彩的班级活动可以促进学生进行广泛的思想、情感和技术的交流，使他们自觉养成良好的思想品德，满足他们的自尊和自我表现的需要，提供给他们尊重他人、学习他人的机会，为学生思想品德的形成与发展创造良好氛围。①

---

①　刘培征. 班集体活动论[M]. 天津：天津教育出版社，2002：6.

> 书籍便是这种改造灵魂的工具。人类所需要的是富有启发性的养料，而阅读则正是这种养料。
>
> ——雨果

第六章 自觉与主动：书香校园建设的教师发展

书香校园建设离不开教师的专业成长和发展，同时教师的专业成长也促成了书香校园的建设，从而让头站镇中心学校的书香校园建设迈上了一个新台阶。从书香校园教师专业成长的一点一滴中可以体现书香校园建设的可取之处，从学校的各种活动中可以看出书香校园建设是如何促成教师发展的。此外，学校还提供相应的激励机制，在促成书香校园建设的同时让教师发展得更为全面。

第一节 书香校园教师专业的成长概况

书香校园建设处处可以看到"书香"的影子，教师作为教育教学活动中必不可少的一环，自然要起到一定的带头作用。"书香校园"里有"书香教师"，才能够营造学校书香的氛围，指导学生明晰读书的意义，使书香校园建设得到更好的发展。

一、学校教师专业发展现状

就学校教师的数量来看，青年教师所占的比例较多。我们鼓励青年教师养成读书习惯，提升自己的文化修养，营造书香满园的文化氛围，为学生的发展起到表率作用。

从学校师资构成来看，一方面，本科及以上的人员占到80%以上，这部分教师有读书的基础，热爱读书，这为书香校园的建设打下了良好的基础；另一方面，其他的教师也同样喜欢读书，在书香的氛围之中，书香校园建设得以如火如荼地开展。

对于教师的成长来说，阅读必不可少，因为教师本身作为知识传播者必然需要一定的文化素养。可以说，教师精神成长，需要高品位阅读的滋养；教师专业发展，需要经典教育专著的引领；教师职业特征，需要博学和睿智。读书能增进教师日常工作的理性状态，能够促进教育智慧的形成，是教师摆脱职业倦怠很有效的方法之一。在国家倡导全民读书、提高国民素质的大环境下，教师作为传播文化知识、教育学生、熏陶他人的精神工作者，在读书方面理应走在全民的前列，把学习、充电作为自身需求，且读且思，且思且行，汲取他人的经验，并不断完善自我、成就自我。

教师的培训方式是多种多样的。

2010年7月，教育部颁布的《国家中长期教育改革和发展规划纲要（2010—2020年）》（以下简称《教育规划纲要》）中明确指出，"完善培养培训体系，做好培养培训规划，优化队伍结构，提高教师专业水平和教学能力"。"创新培养模式，增强实习实践环节，强化师德修养和教学能力训练，提高教师培养质量。"[①]

当前，我国教育正处于向上发展时期，但是师资队伍的发展从某种方面来说还是滞后于教育理念的发展。教师基本素养跟不上时代的发展依然是一个亟待解决的问题。为此，为了有效落实新课程"三维目标"理念，让教师熟练掌握教育教学技巧，加快新教师专业成熟进程，是新时期需要解决的问题。

针对这些问题，如何才能够达到相应的成效，更好地促进教师的成长，成了问题的关键所在。当前，正值我国教育发展的重要时期，教师队伍建设是重要的一环。所以，要完善相应的教育体系，

---

① 李学杰.《教育规划纲要》指导下教师教学能力培养实践与策略[J]. 现代教育技术，2012（9）：18—21.

优化教师结构队伍，提高教师的专业水平和能力，进而促进教师专业队伍建设取得成效，使我国教育质量总体得到提高。书香校园建设是一个良好的开端，读书可以让教师的修养得到一定的提升，可以促成教师队伍的建设达到相应的成效。一旦教师在书中吸取了相应的知识，自然可以很好地运用到课堂中去，从而让整个课堂的质量上一个台阶。

在诸多教育改革的政策与实践中，各地学者都认识到教师专业发展的重要性。如果要使学生取得更大进步，教师专业得到持续、高质量的发展是必要的。斯帕克斯（Sparks）和赫希（Hirsh）（1997）指出，如果要为学生在日益复杂的世界中做好生活上的准备，学校成员的专业发展以及组织的重要变革都是必要的。教师专业发展在所有教育改革策略中居于中心地位——没有它，改革策略就仅仅只是理想而不能变为现实。教师专业发展是学校发展和教育改革成败的关键。①

从图6-1可以看出，就职称的分布来看，头站镇中心学校教师的职称较为均匀。不论是中学部还是小学部，均有高级教师。这部分教师可以起到很好的带头作用，带领其他教师融入书香校园的发展建设中。如此，以点带面，学校的书香校园建设才能够有序开展。

另一方面，头站镇中心学校意识到了教师发展的重要性，主要从大的校园环境出发以促成师资队伍的建设，让教师在无形之中养成阅读的习惯、理解阅读的意义，让教师有终身学习的心态。从这个角度讲，教师会不断明确自己该干的事情，不断更新自己的知识结构，以更好地适应日益更新的知识体系的需要，更好地为学生的发展服务。在教师自身专业得到发展的基础上，学生的教育自然能够更上一个台阶。

---

① 卢乃桂，钟亚妮. 国际视野中的教师专业发展[J]. 比较教育研究，2006（2）：71—76.

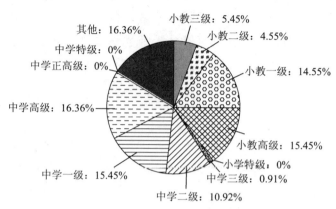

图6-1 关于教师职称的问卷调查统计

教师专业发展有别于教师专业化，它强调的是教师个体内在专业特性的提升。教师本位的教师专业发展观是针对忽视教师自我被动的教师专业发展提出的，其突出的是教师自我在教师专业发展中的主体价值，认为教师专业发展既要实现教师的人生价值，又要实现其人格价值。①

教师的专业成长强调的是教师自身的提升，这种提升是无形中展现出来的一种气质。在书香校园建设的过程中，教师的阅读是重要的理解部分，阅读充实教师的心灵，使其内在素质得到提升、专业素养得到成长。

为了提高教师的业务素质和业务能力，解决教学疑难，最大限度地形成合力，打造高效课堂，全面提高教育教学质量，学校制定了集体备课制度。

各年级、各学科均设一名备课组长，备课组长对各备课组集体备课负主要责任，起组织、指导、督促检查、记录情况等作用。

学校对于教师备课环节非常重视。每个学科特定备课组长，这样让学校的备课环节能够井然有序地开展。除此之外，头站镇中心学校还有其自身特色的集体备课。学校要求每周集体备课一次，做到计划落实、

---

① 宋广文，魏淑华. 论教师专业发展[J]. 教育研究，2005（7）：71—74.

课题落实、人员落实，任何人不得迟到、缺席，有特殊情况须请假。每次备课时间不少于 1.5 个小时。在具体时间的保证下，学校的集体备课取得一定的成效。学校对集体备课有"六备""四定"的要求：

"六备"：备教材，备教法，备学法，备训练，备学情，重点研究本学科教与学的改革与创新；"四定"：定时间，定地点，定内容，定主讲人。

由此，学校在全方位进行备课的设计，在基本课程课业要求的基础上重点研究本学科的改革和创新，定时定点地进行备课。并且学校还要求备课组长认真做好集体备课情况记录，包括备课时间、参加人员、备课内容、活动讨论意见等，并上交教导处检查。在集体备课之中，需要对教学计划、教学内容、教学重点、教学方法、教学过程设计等进行全方位掌握。

二、学校教师专业成长过程

教师的成长关键性一环是让教师得到自我充实，从而获得专业成长。"教师专业发展的快速成长时段有两个：一是 6—10 年，二是 1—5 年，起初 10 年是教师专业发展的快速成长阶段，起初 15 年是教师专业发展的成型阶段。"① 这说明，教师的专业成长不可能一蹴而就，而是一个积累的过程。

教师实践性知识对教师教育的一个启发是：开发教师的实践性知识也许比灌输学科知识、教育理论及模仿教学技艺更重要……教师的实践性知识，与外在理论相比，对教师更具亲和力，更能为他们带来稳定感和安全感，因而也更具持久发展和自我生发的可能性；与机械模仿相比，它更加系统、明朗，更具有批判反思的可能。教师只有以这种知识为基础，才能意识到自己的理智力量，去除对专家的迷信，言说自己的知识，找到自己知识的生长点和自我专业发展的空间。②

---

① 鲁林岳，张寿松. 教师专业发展过程中的几个关键时段的调查研究[J]. 教师教育研究，2010（1）：67—70.
② 陈向明. 实践性知识：教师专业发展的知识基础[J]. 北京大学教育评论，2003（1）：104—112.

由此可见，开发实践性知识比相应灌输教学理论及模仿教学技艺更有效。我校非常重视教师的专业发展，从活动中潜移默化地让教师获得相应的实践知识，这体现在"同读一本书，做阳光教师"读书活动方案中：

完善专业知识： 专业教师应该具有与其专业相配套的"专业知识结构"。读书是促进反思的前提，通过专业阅读，教师的话语水平提升了，教师的教育理解力提升了、反思力提升了，教师的实践性知识也会得到强化。

由图6-2可见，从教师从教年限上讲，1—5年的教师占比35.45%，20年以上的教师占比32.73%。由此可以看出，头站镇中心学校有很多年轻教师，可以引领读书的风尚。从老教师带新教师的层面来说，这种形式确实能够让新教师学习到相应的经验，提高自己的教育教学水平。同时，在老教师的带动下，新教师也会慢慢地进入书香文化建设过程中。另外，新教师有自己的优势，更贴近时代的发展，可以带动老教师，促使其更新知识。

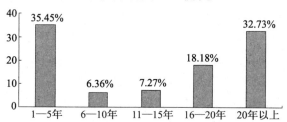

图6-2　关于教师从教年限的问卷调查统计

对于教师的发展来说，专业知识的掌握是非常必要的，没有扎实的专业知识的教师是无法成为一个合格的教师的。头站镇中心学校以苏霍姆林斯基的名言"无限相信书籍的力量，是我的教育信仰的真谛之一"作为指导思想。对于个人的发展来说，一个人精神生活的发展历程即为一个人阅读的历程；对于民族的振兴和国家的昌盛来说，其精神境界取决于全体人民的阅读水平。知识的获取可以是多种途径的，但读书是重要的一环。

生成专业智慧：教师是需要一种专业智慧的，没有这种专业智慧，教育必然是肤浅的。教师的专业智慧体现在智慧的教育教学实践与教师对教育教学的智慧理解上。生成教师的专业智慧，依然需要教师手捧一卷，沉浸其中，与各种思想进行智慧的对话。

作为一名合格的教师，除了拥有专业基础知识之外，其还需要有一定的专业智慧，比如师生关系的处理。

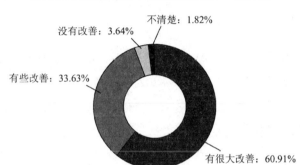

图 6-3　关于书香校园环境建设以来师生关系有无改善的问卷调查统计（教师卷）

从图 6-3 可知，书香校园的发展在很大程度上可以改变师生关系。图中数据显示，在书香校园建设后师生关系"有很大改善"的占 60.91%，认为"有些改善"的占 33.63%。由此可见，绝大多数的教师认为，书香校园建设对师生关系的改善有一定帮助。而专业智慧的生成必然不能一蹴而就，需要通过阅读的积累。学校最看重的就是教师与图书。学校就是提供了一个读书的空间，师傅和徒弟共读一本书。因此，教师的读书不仅是学生读书的前提，而且是整个教育的前提。

构建专业精神：教育是一个心灵的事业。陶行知先生说："真教育是心心相印的活动。唯独从心里发出来的，才能打到心的深处。"如此，教师阅读的专业价值才显得更为重要，因为阅读正构建着教师的专业精神。

头站镇中心学校希望教师认识到读书对提升教师专业素养和教育教

学能力的重要性，积极参与到读书活动中来。在阅读的过程中，勤做摘记，不断反思，为我所用。各教研组在本组教研活动时可适当安排教师交流读书心得，并做好活动记录。此外，为了构筑教师的专业精神，学校还主张读书交流展示。教师读书不仅是寻求教育思想的营养，也是情感与意志的冲击与交流。读书会让教师更加善于思考，更加远离浮躁，从而使教师更加有教育的智慧。

由此可见，在实施素质教育的新形势下，对教师的专业素质要求越来越高。进一步加深老教师和新教师之间的交流，提高新教师的专业素养和教育教学能力。

新课程改革提出了建立三级课程管理体制，倡导校本课程的开发。任何的课程改革如果忽视了教师专业发展在其中的意义和价值，都会归于失败。校本课程开发为教师带来了新的挑战，教师专业发展水平已经成为制约校本课程开发的一个现实性问题。①

头站镇中心学校书香校园建设在建设校园校本特色的同时强调教师的专业发展，在学生阅读活动的同时从来没有忽略教师的阅读提升，由此可以让教师和学生一同进步。

教师的专业发展需要一定的知识基础，这个知识基础需要不断地创新。知识转换的过程就是知识创新的过程。教师专业发展的知识基础是在模糊知识和明晰知识连续的能动的相互作用中动态生成的，包括知识的社会化、外在化、组合化和内在化。教师在专业发展的过程中，要把握好知识转换过程的内在联系，不断促进自身知识基础的创新。②

教师基础知识的更新是一个转换的过程，教师在专业发展过程中应当要把握好知识之间转化的联系。而对于把握这种联系的关键在于寻求相应的连接点，这种连接点就是读书。读书可能会获得相应的启发，从

---

① 李莉. 谈校本课程开发过程中的教师专业发展[J]. 课程·教材·教法，2008(5)：89—91，82.

② 阎德明. 知识转换过程与教师专业发展[J]. 课程·教材·教法，2005(7)：79—82.

而解决教学中的困惑。或许在某个章节的阅读中，突然解决了如何教好某一个具体知识点的疑虑，从而寻求到相应的连接点，这是教师成长过程中必不可少的一环。

第二节 教师的读书计划与专业成长

教师的专业成长从来都与阅读计划的提出息息相关，从一点一滴的阅读之中促成教师的专业成长是学校书香校园建设的成功所在。

书香校园建设是涉及学校长远发展的一件大事，此项工作的开展将直接影响到全校师生的精神生活，从而影响学校校园文化的内涵发展。我校是一所集中办学的镇级学校，在校学生有 2 300 多人，老师有 70 多人，学校办学规模较大。教师爱岗敬业，学习的欲望高，学生活泼向上，勤学乐思。自从 2014 年确立创建"书香校园"特色学校的构想以来，我校的书香味甚是浓厚，学校领导高度重视，全力支持书香校园建设工作在本校的开展，全校师生掀起热爱读书、比赛读书的热潮。具体来看，阅读的倡导一是可以提升教师的教学能力，二是可以展现教师的专业素养，三是让教师拥有相应的展示平台。

一、基于教学能力提升的读书计划

对于教师而言，其读书情况可以说不容乐观。教师不读书现象已悄然成为教育界及相关媒体热议的焦点。

读书可以提升教师素养、丰富教师精神世界。一个教师如果不读书、不看报，便无从了解其他优秀教师对教育教学的理解，对"他山之石"也难以借鉴，其视野可想而知是多么狭窄。由于缺少大量的阅读，有些教师的所谓反思和教科研也就成了无源之水、无本之木，反思和教科研只能流于表面，无法通过反思和参与教科研促进自身发展。一位特级教师也曾感叹："教师不读书了还能教书吗？"教师不读书是教育的一大硬伤。改变教师队伍的读书状况是一个迫切需要解决的问题。①

由此可见，教师读书与其专业能力提升密切相关。教师整体素质的提升本身就不可能是一个快速的过程。而书香校园的建设则可以让教师在潜移默化中爱上阅读，从而提升自身的能力和修养。一旦教师的视野变得更为开阔，其教学反思则能够站到新的高度。虽然教师不读书是现在教师教学能力发展的一大硬伤，但是可以通过相应的手段来解决这个硬伤，从而能够让教师的教学能力得到相应的提升，让教师变得更好。

从图6-4可知，身份为班主任的占40%，班主任主要是起到帮助指导作用，而从这个角度可以说明班主任的重要作用，一个班主任对学生的影响还是非常大的。在班主任的带动下，书香校园的建设也在步步推进。

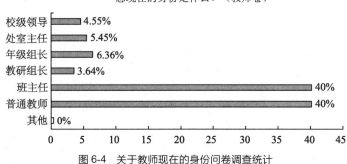

图6-4 关于教师现在的身份问卷调查统计

头站镇中心学校可谓"一分耕耘，一分收获"，经过多年来的活动步步推进，校园充满了书香气息，"读好书，好读书，多读书"的氛围已经形成。师生通过阅读活动拓宽了知识面，提升了认知水平，培养了文化气质，提升了综合素养。与此同时，学校在活动中也取得了一些可喜的成绩。学校多名学生参加县级以上各种主题征文大赛，并在活动中获奖，还有多名老师撰写的文章分别在国家级、省级刊物上发表。在求索之路上实践、发展，积淀人文精神，"让书香洋溢生命的魅力"，成为

---

① 史延虎．"行政手段"推动教师读书值得肯定[J]．教学与管理，2013（20）：28—29．

我校全体师生坚定的信念和永恒的追求。学校教师深深体会到读书的魅力，致力于多读书、读好书。对此，教师也感悟颇多：

不读书，行万里路的是邮差；不读书，很多事看不明白；不读书，无法眺望未来。老师们，我们也许一辈子也做不了教育家，不过请你们相信，我们虽然不能够接近太阳，但是踮起脚尖，我们能够更早地承受阳光。那么，读书吧！让我们用勤奋登上书山的顶峰，去迎接那早晨的第一缕阳光。

——包红敏：《做一个学生喜欢的老师——我的为师之道》

由包红敏老师的感悟可以看出，虽然都说"读万卷书，行万里路"，但是如果没有读书作为依托，即使真的行了万里路，所做的工作也不过是邮差而已。从这个角度出发，包红敏老师充分肯定读书的重要价值，认为读书虽然可能无法让一个人成为教育家，但是可以促使这个人更加积极向上，由此可见读书的重要意义。

引导学生阅读与我们的生活息息相关的化学读物。化学可以使天空变得更蓝，可以使河水变得更清澈，可以使物品变得更丰富，可以使生活变得更美好。化学是一把双刃剑，无知的人使用它会适得其反，无德的人使用它更会带来大规模伤害。我们只有德才兼备，才能用好这把双刃剑，为开创美好生活去披荆斩棘。发现化学在于生活之美，寻觅生活在于化学之趣，让阅读更有需求性。

——李丹：《探析化学学科阅读能力培育的途径》

李丹老师从化学学科的角度出发，认为化学与生活是紧密相连的。日常生活离不开化学，可以说化学改变了我们整个世界。通过阅读相关的科普读物，学生们会发现其实化学融入了日常生活的一点一滴之中，学生可以通过化学改进世界，在发现化学之美的同时可以运用化学之美改变生活。学生可以在有目的的情况之下进行阅读，让阅读为学科发展服务。

对于教师的教学能力提升来说，首先应当有相应的教学志向。"教学志向也是影响教学能力的关键要素之一。教学没有科研做底蕴，就是一种没有观点的教育、没有灵魂的教育。教师教学能力的提高不能仅靠听课进修，还是需要科研工作的，边研究边学习，缺什么学什么，边干边学，这是积极有效的方法。"① 也就是说，如果想让教育成为一种有观点的教育、有灵魂的教育，其关键点在于应当让教师边做边学。

对于教育教学的改进来说，要提高教育质量，培养出适应时代要求的合格人才，除了从宏观上改革不适应社会发展的旧的教育体制以外，还应当从教师需要的角度出发，提升教师的素质，为教师进一步的专业发展打下基础。如何让教师进行专业成长，有学者指出：

> 通过教师参与教改和教育科学研究，使教育教学由"经验型"向"科研型"转化，变"教书匠型"教师为"专家型"教师，这是提高教师素质的重要途径和方法。这种思路已为我们的教改实验所证实。②

由此可见，提高教师的素质，改进教学工作，应是当前教育改革的一个重要内容。而其关键之处在于读书，以书籍中的知识来滋养教师的内心，让教师获得相应的能力。

"君子务本，本立而道生"，"本"之于语文教师而言就是"读书"……说到底，语文教师的文化底蕴才是他的"童子功"。如果不具备这份"童子功"和"内力"，无论招式多么好看，都是"花架子"。"童子功"从何而来？答曰：读书。③

如果一个教师要求学生读书，但是自己读书的数量有所欠缺，那么心里的底气必然是不足的。这种教师肚子里没有多少货可以指导学生，也没有多少内容可以教给学生。曾经有一个比较著名的比喻：一个没吃过苹果的人和别人讲苹果的鲜美根本是不可信的。如果教师没有内在的才华作为相应的依托，也不可能真正做到给学生传播好相应的知识，让

---

① 韦雪艳，等. 高校青年教师教学能力影响因素与提高措施实证研究[J]. 现代教育管理，2011（7）：75—78.
② 林崇德，申继亮，辛涛. 教师素质的构成及其培养途径[J]. 中国教育学刊，1996（6）：16—22.
③ 来凤华. 读书是语文教师的"本"[J]. 基础教育课程，2019（2）：73—76.

学生成长为优秀的样子。读书是充实教师功力的重要一环。"书中自有黄金屋",无论是想专门提高自己的教学能力,还是想单纯地在书中获取相应的宁静,读书都是最佳的选择。

图6-5可以充分证明,读书对一个教师的教学效果影响是很大的,有69.09%的教师认为读书对教学"非常有帮助",29.09%的教师认为读书对教学"有一定帮助",而只有1.82%的教师不确定读书对教学是否有帮助,没有教师认为读书对教学"没有帮助"。

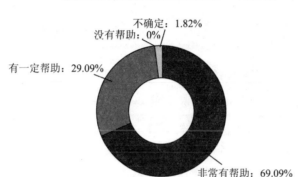

图6-5 关于读书对教学效果是否有帮助的问卷调查统计(教师卷)

教师教学能力"高原期"现象,是指青年教师参加工作初期,教学能力发展较快,过几年以后,教学能力提高速度缓慢。有的教师由于放松了对自己的要求,甚至出现教学水平"滑坡"现象……部分教师长期走不出这个"高原期",其教学能力便接近发展极限,没有显著提高的空间。[①]

如何才能够摆脱这种"高原期",让自己的教学能力上一个台阶呢?其重要的方法在于读书。通过书香校园的建设,教师不断让自己的知识结构得以创新,从而能够摆脱课堂上长期采用一种教学模式的尴尬局面。教师所要做的是让课堂真正生动起来,而能够让课堂生动的关键所在是切实提升自身的教学能力。因为对于教学活动本身而言,教学能力

---

① 徐玲.青年教师教学能力影响因素与培训模式创新[J].现代教育科学,2009(3):151—153.

直接影响到了教学质量：

> 教学是以知识、技能和伦理道德规范为媒介的师生之间的双边活动。在此活动中，影响教师作用的核心是其教育教学能力。教师的教育教学能力直接影响到教学活动的效果，明确教育教学能力的性质、构成及其在教学活动中的动态过程，将有助于提高教师的教学能力。因此，探讨教师的教学能力，不仅有利于提高职后教师的教育教学水平，也对构建职前教师的能力结构具有重要意义。[1]

由此可见，书香校园建设可以让教师的教学技能得以提升，而教师教学能力的提升可以促成整个学校的教育质量向前迈进。

二、基于教育素养拓展的读书计划

教师除了应当有相应的教学能力之外，还应当具备相应的教学素养。在这个基础上，以教学素养作为相应的支撑，让教师具有一定的文化底蕴，从而让整个师资队伍呈现出高质量的状态。有人认为，教师教育素养的提升关键在于教师的教学反思。

反思性教学的兴起，是当代教学理论的一个重大突破，为我国教师教育的改革提供了可以借鉴的思想资源。我们要充分认识反思性教学的功能，积极探索发挥反思性教学功能的多种途径，进一步推动我国的教育改革。同时，树立正确的教育观念，这是发挥反思性教学功能的核心问题。这是因为，教育观念是教师对儿童发展和教育的基本观念与看法的总和，是教师进行教育的基础和心理依据，也是教师进行反思性教学的心理背景。一般来说，教育观念并不直接作用于儿童，而是通过教师的教育行为间接作用于教育实践。[2]

读书活动本身，就是促成教师教学反思的关键一环，因为在读书时会产生联想，让教师养成思考的习惯。教师或许在教学之中会产生困惑，或

---

[1] 朱欣欣. 教师教育教学能力构成的研究[J]. 教育评论，2004（5）：61—62.
[2] 林菁. 提高教师反思性教学能力探微[J]. 教育评论，2003（4）：51—53.

许会因为课堂上对学生的表现的不理解而感到气愤。此时读书可以让教师找到内心的宁静。教育与心理学家通常将教师作为"反思决策者"（Reflective Decision Maker），并认为反思型教师应该具备如下的前提条件：

教师具备主动思考的素质；教师是在内在教学动机驱动下从事教育教学活动的；教师能够对教学过程中发现的问题情境进行积极主动的分析和思考；教师能够积极主动地设置教学目标；教师能够在教学过程中制订有效的计划，并实施教学计划；教师能够对自己的教学活动进行自我监控，并在此基础上对自己的教学进行反思与评价，达到提高和改进教学的目的。①

教师如何才能具备主动思考的素质呢？答案在于读书，因为书籍之中可能会具备相应的情境，从而让教师联想到教学实际，进而养成教师思考的习惯。如上所述，教师是在内在教学动机驱动下从事教育教学活动的，而教师的读书可以让其获取相应的内心驱动力，从而形成相应的教学动机，由此才可能取得相应的教学成效。

由图6-6可知，教师在读书方面存在着一定的困难，而这些困难可以调动教师的积极性，让教师在书香校园的建设中更加充满斗志和兴趣，由此促进自己的专业能力和专业水平的提升。

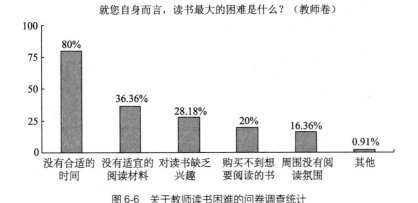

图6-6　关于教师读书困难的问卷调查统计

---

① 张学民，申继亮，林崇德. 中小学教师教学反思对教学能力的促进[J]. 外国教育研究，2009（9）：7—11.

由实践兴趣和解放兴趣价值取向教育知识支配、以教学意识和教学行为能力为结构的教师教学素养,契合了新时代的教育文明和人的文明。然而,由于教育者对教育知识的不觉悟及技术兴趣价值取向教育知识的事实性围困,基础教育中教师教学素养呈现令人焦虑的分离景象,并导致学科专业知识僭越教育知识、知识僭越人、教学僭越伦理的后果。教育知识的匡正与觉悟、教师自身的觉醒与教学做合一、教师教育引领与外部环境建设是教师教学素养发展的可行性策略。①

如何才能让教师获得相应的教学兴趣,从而做到教师自身的觉醒与教学做合一,让教师真正做到教育素养的提升呢?其答案在于读书。教师在读书之中可以获得相应的乐趣,而阅读书籍对教学素养的提升绝不仅仅局限于"语文"层面。

音乐教育潜移默化地影响着学生们的心灵,它能开阔视野、拓展思维、发展智力。优秀的阅读素材中蕴含着无穷的教育资源,我们应该有效地利用,开展有效的音乐教学活动,真正地将阅读和音乐教学有机地融合起来。

——吕桂秋:《关于音乐教育的感悟》

头站镇中心学校音乐教师吕桂秋老师认为,阅读就是发现可能存在的世界,而这是人所能享受到的最为持久的乐趣。提起"阅读"二字,实际上首先想到的是语文学习中的文字阅读,然而"阅读"远远不仅指对文字的阅读,对于音乐学科的发展来说,阅读同样重要。以阅读书籍为依托的音乐教育可以在很大程度上避免学生对于音乐的学习流于形式的技艺训练。

要发展学生核心素养,教师须先具备能够培养学生核心素养的能力。教师核心素养的构建既是教师专业化发展的理论诉求,也是课程改革的现实需要。为此,欧美各国在构建教师核心素养的模式中既兼顾教

---

① 崔振成.教育知识觉悟下教师教学素养发展智慧[J].教育科学研究,2019(4):85—90,95.

师专业化理论和"素养取向"课程改革的现实，又兼顾社会、地区、学校、教师和学生的不同特点。这些有益的经验对于指导我国完成"强化教师育人能力培养"的目标、构建适合本国国情的教师核心素养模式有一定的借鉴作用。①

教师的专业成长是一个循序渐进的过程。头站镇中心学校的书香校园建设为教师提供了相应的教学素养提升的平台，让教师在阅读中成长。学校明确，教师教学素养的提升是一个缓慢的过程，绝不可能一蹴而就。因此，学校所要做的是让教师养成相应的习惯，让教师坚持每天阅读。从学校"教师坚持每天读书15分钟"的计划中就可以看出学校的良苦用心。

由图6-7可知，教师的专业成长和学生有密切的联系。对于学生而言，有64.62%的人对开设阅读课表达了自己充分的愿望。从某种角度来说，学生的愿望是教师的发展动力，可以让教师朝着这个方向努力，以此促进自己的专业发展。

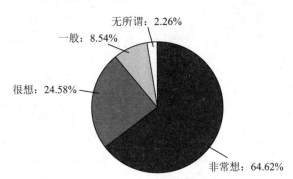

图6-7　关于学生是否想要老师开设阅读课指导读书的问卷调查统计

一个人读书不难，难的是一辈子读书。只有读书，我们才能成长，才能实现理想。为了促进教学实践与理论的结合，提高教师的政治、业

---

① 王美君，顾銮斋. 论国际视野中的教师核心素养[J]. 天津师范大学学报（社会科学版），2018（1）：44—50.

务水平和师德修养,使自己的教育教学行为更能符合时代的要求,努力做家长满意的、学生爱戴的人民教师,学校要求教师每天坚持读书15分钟。教师们用心参与学校的读书活动,把读书活动融入自己的教育教学工作中,促进教学实践与理论的结合与反思。通过几年来教师坚持读书的活动,教师自身修养得到了提高,教育教学水平也有很大的提高。

从图6-8中教师专注的神情中就可以看出学校此项活动的成功。要求教师每天阅读15分钟看似是一个很小的事情,但是小的事情聚集在一起就能够变成很大的事情。对于很多人来说,并不是做不好大事,而是坚持不了小事,从而很难获得成功。学校要求教师每天阅读的15分钟是让教师养成良好习惯的15分钟,是让教师在阅读中成长的15分钟。这15分钟可以让教师做到教学实践与理论相结合,让教师真正提升教学素养,让学校师资力量整体得以提升。

在头站镇中心学校,很多教师和图6-8所示的教师一样认真阅读书籍,为学生起到榜样带头作用,为学校书香校园建设贡献自己的力量。

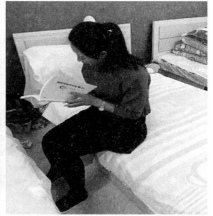

图6-8　龙江县头站镇中心学校教师认真阅读

三、教师读书的途径与展示平台

教师的阅读虽然是自己的事情,但是书香校园建设对整个学校的发展来说有着重要意义。学校为教师提供相应的展示平台,让教师与教师之间的交流没有障碍。与此同时，教师之间也可以相互激励，从而能够让教师读书的热情得以激发。头站镇中心学校教师微信群中的教师们相互鼓励，让阅读成为习惯。学校还为教师提供相应的交流平台，举办读书汇报会和书香论坛，让教师自己的读书热情得以提升，让自己的读书心得得以交流，从而形成一个良性循环。

从图6-9可以看出，家长可以充分参与学校的各项建设当中去，由此家长也是书香校园建设的重要一环，可见书香校园的建设是方方面面的。

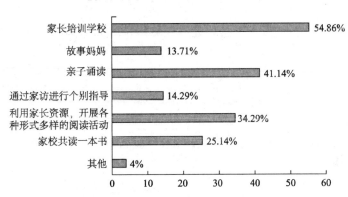

图6-9　关于家长参与过学校组织的哪些活动的问卷调查统计

（一）微信群读书展示

现代社会的发展经历了一个快速的过程，微信的普及也在不知不觉之中发生了。

随着移动网络的迅猛发展和移动设备的日益普及，社会化网络给人们带来强烈的碎片化冲击。越来越多的人通过移动设备进行交流、工作和学习，期望更加高效地利用碎片时间，从而催生了一大批碎片化应用。[①]

微信是随着网络迅猛发展和移动日益普及而新兴的一种产物。微信

---

① 朱学伟，朱昱，徐小丽. 微信支持下的移动学习平台研究与设计[J]. 中国远程教育，2014（4）：77—83.

确实是一种新兴的信息交流平台,可以在教育领域中达到意想不到的效果,比如:

  随着移动技术的发展和智能手机、平板电脑等的普及,移动学习开始流行于全球并成为教育教学研究的热点。移动学习极大地满足了学习者的个性化学习需求,研究移动学习与翻转课堂教学模式的有效整合对推进教育信息化进程意义重大。微信是当前移动设备的热门应用程序之一,其丰富的功能可为移动学习的开展提供有力支持。①

  但更重要的是,通过微信上的交流,可以促成书香校园的建设,完善教师的专业发展。而如何利用微信获取相应的知识,让教师真正做到拿起手机打开微信就有一种要读书的感觉,就成了需要解决的关键性问题。

  学校为了培养教师和学生的读书热情,激发全校师生更大的读书兴趣,各年级组、各班级还建立了读书群。

  像图6-10这样的微信例子数不胜数,从中可以看到教师之间的相互鼓励。教师一打开微信就能够看到微信群中满满的正能量,从而可以自

图6-10 头站镇中心学校微信群关于读书讨论

---

  ① 范文翔,等.移动学习环境下微信支持的翻转课堂实践探究[J].开放教育研究,2015(3):90—97.

然而然地拿起书本继续阅读。与此同时，在微信中随手分享阅读感悟也成了学校教师的常态。自己阅读的感悟让其他教师看到会有一定的成就感。而自己看到其他教师的感悟也有可能从中获取相应的启发，由此促成自身的专业发展。

（二）读书汇报会

我校致力于举办"读书与教师专业发展"读书汇报活动，从图6-11中的读书活动就可以看出读书汇报会的意义。

图6-11 头站镇中心学校教师读书汇报会

读书是一场灵魂的对话，读书是最简单的高贵行为，读书可以让人生更加饱满。

图6-11中的读书汇报会是在头站镇中心学校多媒体教室举行的，全体教师参与了活动。31位教师参加了竞赛，校领导班子成员作为活动的评委。活动中，参赛教师都能按照竞赛要求，把读书与感悟结合起来，把读书所获与自己的教育教学实践有机地结合起来。参赛教师围绕所读书目的精彩内容，结合自身工作实际和生活体验，从不同角度畅谈了自己读书的所思所想、所感所悟，他们或叙说案例，或阐述观点，或畅谈

体会，尽情分享读书的收获与喜悦。活动让广大教师不仅能通过读书开阔视野、修养身心，还能以更饱满的精气神投入教育教学中，工作效率也得到有效提升。

书是人类智慧的源泉，书是人类进步的阶梯，是我们一生不可缺少的伴侣。我们可以在读书中沐浴文化的芳泽，接受书香的洗礼，享受阅读的愉悦！读书是一种享受，是一种乐趣，是一种与书中人物心灵的交流；读书，既能开拓视野、增长知识，又能充实自己。

由此可见，头站镇中心学校希望教师能够进行充分的交流，也希望建设好相应的平台让教师有地方表达自己的所思所想，对此有教师感悟颇深：

以往读书，喜欢记笔记、写心得，或者说有交流的冲动，在网络空间里经营自己的一方精神天地，写一写只言片语的"说说"。总的来说，还是把读书当成了积累知识、资料、资源的过程，读得很多，感想却在不知不觉中变少。我学会了批判地接收书籍所带来的精神营养，让作者思想的精华接通实际工作的"底气"，消除那些水土不服的刻板理念，让书籍的生命力在实践的土壤中生根发芽、茁壮成长。因此，我非常感谢有意义的读书带给自己思维上的触动和张力的发挥，引导自己去进行更有意义的二次创作实践。

——冯云：《读书，是一场触动心灵的修为》

从冯云老师的感悟可以看出，教师有时候虽然喜欢读书，但是苦于只能够局限于自己的一方天地，并没有交流的平台。但是读书对于教师的发展有重要意义，冯云老师指出，通过这次读书实践，其更大的收获是读书与工作的有机结合，就是在读书的过程中思考工作，在工作的进程中寻找学术精神的指引，让读书变成一个提炼思路、丰富思维、超越自我局限的过程，实现了理论与实践的统一。读书汇报会让教师汇报自己读书的心得，让教师能够表达读书的意义。从某种程度上说，这种活动意味着教师的读书和工作能够做到有机结合，教师可以真正地将在读书之中思考下来的东西和大家交流。可以说，读书汇报会的举办是十分成功的。

（三）书香论坛

除了读书汇报会之外，学校还给教师提供书香论坛让教师进行交流，从而在多种层面上让教师获得相应的成长。在这个平台上，教师可以充分地表达自己的感触，从下方教师的感悟中就可以看出读书是如何影响教师的。

育人必先达己，在为学生营造良好读书氛围的同时，我们并没有放松对自己的鞭策。因为我们知道，只有不断丰富自己的内在，才能在教书过程中游刃有余，在传授知识时不再"囊中羞涩"。人生在世，活到老学到老，教师专业的发展更需要经典的专著引领。所以，为了使自己成为一名更加专业的教师，我在学校"书香校园"系列阅读活动的带动下，也阅读了很多教育理论著作，并且每天在阅读群里分享自己的阅读感悟，记录自己的每一点进步，这对于我的管理与教学都有深刻影响。

——曹艳宏：《书籍伴我前行，阅读浸润生命》

由此可见，学校教师曹艳宏认为，自己要想快速成长，精神和身体必须始终保持有一样在路上，或站在巨人的肩膀上，汲取行之有效的经验，或实地考察，亲眼见证与感悟。而对于日常生活非常忙碌的教师来说，精神在路上更为切合实际。所以，读书是教师专业成长的一种非常行之有效的途径，教师精神的成长需要丰富的阅读滋养；教师可以在书香论坛中真正表达出自己的思想，真正感受到自己想要感受的东西。读书汇报会更倾向于汇报层面，具体表现为个体准备好自己想要交流的东西，从而上台来讲给别人听。此种方式自然能够让台下的教师以最为直观的方式获取汇报人的读书心得，从而能够在最短的时间内获取最多的信息。这种活动固然是成功的，但是似乎缺少了相互之间对话的共鸣。学校也意识到了这个问题，由此以书香论坛作为补充。

论坛更加注重的是相互之间的交流，在思想的碰撞中获取相应的知识与感悟。由此书香论坛和读书汇报会相辅相成，共同促进学校书香校园的建设。学校的教师们都十分期待书香论坛，认为在书香论坛中可以与不同的教师进行思想上的碰撞，从而能够做到真正的对话。可能在对话之中发现彼此共同读了一本书,由此可以交流此本书的心得,让教师互相补充书中的精华,从而对这本书的理解能够更深入一些,获取更深层次的提升。如果教师们读了不同的书籍,此时就可以相互推荐,让教师们多了一种获取其他好书的途径。此外,学校的教师们还有记录读书笔记的习惯,从图6-12中的笔记可以看到教师们的用心。

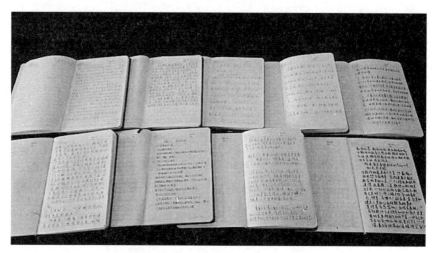

图6-12　头站镇中心学校教师读书笔记

在书香论坛上,教师甚至可以带上彼此的笔记,相互交流。了解对方对于某本书籍的感悟,从而在隐性层面上形成一种激励。

第三节　书香校园教师成长的激励机制

头站镇中心学校着眼于书香校园的建设,在书香校园建设的过程中致力于教师的专业成长。教师专业成长需要内心的驱动力,与此同时外在的推动力也必不可少,由此在两大作用力的推动下,我校书香校园建设才能够稳步向前迈进。例如,学校对新入职的教师有相应的赠书仪式,让教师了解到学校的校园文化,从而在新入职的基础上就形成相应的理念;另外,学校还举办相应的赛事,由此促成教师之间的激励。

一、新入职教师的赠书仪式

赠书本身具有较为重要的意义。"实行赠书质量管理，不仅是根据赠书的特点和实际提出来的，而且对于提高赠书的价值地位，促进赠书活动的健康发展，具有极为重要而深远的意义。"① 由此可见，不同行业虽然有其不同的发展前景，但是也都意识到到了赠书的重要性。对此，需要学者倡导读书的重要意义。

对于赠书的意义，众多学者都是从图书馆角度进行阐述的，他们一致认为，图书馆通过接收赠书，不仅有利于弥补购书经费的不足，极大地丰富馆藏数量和品种，而且有利于发展特色馆藏建设、拓展馆藏建设的深度、提升图书馆知名度等。②

赠书活动可以有利于各方面的发展。首先，赠书可以让图书馆的馆藏数目增多，从而让图书馆的书目更加完善；其次，读书可以让不同的读者读不同的书目，从而拓宽其视野、提高其修养；最后，赠书活动也可以节约相应的资源、培养优秀的品德、陶冶道德情操。

由此可见，对于读者而言，赠书活动是扩宽学术视野的一项重要途径。通过这种方式，赠者可以让其他人看到自己曾经看到的书籍，让其他人感受自己曾经感受过的触动。

对于头站镇中心学校新入职的教师，要让他们在一开始就明确学校书香校园建设的定位，由此可以以相应的活动为依托让他们感受到学校读书的氛围。平平常常的赠书活动让新入职的教师在一开始就明确书本对于学校书香校园建设的重要性，由此在心中埋下成为一名书香教师的种子，这对教师未来的发展有着非凡的意义。

学校所赠的书目也与教师的教育相关，这让教师一方面可以感受到读书对学校的意义，另一方面也可以通过书中的知识潜移默化地影响教师对于教学的热情，从而提升自身的教学能力。从这方面可以看出学校

---

① 李娜，李文兰. 完善赠书管理 激发捐赠热情[J]. 图书馆工作与研究，2011 (3)：61—66.
② 肖乃菲. 国内赠书管理工作的研究现状与分析[J]. 图书馆，2014 (5)：124—127.

对于新入职教师的希冀，学校希望通过这种方式让新教师真正成为学校的一员，让教师真正成为充满书香气息的教师。

二、"阅读之星"的评选

读书习惯的养成必须经过反复历练，并用评价检测激励机制作为保障。教师的读书笔记每月由教务员检查一次，把完成情况纳入教师量化考核之中。学生的读书笔记每周由语文教师检查一次，把完成情况作为评价学生的一项重要指标。每半学期在学生中评选一次"阅读之星"，每学期评选一次"古诗文诵读之星"，每月评选一次优秀读书笔记、手抄报，以先进激励引领全校的师生。此外，语文考试要纳入课外阅读方面的内容。由此可让教师充满动力，成为阅读之星。从教师的感悟可以看出教师对于这种活动的积极性。

> 比赛前，每个班级和指导老师都能够积极准备：选拔参赛选手；选择朗诵、表演篇目；参赛学生反复练习、预演，找不足，改不足，一遍又一遍，不厌其烦，务必达到理想水平。"功夫不负有心人"，比赛时各班表演异彩纷呈。每个节目都体现了师生的良苦用心：优美的古诗演唱、各种形式的朗诵、情景表演助演……学生的素质也很高，站在舞台上的他们俨然就是一个忧国忧民的爱国志士、一个怀才不遇却怀揣梦想的诗人、一个活泼热情期盼春天到来的精灵……连评委老师都被学生的表演感染了。
>
> ——王成丽：《"书香校园"之浅见》

由王成丽老师的感悟可以看出，类似的比赛应该多多举办，以熏陶学生的情操。教师的职责是教书育人，教书育人重在言传身教。"教"字在创立之初是一个小孩子学着大人拿着树枝在地上写字。由此可见，身教重于言传，尤其是思想品质方面。教师以自己为学生的榜样，在教学或活动中示范、引领学生，对学生进行潜移默化的影响。

所谓育人必先达己，读书也是教师专业成长的有效途径，教师的精神成长也需要阅读的滋养。在这么多年的工作中，我养成了阅读的好习惯，在批改作业的闲暇时间，我也做到了静心阅读。我个人觉得最美的教育其实是最简单的教育,最简单的方法就是润物细无声,教师阅读的自觉性对于书香校园的建设可以起到潜移默化的推动作用,更好地营造书香溢满校园的气氛。

——闫富成:《我与书香校园》

由此可见,学生可以受到这种活动的感染,从而致力于此种类型的比赛,教师当然也不会例外。"阅读之星"的颁发对于教师来说也算是一种激励,让教师看到自己读书的价值,让教师得到全校师生的肯定。由此会进一步激发教师的阅读热情,从而形成良性循环,让教师更加把阅读当成自己人生的一部分。

三、教师三大赛事

头站镇中心学校经常举办相应的比赛,让教师的教学能力得到相应的提升。这种外力可以成为一种动力,让教师感受到教学的魅力,让教师更加明确成为一名教师所应做到的事情。具体来看,校本研修知识大赛让教师知道校本课程的意义;科研能力大赛使教师懂得自己除了是一名教师之外,还是一名实实在在的研究者;基本功大赛让教师真正成为一名合格的教师。

(一) 校本研修知识大赛

教师只有在不断的学习中才得以提升,这是校本理念,也是校本培训的核心所在:

教师培训理念是校本培训文化的核心要素。将"教师学习"作为校本培训的核心理念和校本培训文化的核心因子,是教师教育理论与实践发展的必然。校本培训应确立"支持教师学习"这一文化内核,处理好学校发展与教师发展的关系,使校本培训由外在的组织需求转变为内在的教师需求,走出校本培训的路径依赖,培育以教师学习为核心的校本培训文化。①

---

① 程明喜. 培育以教师学习为核心的校本培训文化[J]. 人民教育,2019(7):67—69.

从我校的校本培训制度可以看出学校对校本培训的重视，也可以感受到学校对于教师成长发展的重视。从学校校本培训奖励制度的方案可以看出学校十分重视对教师的培训：

学校大力提倡广大教师积极参加校本培训，努力提高思想和业务素质，为校本培训创造必要条件。

学校对教师的校本培训非常重视，希望教师通过参加校本培训，努力提升自己的业务水平和修养，能把所学理论应用于教学实践中，不断更新教育观念，从而为校本研修做出贡献。

校本研修的关键在于教师获得自我成长和专业发展。

中小学教师的自主专业进修是教师实现自我成长和专业发展的重要手段，但在现有的教师培训管理体制下，教师自主专业进修难以充分发挥教师参与培训的积极性和提高教师专业素质的实效。①

学校的校本研修知识大赛让在现有的教师培训管理体制下教师自主专业进修难以充分发挥教师参与培训的积极性和提高教师专业素质的实效，此项赛事在促成学校发展的同时可以促进教师专业成长。

马克思主义哲学认为：

事物的发展是内因和外因共同作用的结果，其中内因是根本，外因是条件，二者缺一不可。以这种经典的哲学论断来理解教师发展的动力，其内因是教师个体自我发展的需要，其外因是学校及教育管理部门采取的措施与策略。这种教师发展的动力观对传统的教师发展动力观做出了重大补充，那就是教师发展的内在动力是价值、理念的引领，外在动力是学校采取的教师发展具体措施。②

事物发展需要内因的推动，教师的校本研修需要内在的动力，但是

---

① 鲁沛竺，张世财.学分制推进中小学教师自主专业进修的实效化策略[J].教育理论与实践，2019（17）：32—34.

② 邵志豪，解庆福.学术型教师：新时代教师发展的思考、定位与实践——以东北师范大学附属中学为例[J].东北师范大学学报（哲学社会科学版），2019（4）：128—133.

与此同时也必然少不了外力的激发。我校校本研修知识大赛让教师在相应内在动力的基础上形成相应的外力推动。除此之外，还以校本研修为依托，统筹教师的发展。以适当的奖惩制度引导教师专业内在成长，帮助教师个性化的自我完善和更新，从而让教师的发展落到实处。

（二）科研能力大赛

教师不仅要教书育人，实际上还应是一名研究者。

通过实施课题，学校营造了浓厚的科研氛围。我们针对学校教育工作实际制订了一系列教育科研制度和一批课题实验方案，动员教师参与实践。现在每个教师都参与了课题实验，大部分教师有科研成果。全校上下形成了不搞科研会落伍、不出成果不光荣的思想意识，产生强烈的实现自我价值的心理需求。①

头站镇中心学校让教师参与相应的课题，进而让他们向一个合格的研究者迈进。学校认为可以通过教研活动提升教师的阅读指导能力，推动全科阅读教学活动开展，由此在阅读之中可以促进教师科研水平的提升。

科研本身充满了反思。教师在反思之中可以对自己的教学进行相应的审思，让教师看到教学环节中的好与坏。这相对于只教书可谓向前迈进了一大步，也是经验型教师向科研型教师转变的必由之路。这些从学校课堂反思制度中可以体会其魅力所在。

从头站镇中心学校课堂教学反思（随笔）制度可以看出，学校非常重视教师反思的发展。教学反思即回头思考教学过程，对设计方案的有效性进行审思，总结亮点和问题，决定改进教学的策略，因为它是经验型教师向科研型教师转变的必由之路，是教师专业成长的重要途径。从这个角度出发，学校的反思制度要求：

每位教师养成"反思"的习惯，自觉地对自己的教学观念、教学行为与教学效果进行自我认识、自我评价。

---

① 游家水. 科研育师　培养学习型教师群体[J]. 教育导刊，2005（2）：29—30.

也就是说，学校要求每位教师经常进行教学反思，并记录下来。每课至少写1篇教学反思，每学期至少撰写1篇教学案例，尽量撰写教学反思录。由此通过多种形式来完善教学反思的发展。学校认为，教学反思撰写类型多样，形式不一，可灵活使用。比如，学校教学后记就是教师对课堂教学的小结，也是对自己教学行为和体验的自我评价与对话，篇幅可长可短，形式不限。由此以多种教学方式为依托，促进学校教学制度的落实及书香校园建设。

（三）基本功大赛

教育的发展，教师是根本，青年教师是基础教育的未来和希望。教学基本功是教师的基本素养，是决定教学质量的关键所在。[①]

教师基本功的好坏决定了学校能不能更好地发展，也决定了学生能否学到相应的知识。头站镇中心学校认为，教师应当要教好学生。从学校课堂教学评价制度可以看出学校对于教师的重视，从学校课堂十条基本要求也可以看出学校对于教师基本功的严格要求。我校深入落实教学基本功发展的理念，从其课堂评价制度的方案可以看出学校对教师的要求：

目前我们正在推广"学案先行，自学互教，训练提升"的高效课堂，以学生的发展为本，鼓励学生全员参与学习。教师语言就在于精当点拨、恰切补充、精彩过渡、必要强调。

由此可见，学校实行的信息课程形式从某种程度上来说是对教师更高要求的保证。因为课堂已经不单单局限于教师的讲和学生的听，学生会自主学习，并且根据学习中遇到的问题发问。在这种状态下，学生的自主学习能力得到提升，学到的东西可以学以致用。这种状态下的学习更加考验教师的基本功，也是我校书香校园建设的保证。此外，值得一

---

① 于蓉. 青年教师专业发展区域推进模式探索——谈"江苏省中学地理青年教师教学基本功大赛"的开展[J]. 中学地理教学参考，2016（17）：63—65.

提的是，教师基本功大赛有助于教师尤其是青年教师的成长。

　　青年教师在备赛和比赛中的学习并非是获奖选手阅历、同事专业经验、专家指导意见和青年教师学习的简单加和，而是置身其间的全体教师亲身感受着，这种生命在场实现着真实的教师专业成长。①

　　历时三个半小时的比赛现场气氛热烈，教师们潇洒飘逸的板书、精美绝伦的课件、条理清晰的上课流程，以及出色的课堂引领、讲解、互动……充分显示出参赛的五名教师扎实的教学基本功、丰富的教学经验和渊博的学识。学生们积极踊跃、享受课堂，真正成为学习的主体。

　　学校有一年一度的龙江县"百花杯"好课赛奖活动。本次"百花杯"好课赛奖不仅为参赛的教师提供一个展示才能的舞台，同时也为所有老师营造了一个相互学习、相互交流、相互促进的良好氛围，通过实践不断学习、不断探索、不断反思，希望所有教师在教学之路上共同成长。

　　由此可见，基本功大赛不仅是一个比拼的过程，同时也是一个学习的过程。教师在大赛中可以吸取其他教师的经验，由此可以促成自身的专业成长。

---

① 王澍，孟彦. 反思与构建：高中化学青年教师教学基本功比赛[J]. 化学教学，2018（9）：27—30.

> 教育现象的相互联系在我们今天变得更加复杂了：生活向学校提出的任务非常复杂，如果没有整个社会、家庭的高度教育学素养，不管教师付出多大的努力，都收不到完满的效果。学校里的一切问题都会在家庭里反映出来，而学校复杂的教育过程中产生的一切困难的根源也都可以追溯到家庭。人的全面发展取决于母亲和父亲在儿童面前是怎样的人，取决于儿童从父母的榜样中怎样认识人与人的关系和社会环境。
>
> ——［苏联］瓦西里·亚历山德罗维奇·苏霍姆林斯基

第七章　学校与家庭：书香校园建设的家校共育

家校共育，指的是学校在教育学生时能得到更多来自家庭方面的支持，而家长在教育子女时也能得到更多来自学校方面的指导。这种学校教育家庭化和家庭教育学校化的融合更有利于学生的全面发展。①《中共中央关于全面深化改革若干重大问题的决定》提出："要完善学校内部治理结构。家校合作是深化学校管理体制改革、建立现代学校制度、完善学校内部治理结构、提高教育效率的重要举措。"研究表明，家长参与学校教育有助于提高家长在学校教育和教学中的认同感，分担教学责任，提高教学效能感。②

基于此，头站镇中心学校在建设书香校园的过程中高度重视家庭在育人方面的作用：一方面，利用家长资源，为学生开展形式多样的阅读

---

① 张兰兰. 高一任课老师的家校共育现状调查及其实践探索研究[D]. 郑州：郑州大学，2018：1.
② 赵迎男. 小学家校共育模式问题研究[D]. 锦州：渤海大学，2019：11.

活动；另一方面，利用各种途径培养家长阅读意识和习惯，以此推进"书香家庭"的建设。更进一步，头站镇中心学校的目标更加宏远，希望通过学校书香校园的建设扩大辐射影响力，推动学习型社区的建设。

第一节 家校共育的基本概况

在学校建设书香校园背景下，本节利用调查问卷，结合家长和学生对参与活动的体验，对头站镇中心学校家校共育现状进行调查，对学校开展家校共育的途径进行简单介绍。

一、现状：家校合流共促和谐成长

家校共育涉及双方，一个是家长对于家校共育的认知和参与，另一个是教师对家校共育的认知和努力。双方通过相互交流配合，共同为学校建设书香校园助力。

（一）家长对学生阅读的支持程度

家长对学生阅读的支持程度首先涉及家长对阅读的认知、对学校书香校园建设的态度；之后是关于家长为促进学生阅读所进行的努力，可以包括家庭中书香环境的营造、带领孩子进行的阅读活动等；再进一步，为支持学校书香校园的建设，形成家校共育的合力，提高家长对于学校提倡活动的参与度。具体结果呈现如下：

1. 家长对于阅读的认知

经过对家长的调查发现，不喜欢阅读的家长只占 2.29%，从不阅读的家长更是只占少数。由此可见，我校虽然是一所农村中心学校，但是家长还是比较重视阅读的。99%以上的家长对学生的成绩都是有期望的，当问及"您认为阅读和学习成绩之间的关系是什么？"的时候，统计结果如图 7-1 所示。

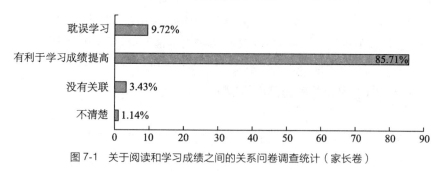

图 7-1 关于阅读和学习成绩之间的关系问卷调查统计（家长卷）

认为"有利于学习成绩提高"的家长占了绝大多数，达到 85.71%。但是由于学校地处农村，经济文化都比较落后，还是有少部分家长没有意识到"阅读"的重要作用。这也告诉我们，在推进家校共育的过程中，必须注意到这一部分家长的存在，不断通过各种途径宣传阅读的重要性，扫清阅读障碍。

当问到"您是否认为整个社区的阅读氛围会影响到您孩子的阅读兴趣？"的时候，80% 的家长表示同意，10.29% 的家长表示不同意，9.71%的家长表示还不太了解。因此，学校希望以学校带动社区的愿景在推行过程中是会遇到阻力的，学校首先需要扭转部分家长对阅读的认知，唤醒家长的社会责任感，为培养下一代营造良好的社区环境。

2. 家长对学校建设书香校园的态度

调查结果显示，88%的家长知道学校正在进行书香校园建设，虽然有一小部分家长不知道学校这一改革举措，但是有 96.57%的家长表示支持学校书香校园建设，并且有 94.29%的家长表示对学校书香校园建设是充满信心的，93.14%的家长对学校的读书环境表示满意。这充分显示了家长们对学校工作的理解和支持，这为学校各种共育活动的顺利开展提供了信心和保障。

3. 家长为促进学生阅读做出的努力

家长为促进学生阅读所做出的努力既包括在家庭中为学生营造浓郁的书香氛围，也包括家长为引导学生阅读带领学生进行的各种阅读活动。调查结果如下：

(1) 家庭中书香环境的营造

69.71%的家长家里的藏书数量在 100 本以下，30.29%的家长表明藏书数量在 100 本以上；56.57%的家长表明自己家每年的购书花费在 200 元及以上，只有 2.86%的家长表明几乎从来没有买过书；68%的家长表示自己家里设有书橱，但是仅有 39.43%的家庭表示设有书房。在问及"您认为书香家庭的创建需要从哪几个方面着手？"的时候，得出的结果如图 7-2 所示。

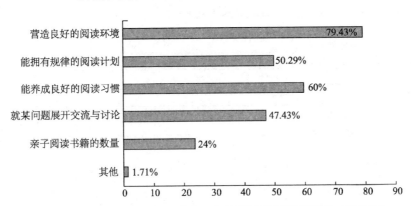

图 7-2　关于书香家庭的创建需要从哪几个方面着手的问卷调查统计（家长卷）

"营造良好的阅读环境"是绝大多数家长同意的一项举措，其后是"能养成良好的阅读习惯"，"能拥有规律的阅读计划"及"就某问题展开交流与讨论"等。

综上可以发现，学校地处农村，由于家庭经济水平及父母文化水平的限制，大多数家庭无法拥有适合孩子的阅读环境，但是绝大多数家长已经意识到良好的阅读环境对于孩子成长的重要作用。因此，为了促进孩子的发展，多数家长会专门为孩子购买书籍，并且尽己所能在制订阅读计划、培养孩子拥有良好的阅读习惯等方面为创建书香家庭做出努力。

(2) 家长引导学生阅读所开展的活动

52.57%的家长表示会经常与孩子一起阅读或学习，44%的家长表示偶尔会与孩子一起阅读或学习，只有 3.43%的家长表示几乎不与孩子一起阅读或学习。41.14%的家长会经常带孩子去公共图书馆，37.14%的家长偶尔会带孩子去公共图书馆，21.71%的家长几乎没有带孩子去过公共图书馆。

在问及"作为家长，您最常用何种方式鼓励您的孩子去阅读？"的时候，调查结果如图7-3所示。

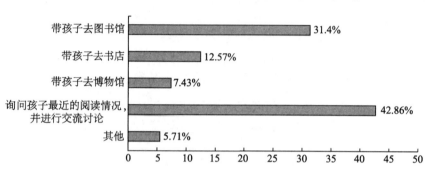

图7-3 关于家长最常用何种方式鼓励孩子去阅读的问卷调查统计

统计结果显示，家长使用最多的方式是"询问孩子最近的阅读情况，并进行讨论交流"，次之是"带孩子去图书馆"，再次之是"带孩子去书店"，之后是"带孩子去博物馆"，还有5.71%的家长选择了其他，采用"和孩子一起阅读""做好吃的激励孩子阅读""买回来书让孩子读"等措施来激励学生的阅读行为。

这表明，绝大多数家长是支持学生阅读的，并且家长会主动开展各种活动及利用奖励措施去激励孩子阅读。

4. 家长对学校开展活动的参与度

85.71%的家庭表示会积极参与"书香家庭"评选活动，8.57%的家庭表示没有想好，仅有5.71%的家庭表示不会积极参加。这表明，总体上讲，大部分家庭还是能够积极参与学校组织的活动，但是不排除仍有极少部分家庭没有相关概念。因此，对于那些极少部分家庭，学校应该通过各种线上和线下活动加强对这些家长的引导教育，为家校共育提供良好基础。

对于学校建设微信读书群的看法,91.2%的家长表示是有效果的,并且93.14%的家长表示会亲自督促孩子参与微信阅读活动,96%的家长赞同学校开设阅读课。在问及"学校在提倡建设书香校园之后给您带来的最深刻的体会是什么?"的时候,统计结果如图7-4所示。

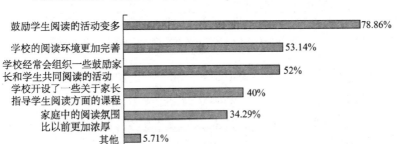

图7-4 关于学校在提倡建设书香校园之后给家长带来的最深刻的体会的问卷调查统计

绝大多数家长还是感受到了"鼓励学生阅读的活动变多""学校的阅读环境更加完善""家庭中的阅读氛围比以前更加浓厚"等深刻变化。这表明,家长也在关注学校的变化,并不是处于漠不关心的态度。在开放题"您对学校建设书香校园有什么建议吗?"中,绝大多数家长表示没有建议,支持学校开展的各种改革,对学校的发展给予美好的祝愿。

以上各种数据表明,虽然受到家庭经济文化水平的局限,但是家长们拥有与学校合作的热情,只是不知道从哪些角度来参与家校共育,这需要学校进行相关引导。

(二)教师对家校共育的努力

在头站镇中心学校,99.09%的教师表示意识到要调动家庭方面的积极性去推动书香校园的建设,98.18%的教师同意学生所在的整个社区的阅读氛围会影响到学生的阅读兴趣。关于"您希望家长和教师达到怎样的交流程度"一题,得出的结果如图7-5所示。

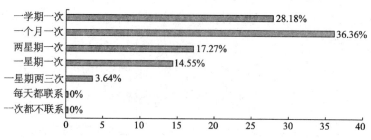

图 7-5　关于教师希望家长和教师达到怎样的交流程度的问卷调查统计

从调查结果来看,"每天都联系"和"一天都不联系"这种极端选项没有教师选择,60%以上的教师认为,频率不需要太频繁,一个月一次或者更长时间一次比较好。因此,在推进家校共育的过程中,学校不需要开展太频繁的活动,以免增加教师的任务和压力,反而降低教师的家校共育的热情和效率。

当问及"您认为书香家庭的创建需要从哪几个方面入手?"的时候,得出的统计结果如图 7-6 所示。

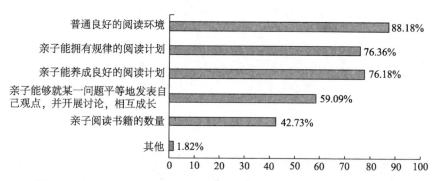

图 7-6　关于书香家庭的创建需要从哪几个方面入手的问卷调查统计(教师卷)

对比图 7-2 家长卷的统计结果可以发现,教师和家长的看法基本是一致的,关键在于学校的引导及家长方法的实施。

通过对家校共育的参与主体家长和教师的分析可以得出如下结论:对于家校共育,绝大多数家长是非常热情的,支持学校开展各种活动,但仍然需要学校妥善引导；教师也同意对学生实施教育的多主体参与，只是交流的方式和频率都需要进行合理规划。"天时、地利、人和"，头站镇中心学校家校共育的条件已经成熟。

二、途径：双向互动达至书香共赢

基于头站镇中心学校家校共育的现状，为有效推进家校共育的开展，学校探索出自己的家校互动体系，以提高家长与学校合作的意识和能力。

（一）微信平台指导

微信是一款新近出现并迅速普及的通信交往软件，它自身具备较好的通信功能，并可以通过文字、图片、语音等多种方式传播信息，受到消费者的普遍欢迎。生活在社会中的教师和家长使用微信进行家校沟通，双方不用见面就可以通过多种方式传递信息进行畅通无阻的沟通。微信软件的使用成本很低，可以通过已经普及的智能手机免费试用，这也是它迅速普及的有利条件。这样在教育过程中出现问题时，教师和家长可以及时沟通，双方的沟通和互动效率得到了很大提高。

在实际教育教学过程中，创建微信平台，展开实践研究，对微信应用于家校共育过程中产生的优势和不足进行具体分析，不仅为信息时代家校共育工作更好地开展奠定了实践基础，而且再次验证家校共育工作对于促进学生全面发展方面的重要作用。①

关于微信平台如何进行家校共育，将在本章第二节"基于微信平台的阅读探索"中进行详细阐述，本部分不再赘述。

（二）家长培训学校

家庭教育好不好，关键看家长，看家长观念是否正确、目标定位是否准确、教育内容是否科学、教育方法是否得当、教育策略是否艺术等。

---

① 段兰兰. 基于微信的小学家校共育实践研究[D]. 开封：河南大学，2018：2—3.

但是家长毕竟不是教育的专业人员,如果不经过一定的学习和培训,很难天生具有良好的教育素养。他们或多或少在教育观念、目标定位、教育内容、教育方法和教育策略方面存在一些偏差、失误甚至错误,出现家庭教育方面的问题在所难免。而家庭教育的天然性和亲情性是其他教育不可替代的,解决家庭教育必须从提高家长教育素养入手。

另一方面,家庭教育问题层出不穷,家长们迫切需要有一个机构能够在教育子女问题上给予有效帮助。

同时,学校是专业的教育机构,教育是培养各级各类人才的专业性工作,教师是从事教育工作的专业人员,学校有能力、有条件,也有责任指导家庭教育的开展,从而实现学校教育与家庭教育的"同磁共振"。

因此,由学校举办家长培训是把学校教育与家庭教育相结合的最佳契合点,是改善家校关系、提高家庭教育质量、提升学校服务与教育效果,最终让家庭、学校、社会受益的良好途径和重要举措。①

家长作为成年人,其教育内容应主要用于指导生活实践,注重实用性。大体上,世界各国的成人教育主要涉及三个方面:普通文化教育、成人职业教育和社会文化教育,其中社会文化教育包括家庭生活教育,而家庭生活教育又包含子女教养、恋爱教育和婚姻教育、家政教育。子女教养教育主要是指帮助家长学习对幼儿的护理、了解儿童的发展规律、学习增进亲子距离的方法等。具体来说,学校结合华中科技大学何海燕关于家长学校课程设计研究的设想,提出了本校家长学校的课程内容构想,如表 7-1 所示。

表 7-1 头站镇中心学校家长学校课程内容构想

内容	内容明细	对应年级说明
家长的职责和素养	如何做一名合格家长;为孩子树立良好榜样;什么样的家庭环境适合孩子的成长;父母如何运用自己的优势教育孩子	尽量从一二年级就开始,家长越早明确自己的职责越好

---

① 苏奕. 家长学校发展研究[D]. 上海:华东师范大学,2013:4—5.

(续表)

内容	内容明细	对应年级说明
小学生的生理、心理发展特点	孩子在现阶段及未来的身心发展特点；如何培养孩子的健康心理；如何与孩子沟通；如何指导孩子与同伴交往	应涉及每一年级，孩子在各个年龄阶段身心发展的侧重点均不同，因此课程指导贯穿各个年级段
安全教育	教育孩子遵纪守法；为孩子提供安全的家庭教育环境；告诉孩子如何避免危险情况	尽早开始，从低年级开始就培养孩子的安全意识，防患于未然
孩子的智力开发及学习指导	如何培养孩子的学习兴趣；正确对待培优；玩也是一种学习；如何让孩子爱读书、读好书；如何培养孩子的创新精神	从三四年级就开始，三四年级是孩子思维发展的关键期，也是孩子从以游戏为主转向以学习为主的关键期
孩子的个性培养及行为养成	如何让孩子先成人再成才；如何培养孩子的爱心；如何改正孩子的坏习惯；如何培养孩子的自理能力	从低年级开始，训练孩子的行为，中年级侧重纪律教育，高年级培养意志
与学校教育相关的知识	目前当地、本校的教育政策和法规；对基础教育课程改革的介绍；本校在对学生培养方面的基本情况；学校教育需要家长做什么	从孩子入学到毕业都需要家长及时关注和了解学校教育相关知识
父母对教育孩子的规划	学会规划孩子的全面发展；如何进行家庭教育的时间管理	从低年级开始规划，会使后来的教育更有准备性和方向性
对特殊家庭或特殊孩子的咨询和指导	单亲家庭、空巢家庭等特殊家庭的家庭教育应该注意些什么；如何对特殊孩子进行教育	每个年级都存在特殊家庭和特殊孩子

学校开展这些内容是按照专题的形式进行的，家长可以根据自己的困惑了解和探索相应的知识，专题内容的呈现顺序按照孩子身心发展的特点及家庭教育中所出现的同类型问题进行组织。另外，会将家长学校的课程依据课程内容的不同分为授课类和活动类两种课程结构，不同课程结构以专题内容为主线。授课类课程包括主题讲座和班级授课两种组

织方式，活动类课程包括亲子互动等组织方式。① 学校还建设家校委员会，着力推动家长对学校事务的参与，以调动家长对学校事务参与的热情，推动家校共育不断升级。

学校会在每学期开课之前安排好时间表，根据所确定的课程内容，两个星期或一个月利用周末开设一次家长课堂，家长根据自己需要的内容，在指定时间参加。在参加学校的相关培训之后，家长纷纷表示，他们明白了自己以前在教育中一些不合理的地方，收获了许多教育经验，为自己教育孩子提供了可供参考的做法，期待学校经常开设这样的课程。

（三）真人图书馆

学校在组织相关活动时需要与高校专业、社会行业相关的信息和资源，若家长方面可以提供力所能及的物质支持或社会资源，则能使课程或活动形式更丰富、活动开展得更顺畅。② 就学生家长而言，他们来自各行各业，也许功成名就，也许默默无闻，但每个人都有自己独特的故事，对人生、对社会、对职业、对亲情、对友情、对爱情都有自己的体会。这些故事不论是积极的还是消极的，都是切实存在并且发生在学生身边，这往往可以给学生带来更深刻的体会，由此认识到适合自己的真实的生活，确立自己的人生目标。③ 在一些互动式的校本课堂中，家长可到课堂里为学生亲自介绍行业特点、工作经验等；在实践体验活动中，有条件的家长甚至可以为学生提供在单位观摩或实践的机会，以帮助孩子进行自我探索，发掘潜能，明确努力目标。头站镇中心学校充分利用家长这一资源，增强对学生的各方面指导，促进学生的发展。

（四）"故事妈妈"

"故事妈妈"是一些志愿者，她们具备一定的文化修养，有爱心和

---

① 何海燕. 小学家长学校课程设计研究[D]. 武汉：华中科技大学，2011：45—49.
② 董秀颖. 新高考背景下普通高中职业生涯规划教育研究[D]. 桂林：广西师范大学，2018：46.
③ 唐薇. 基于合作的普通高中学生发展指导研究[D]. 上海：华东师范大学，2016：41.

耐心，并经过学校或社会培训，掌握了一定故事演讲方法，具备了一定故事演讲能力。故事妈妈应会说普通话，能经常在指定的时间里走进校园为孩子们讲故事，并能以故事为桥梁引发孩子们思考，助力孩子们的心智成长，为更多的家庭播撒阅读种子。①

提高学生阅读兴趣，推动家校合作进程，头站镇中心学校开展了"故事妈妈"活动，每周邀请一位志愿者妈妈在规定时间向孩子们介绍一本书。

"故事妈妈" 推广和实施活动方案

（1）宣传发动。学校应充分利用举办校园阅读节、阅读论坛等活动时机，邀请家长感受学校浓厚的阅读氛围，深入认识到开展阅读活动的重要性。再通过召开家长会的形式，对学校阅读活动的开展情况做专题介绍，下发《告家长书》，在家长中宣传"故事妈妈进校园"活动主旨和意义，并下发"故事妈妈义工申请表"，请家长自愿报名。

（2）定期培训。邀请相关专家给故事妈妈上课——可以邀请阅读推广人来上课；安排"种子教师"给"故事妈妈"上课，传授讲述故事的技巧、活跃课堂氛围的方法及和孩子良好沟通的途径；组织"故事妈妈"定期研讨与阅读有关的话题，如新书试读、选书经验、亲子阅读技巧等，并及时总结校园讲演故事的经验，以有利于更好地开展后续活动。

（3）组建团队。学校可组织成立"故事妈妈义工团"或"故事妈妈协会"，制定一系列活动章程，把"故事妈妈"凝聚成一个团体。每年利用召开校园阅读节的时机，由学校为"故事妈妈"颁发聘书，对优秀的"故事妈妈"予以表彰。

（4）走进课堂。学校应安排好"故事妈妈"进校园的时间，可以是一周一次或者两周一次，请"故事妈妈"走进课堂为孩子们讲故事，还

---

① 苏霞，康希福. 如何打造书香校园 小学儿童阅读活动指导手册[M]. 乌鲁木齐：新疆青少年出版社，2014：90—130.

应安排相应的教师参与配合，协助管理好班级纪律、开展好互动活动。

"故事妈妈"义工申请表如表7-2所示。

表7-2 头站镇中心学校"故事妈妈"义工申请表

相片粘贴处	家长姓名		孩子姓名	
	家长性别		孩子班级	
	家长年龄		联系电话	
	学历		单位	
	住址			

您擅长讲哪种类型的故事？	
您通常方便在什么时间段实施"故事妈妈"义工服务？	

周一上午	周二上午	周三上午	周四上午	周五上午	周末或节假日
周一下午	周二下午	周三下午	周四下午	周五下午	

是否同意调剂？
您个人有何兴趣、爱好？
您是否参加过学校"故事妈妈"培训活动，有何收获？
您参与"故事妈妈进校园"活动的原因？
您将如何实施好"故事妈妈"义工服务？

申请人确认签名：	签名日期：

由此可见,"故事妈妈"活动的开展遵循自愿原则,但是会对这些"妈妈们"进行培训,提高"妈妈们"家庭教育的实效性。妈妈们组成"义工妈妈协会",有助于家长之间针对教育问题相互交流和沟通。对于学校而言,"妈妈们"的到来有利于弥补学校教师资源短缺,协助教师开展各种活动,改善班级纪律管理,有利于实现学校教育教学管理的人员优化。对于学生而言,当知晓下一次来讲故事的是自己的妈妈时,必然会产生一种荣誉感和自豪感,提高学生对学校及读书的积极性。更为重要的是,当家庭中"母亲和子女"都以"参与者"的角色进入学校时,可以增加亲子之间的了解程度,真正实现家校共育。

(五) 亲子诵读

朱永新先生曾写道:"优秀孩子成为优秀人才的背后,总能找到温馨和谐的家庭影子。"①"亲子共读"是当前国内"共读"的主要形式,指儿童照看者介入儿童阅读的一种阅读活动,在父母与孩子共同选择素材后,双向分享阅读的乐趣。这里的"共读"更多指的是一种陪伴型、指导型的阅读活动。以下是小学部开展的亲子诵读活动。

点燃童年梦想, 书香溢满校园
——头站镇明德小学读书节亲子朗诵活动方案

一、活动主题:点燃童年梦想,书香溢满校园

二、活动对象:明德小学一年级至五年级孩子和家长

(每班一个节目,至少一名孩子和一位家长参加)

三、活动时间:2018年11月18日下午

四、活动地点:一楼音乐教室

五、活动目的

为了让家长能和学生一同阅读、一同朗诵、一同成长,创设良好亲子阅读、互动氛围,也为了弘扬中华民族的传统文化,感受传统文化的博大精深,体味传统文化丰富的人文内涵,丰富学生的课余生活,提升

---

① 朱永新. 我的教育理想[M]. 南京:南京师范大学出版社,2000:74.

现代家庭的文化品位，根据我校读书节活动要求，现决定在学校一年级至五年级家庭中开展亲子诵读活动。

六、活动内容和要求

（1）参赛家庭自选中华经典古诗词一篇或若干篇进行串联组接，一年级至五年级每班一个节目，至少一名学生和一位家长参加，每班可以几个家庭联合组成一支队伍，朗诵时间在3分钟以内，不强调脱稿朗诵。

（2）所选作品要求内容健康向上，有优秀民族文化底蕴。

（3）以表现语言艺术为主，可配以音乐、舞蹈、琴艺、书法等辅助才艺，表现手段多样、效果好。要求语言流畅、吐字清晰、感情投入、感染力强。

七、总结表彰

担任评委：领导班子成员及各年级组长

奖项设置：按班级设一、二等奖，颁发证书

我们期盼着，在读书节这个活动的引领下，在各位家长的支持下，"亲子共诵古诗词"活动会带动一大批"书香书庭"，让家长们和孩子们共同浸润在书香之中（图7-7）。

图7-7　头站镇明德小学诵读比赛

由此可见，这次的亲子诵读是任务型的，即完成学校布置的共读任务。学校有共读任务，家长和学生选择参赛作品，按照要求进行准备。在准备过程中，通过学习，对相关内容有了深刻理解，同时家长和学生互相学习、互相促进、充分交流，在一定程度上可以提高家长和学生的阅读兴趣。

当下，学校正在追求亲子阅读从任务型向主动型过渡，要求学生按照教师要求的方法进行阅读。如果说任务型亲子阅读更多的是一种家校之间的关系，那么主动型则更是一种孩子与父母之间的关系。前者表现为教师的驱动，因而亲子阅读是被动的；后者表现为教师、学生、家长之间的互动，因此亲子阅读是主动的。实现主动型的亲子阅读关键是让学生家长充分认识亲子阅读的意义，并掌握亲子阅读的方法。

在现实生活中，许多家长虽有一种望子成龙、望女成凤的迫切心情，但是他们并没有真正理解亲子阅读的意义。他们往往将孩子的教育交给了学校与教师，自己为生活奔波，却很少能坐下来与孩子一起读书。其实，亲子阅读对促进孩子成长、养成读书习惯、建设和谐而温馨的家庭环境具有十分重要的意义。只有家长真正理解了亲子阅读的意义，才能自觉地投入亲子阅读之中。那么，亲子阅读有哪些重要意义呢？首先，亲子阅读可以促进孩子的成长。阅读与孩子的成长有着十分密切的关系。父母是孩子的第一任教师。郭沫若两三岁时，他的母亲常给他读唐诗，他之所以倾向于诗歌和文艺，首先给他决定性影响的是他的母亲。亲子阅读一方面帮助孩子理解阅读的意义、掌握阅读的要领，另一方面父母能为孩子的阅读树立榜样。

阅读能扩大孩子的知识面、培养孩子的阅读能力、促进孩子的精神发育和健康成长。更重要的是，从小坚持阅读，能让孩子养成一种良好的读书习惯，受益终身。

在现实生活中，父母忙于自己的事业，孩子忙于各种各样的"应试"，父母与孩子很少有相处的时光。即使相处，也由于"代沟"而缺少共同的语言。久而久之，父母与孩子的沟通越来越少。亲子阅读其实是构建一种父母与孩子的共同生活。父母与孩子可以一起探讨书中的故事。亲子阅读不仅使父母与孩子之间有了共同的话语，而且使他们一起感受人类的共同价值观，比如仁爱、感恩、责任、宽容、合作等。于是，父母与孩子通过共读、通过接受人类的核心价值观，找到了一种情感沟通的桥梁，从而弥合两代人之间的"代沟"。

每天晚上，一家三口人相聚在一起，阅读经典，讨论问题，享受阅读的愉悦，这是一件多么幸福的事情。对于孩子而言，他可以读到优美动听的故事，看到精美无比的图画，可以展开自己想象的翅膀，翱翔于知识的蓝天，也能体会父母的亲情和家庭的温馨；对于父母亲而言，他们多了一段与孩子相处与交流的时光，可以增进对孩子的了解，实现有效的沟通，从而更好地促进孩子的成长，同时也能勾起自己对童年的回忆，保持一颗纯真的童心。

亲子阅读的最终目标是创造一个学习型家庭，进而为创建学习型社会奠定基础。学习型家庭是以学习型个人为基础的，其中的每个人都是学习型的个体，具有强烈的终身学习意识、积极的终身学习态度，拥有对学习能力的自信、对学习动力的延续、对学习意志的坚持，并能合理安排学习时间，改进或创新学习方法，实现自主学习。在实践中，如果亲子阅读能使每个家庭成员成为学习型的个人，那么学习型家庭也将成为现实。

头站镇中心学校共读方法指导

许多家长说："我们没有时间和孩子一起读书，也缺乏经验，不知该怎么读。"由此，我们发出了"每天共读半小时，书香拉近两代心"的读书倡议，并从以下几个方面进行了具体的指导：

（1）每日共读。其实亲子共读并不需要太多时间，每天只要20—30分钟就可以，关键在于持之以恒。

（2）每读共思。在亲子共读中引导孩子边读边思考，使阅读成为一种积极的活动。培养观察、分析、初步推理等能力。家长要提出一些问题让孩子思考回答，加深对书中内容的理解，促使孩子主动阅读、主动思考、主动探索。

（3）读后共联。阅读不是读完即了的事情，成功的共读活动可以唤起阅读者丰富的联想和广泛的兴趣,如画画、表演,进行观察、实验,都是非常积极的反应。家长要抓住孩子的兴趣,进一步延伸阅读,起到事半功倍的效果。活动的目的是使家长感到,阅读不仅是孩子有效的学习渠道,也是拉近亲子距离、促进两代人心灵交流的很好的方法之一。

亲子阅读的方法有很多,学校只是为父母提供了一些基本方法,父母可以根据自己的经验与实际情况创新一些方法。最好的方法是父母自创的,这样才能充满温馨、富有亲情,才能激发阅读兴趣和培养阅读。

成果展示:

(1) 开展迷你书签、亲子读书记录卡等制作比赛。

(2) 开展"我和孩子共读书"家长征文比赛。

(3) 开展"小书房评比"活动,数一数我有几本藏书,比一比谁读过的书多,评比之最,向家长们告知。

(4) 评出一批"书香家庭"。

在亲子阅读中学校发挥的作用应是引导、服务,是提供一个亲子阅读才艺展示的大舞台。引导,即引导家庭开展亲子阅读。当家庭(主要是学生的父母)意识到亲子阅读的重要性,并努力开展亲子阅读时,学校的职责就是想方设法提高亲子阅读的效率。学校建立了亲子阅读研究小组,学校亲子阅读研究小组可以为家长提供相对专业的研究成果,以帮助亲子阅读的家庭提高阅读质量,向家长推荐亲子阅读的读物,介绍亲子阅读方法等。服务,即为家庭亲子阅读提供服务。在线上和线下充分创造为教师与学生、学生与学生、教师与家长、家长与家长交流的平台;提供舞台,即开展各种活动激发家庭亲子阅读的热情。亲子阅读主要靠学生及其父母的自觉。以上的各种成果展示评比活动就是学校为亲子提供的输出平台。[①] 任务型亲子诵读向主动型亲子诵读过渡,还有很长一段路要走,学校正在积极探索的路上。

---

① 丁林兴. "营造书香校园"的理论与实践研究[D]. 苏州:苏州大学,2008:225—238.

第二节　基于微信平台的共育探索

"家庭要有高度的教育学素养，这是在实现人的全面发展的思想方面现实生活所提出的又一个重要问题。教育的完善，它的社会性的深化，并不意味着家庭作用的削弱，而是意味着家庭作用的加强。只有在这样的条件下才能实现和谐的全面发展，两个'教育者'——学校和家庭，不仅要一致行动，要向儿童提出同样的要求，而且要志同道合，抱着一致的信念，始终从同样的原则出发，无论在教育的目的上、过程上，还是手段上，都不要发生分歧。"① 科学技术的深刻变革开始呼唤家校共育的途径和内容都发生相应变革。

微信是最近几年兴起的一种新软件，应用于社会互动和交往的过程中，和之前的社会交往媒介不同，它一经面世，就拥有自身的优点，受到大众的欢迎。相对来说，信息相互传送的速度很快，而且方法容易掌握，非常简单，信息能够随时更新，便于交往，双方随时都可以沟通交流。智能手机快速普及，成为人们工作和生活中必不可少的一部分，其形体小，所占空间少，可以随身携带。微信作为一个客户端，可以非常便捷地下载到手机上，人们在利用微信时，随时点开微信图标，就可以开始相互之间的沟通和交流。信息传递具有很强的便捷性和实时性。微信平台的出现让家长和教师之间的交流形式更加多样化，信息形式和内容都更加丰富。教师通过微信平台把相关信息传送给家长，不论教师和家长是不是在一起，他们都可以通过这个平台及时进行沟通和交流。最主要的是，微信平台的出现让家校沟通不再是单向的教师对家长，改变了之前教师就学校或者班级开展的某一活动或者某一孩子在某方面的具体表现，单方面通知家长，或者向家长反映问题。现在家长可以就某件事和教师进行一对一的互动交流，从家长的角度和立场提出自己的意见和建议，为孩子的健康成长和学校的发展

---

① 魏智渊. 苏霍姆林斯基教育学（下）[M]. 桂林：漓江出版社，2014：389.

贡献一份力量。① 本节简单介绍一下学校和家长在微信平台上的努力探索。

一、学校方面

学校充分利用新兴技术，创建微信服务平台（包括微信公众号和各种微信群），首先针对公众号各版块的内容进行界定，及时更新微信服务平台上的信息。同时关注微信公众号的运营效果，及时解决出现的问题，以发挥微信公众号的最大功效。

（一）设置相应板块

头站镇中心学校建设微信公众号"头站教育"。学校微信公众号以"服务、教育、管理"为运营理念，以"服务学生发展，引领学生成长"为宗旨，运用互联网思维和新媒体技术，传播校园文化，发现新闻趣事。每周推送新资讯，内容多以原创为主。

平台推送栏目与内容包括学霸说、微采访、学生风采录、生涯规划教育、每月书单、校园新闻等部分，展现学校的办学理念，让人们了解学校的成长与变化，让家长、学校师生及社会各界人士更多理解、支持学校工作，提高学校的辐射影响。

微信公众平台的建立及版块的设计为家长了解自己的孩子、了解学校动态提供了信息化服务平台。在这里家长可以及时关注到学校的变化动态和学校所倡导的教育理念，并与学校互动。

（二）及时发布有效信息

微信平台发布消息及教师进行消息反馈都在固定的时间进行。这样做有助于家长督促学生保质保量完成作业，养成每天按时写作业的好习惯，还可以帮助学生在遇到困难的时候得到教师的回复和解答。家长发

---

① 段兰兰. 基于微信的小学家校共育实践研究[D]. 开封：河南大学，2018：21—22.

送消息的时候,能得到教师的回复和解答。教师对于平台上提出的问题定时回复,能够让家长和学生更加信赖这个平台,益于他们之间再次交流,久而久之,就会形成一种良性互动的状态。①

(三)总结反思,展开讨论

教师作为微信平台的管理员,会借助微信的数据统计功能,时刻关注平台的图文分析、消息人数等客观数据,对平台的整体情况进行了解分析、总结反思。通过关注人数的变化,教师会思索平台关注增加或者减少现象背后的原因;借助图文分析数据,可以看出平台每个版块的阅读和点击量,依据这些时刻变化的数据,教师可以把平台各版块的内容加以调整;借助消息人数统计数据,教师可以看出最近一段时间以来家长和学生最关注的问题,并想办法加以解决。对于学生提出的学习方面遇到的困难,教师会在微信平台上集中回复,也会在课堂上把它作为重难点加以讲解;对于家长们提出的共性问题,教师可以邀请家长在微信群里讨论,也会在开家长会时当面讨论,引导家长就某件事发表自己的意见和看法,从而找到解决问题的最佳途径。②

二、家长方面

学校在为家长提供服务平台之后,需要家长的积极参与和配合。具体而言,头站镇中心学校的家长可以从以下几个方面充分利用学校所提供的宝贵资源,与学校的教育积极配合,从而实现家校共育的最大合力。

(一)充分利用微信平台资源

教师会在微信平台上推送很多优质的教育教学资源,家长应该珍惜、利用和分享这些资源。依照课堂进度,平台上会上传同步的学习资源,家长可以在督促学生按时完成家庭作业的同时,帮助学生复习巩固已经学过的知识,预习新知识,并把新旧知识纳入已有的知识结构和体

---

① 段兰兰. 基于微信的小学家校共育实践研究[D]. 开封:河南大学,2018:42.
② 段兰兰. 基于微信的小学家校共育实践研究[D]. 开封:河南大学,2018:42—43.

系中去，从而形成良好的学习习惯。对于平台上的有关家庭教育的优秀文章和案例、专家讲座视频，家长可以随时观看，对科学的教育方法有更加深刻的认识，并增强家校共育的意识。当然，家长在别的地方看到比较好的教育资源，也可以在这个微信平台分享，让教师和其他家长看到，让信息传播更加广泛，让教育知识的学习产生叠加效应。

（二）及时发现问题，主动交流

教师不是和学生时时刻刻生活在一起的，家长作为孩子的第一监护人，每天与孩子生活在一起，对于孩子应该更加留意观察，若其行为出现不好的苗头及时和教师沟通，对于孩子进步的地方，也应该和教师联系，让教师在学校对孩子加以表扬和鼓励，让孩子产生成就感和自豪感，提高学习的积极性。借助微信平台家校之间时刻保持联系，进行沟通交流，形成教育合力，让教育能够达到事半功倍的效果。

（三）勤于总结，参与讨论

家长在观看微信平台上的优质教育资源之后，还要结合自己的实际情况，针对最近一段时间在家庭教育方面遇到的问题进行总结和反思，可以把自己的感想放在平台上。对于一些典型案例，教师结合家长意见，可以与班级其他家长一同分享。另外，在班级群里，家长要积极参与教师组织的讨论会，并结合自己平时的教育实例和方法，说出自己的困惑和不解，寻求大家的帮助；还可以针对别的家长的困惑，发表自己的意见和看法，与大家共同交流和切磋，共同找到解决问题的方法，让家校共育真正发挥最大作用。①

第三节 书香家庭的创建与评选

家长是孩子的第一任老师，也是永远的老师。当今时代，社会的多

---

① 段兰兰. 基于微信的小学家校共育实践研究[D]. 开封：河南大学，2018：43—44.

元与变革需要以大教育观来培养青少年。因此,家庭与学校的合作受到许多国家的重视,家校合作问题已经引起我国教育界的广泛关注和研究。家校合作是大教育观念下的必然产物,是教育生态系统的有机构成,是可持续发展对教育提出的新要求。①

教育是为了孩子更好地发展,孩子的发展必须建立在一个良好的学习环境氛围之中。在决定孩子成长道路不同的诸多因素之中,家庭和学校是最重要的,教师与家长之间和谐相处起着重要作用。苏联教育家苏霍姆林斯基说:"只有学校教育而无家庭教育,或只有家庭教育而无学校教育,都不能完成培养人这一极其细致、复杂的任务。最完备的教育是学校与家庭的结合。"朴素的语言告诫我们应将两者更好地结合,发挥家校的教育合力,对孩子的健康发展具有重要的意义。② 为了让孩子拥有更美好的明天,我们提倡家长以身作则,努力营造书香家庭氛围。学校开展"书香型家庭"建设活动首先调查了家长们的配合意愿,当问及"您是否会积极参加学校组织的'书香家庭'评选活动?"的时候,得到的统计结果如图7-8所示。

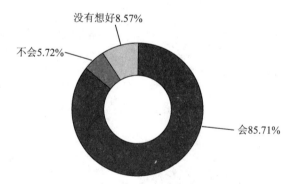

图7-8 关于家长是否会积极参加学校组织的"书香家庭"评选活动的问卷调查统计

统计显示,85.71%的家长表示会积极参加学校组织的"书香家庭"

---

① 张坤霞. 家校合作教育研究[M]. 徐州:中国矿业大学出版社,2009:1.
② 张坤霞. 家校合作教育研究[M]. 徐州:中国矿业大学出版社,2009:1.

评选活动，8.57%的家长表示"没有想好"，5.72%的家长表示"不会"。这一结果显示，该校的绝大多数家长会积极配合学校教育，但仍有极少数家长没有树立起家校合作的意识，没有认识到学校与家庭配合起来对学生实施教育的重要性。学校需要对这一部分家长进行引导，使其关注到家长在孩子教育中的积极作用。学校书香家庭的创建活动对于带领家长主动积极阅读、改善其传统的教育观念、积极配合学校教育工作具有很大帮助。表7-3是学校制定的"书香家庭"评比标准表。

表7-3 头站镇中心学校"书香家庭"评比标准表

评选标准	满分	自评	核定
1. 设立家庭书柜，各类藏书量不少于50册（不包括教辅书及课本）。	30		
2. 家长和孩子共同拟订一个读书计划，按计划读书，营造出家庭读书氛围。	10		
3. 根据孩子的年龄和实际情况，确定每天的阅读时间至少30分钟以上；确保读书数量在班内、年级内名列前茅。	10		
4. 利用周末时间或其他休息时间，带孩子一道去书店或图书馆买书、看书，让读书成为一种休闲时尚。	10		
5. 家庭中经常讨论交流自己的读书心得和读书方法，教孩子学会读书。	10		
6. 家长要鼓励和引导孩子写读书笔记或读书摘录，鼓励孩子在阅读中思考人生、思考世界，鼓励孩子发表自己不同的看法和见解。	10		
7. 通过大量的阅读，孩子的知识面有所拓宽，听、说、读、写能力有所提高。	10		
8. 孩子在班级或学校及各类读书征文活动中获奖，获校级一、二、三等奖分别得3、2、1分（在校报上发表与读书有关的文章视同校级一等奖），获镇级以上奖的分别得5、4、3分。	10		
	100		

评比办法：此项内容在各年级学生家庭中开展。先由家庭自由申报，提交申报材料，每个班级申报2个"书香家庭"。学校根据材料情况，最终确定"书香家庭"名单。

由表7-3可知,"书香家庭"的评选不仅注重家庭中物质环境的营造,各类图书的藏书量只是评价的一个方面,家庭中的读书计划、家庭的阅读习惯、家长引领下的阅读活动、读书心得及最终的可视性成果都是评价的重要方面。这样的评价标准是非常全面的,不仅有显性的能彰显阅读成效的物质性成果,也有培养学生良好阅读行为的过程性要求,这样的评比活动有助于指导家长更有效地助力书香校园的建设。

我是三年级(2)班学生刘琪佳,我的家庭温馨而幸福,爸爸妈妈都是有文化的人,他们在一天的工作之余,总会拿起家里的书籍来读。在爸爸妈妈的影响下,我也对书籍产生了兴趣。

我的爸爸爱看科技方面的书,并且掌握了许多知识。我家的电饭锅坏了,爸爸就亲自动手修理好,家里的钟表坏了,爸爸也能修好。爸爸还会修家里的四轮车呢!妈妈非常支持爸爸读书,当爸爸看书的时候,妈妈总是自己默默做家务。别人夸奖爸爸有才,爸爸说这是看书学习的结果。在爸爸的熏陶下,我也爱读书了。

——三年级(2)班"书香家庭"刘琪佳

俗话说,好习惯都是慢慢培养出来的,让孩子爱读书也是需要慢慢培养的,是特别需要爱心和耐心的。儿子出生后,我们每天晚上陪着他看书,睡前给他讲故事。于是,"读书乐"的氛围就这样在不知不觉中形成了。到了小学,儿子在学习上的压力渐渐增大,我们开始有针对性地引导他阅读,培养他自己阅读的兴趣。除了他自己感兴趣的书以外,我们每学期都会给他购买20多本青少年读物,也会把购书作为奖励。同时专门购置了小书架,为他设置了书房和书柜。随着年龄的增长,儿子的眼界不断开阔,思想也日趋成熟。他会在不经意间就学校和自己身边发生的一些事情发表自己的看法。寒暑假时期,对于儿子,对于我们家庭,真可谓书香飘溢的美好时光。为了让他能更准确地了解书中的内容,我们开始陪着他一块阅读,有时让他读,我们听,有时我们读,让他听。阅读的书籍有《西游记》《童话故事》《蓝猫日记》等,读过之后,我们都要就书中的故事谈谈隐藏于其中的道理和自己的认识。我们希望,通过这种方式,能让他在快乐和温馨的环境中逐渐明白什么是对的、什么是错的、什么是应该做的、什么是坚决不能做的。以书为镜子，可以照出自己的不足；以书为标尺，可以找到改进的方向。在与儿子共同读书的过程中，我在体验快乐的同时，也充实了自己。儿子有时候也会把他看到的书上的一些奇闻趣事跟我们分享，有时候我工作繁忙，他会给我说个笑话或者出一道脑筋急转弯，让我在紧张的工作之余享受读书之乐。现在，我们下班、放学后或者周末休息时，大多数的情况是各人自捧一本书，沉浸其中，自娱自乐。看书读报已成为我们家的一项不可缺少的活动，书本成了我们家最宝贵的财产，现共有古今中外各类图书440余册。我和丈夫现在读书更多的是愉悦身心、陶冶情操，当然也有应对职场需求的必修之课。儿子现在又开始拿起以前读过的书开始重读，其实每个阶段对每本书的理解是不同的。

——三年级（3）班"书香家庭"阚俊博

以上是学校当选"书香家庭"称号的学生和家长的感悟。我们从他们的文字中读出了幸福、安宁。书香家庭是有一些共同特征的，这些家庭的孩子和家长都喜欢读书，家中拥有丰富的藏书量，每天都能坚持阅读，有良好的阅读计划和阅读习惯。更重要的是，阅读把各个家庭成员从忙碌的生活中抽离出来，构建了共同的生活时空，进行思想的交流，互相启迪思考。家长多了一段与孩子交流与相处的时光，增进了对孩子的了解，实现有效沟通，更好地促进孩子的成长。同时，也为孩子创造了一个美好幸福的童年。也正是因为亲子阅读拥有如此魅力，许多国家也都大力倡导亲子阅读。正如孩子所写到的，"妈妈非常支持爸爸读书，当爸爸看书的时候，妈妈总是自己默默做家务"，这样幸福温馨的图景或许会珍藏在孩子永恒的记忆深处，久久难以忘怀；另外，儿时的阅读经历，尤其是与家长一起交流的那些问题，将会对孩子的一生产生重大影响，尤其是那些感人的故事和童话所蕴含的深刻意蕴，往往奠定一个人的人生观和价值观，奠定一个人的发展方向。俞国良先生说："为人师、为人父母后，面对天真无邪、求知若渴的孩子，儿时最钟爱的故事或童话时常会轻轻泛起，特别是坐在父母或祖父母温暖的怀抱，静静聆听故事的情境，更是难忘。有时蓦然回首，竟会发现那些孩时听到的故事或童话对自己的人生观和世界观产生了那么大的影响。"①

因此,在问及家长"在学校通过各种途径来推进亲子阅读之后,您感受到什么?"的时候,得到的统计结果如图 7-9 所示。

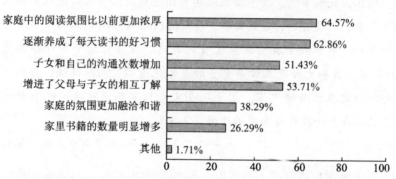

图 7-9　关于学校通过各种途径推进亲子阅读之后家长的感受问卷调查统计

图 7-9 显示,64.57% 的家长表示"家庭中的阅读氛围比以前更加浓厚",62.86% 的家长表示"逐渐养成了每天读书的好习惯",53.71% 的家长表示"增进了父母与子女的相互了解",51.43% 的家长表示"子女和自己的沟通次数增加",38.29% 的家长表示"家庭的氛围更加融洽和谐",26.29% 的家长表示"家里书籍的数量明显增多"。纵然许多研究表明,从积极心理学角度来看,开展形式多样的家校合作的活动有助于引导家长关注学生的需要,增强学生的归属感和安全感,让学生体会到接纳、包容等积极情绪,可以培养学生的乐观精神及对未来的积极态度。② 然而,头站镇中心学校的实践表明,家长和学生通过认真完成某一活动本身就是一种积极的能量,这种正向的能量能够扫除家庭中原有的那些负面消极的情绪,使原本忙碌的个体安静下来,体会生活中的点滴美好。"逐渐养成了每天读书的好习惯""家庭的氛围更加融洽和谐"

---

① 吉姆·崔利斯.《朗读手册》之序[J]. 沙永珍,等译. 天津教育,2006:1.
② 邝颖茵,黄喜珊. 积极心理学对中小学家校合作的启示[J]. 中小学心理健康教育,2019(18):66—68.

等都是亲子共读活动所带来的独特感受,这或许就是学习乃至阅读的力量。

第四节　书香满园带动下的学习型农村建设

教育是一个生态系统。因此,营造书香氛围,不仅应包括家庭和学校,学生所处的社会也会影响到学生的阅读动力。同时,作为头站镇的一所集幼儿园、小学、中学于一体的中心学校,我校不仅把其建设书香校园的影响扩大到学生所在的家庭,还希望通过书香家庭影响其所在社区,从而推动学习型农村的建设。

一、国民阅读环境对学生阅读素养的影响

党的十八大报告历史性地写入"开展全民阅读活动";2014年国务院的《政府工作报告》再次提出"倡导全民阅读";2015年李克强总理在第十二届全国人民代表大会第三次会议上提出"提供更多优秀文艺作品,倡导全民阅读,建设书香社会";2015年3月,原国家新闻出版广电总局下发《关于开展2015年全民阅读工作的通知》(以下简称《通知》),该《通知》从11个方面对2015年全民阅读工作提出了明确要求,并号召在认真总结2014年开展全民阅读活动的相关工作情况的基础上,精心制定本地区2015年全民阅读活动工作方案,加强全民阅读工作所需人员、经费等的投入,切实履行好全民阅读工作的职责。党和国家的重要文件充分表明:全民阅读工作得到党和国家的高度重视,推进全民阅读已经进入了国家战略层面,是政府的重要工作之一。①

当问及家长"您是否认为整个社区的阅读氛围会影响到您孩子的阅读兴趣?"的时候,得到的统计结果如图7-10所示。

---

① 周笑.大学生阅读推广常态化机制研究[D].南京:南京邮电大学,2017:1.

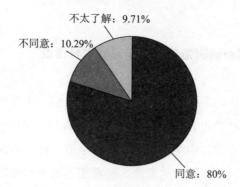

图 7-10 关于整个社区的阅读氛围是否会影响孩子的阅读兴趣的问卷调查统计（家长卷）

统计结果显示，80%的家长同意整个社区的阅读氛围会影响学生的阅读兴趣，10.29%的家长表示"不同意"，9.71%的家长表示"不太了解"。这充分表明绝大多数家长已经认识到社区整个大氛围对于学生阅读兴趣的重要作用。而对于剩下没有认识到整个社区对学生及公民的重要作用的家长需要进行及时的引导。

因此，大力提倡书香社区的建设是营造校园书香文化的需要。"文化或文明，就其广泛的民族学意义来说，乃是包括知识、信仰、艺术、道德、法律、习俗和任何人作为一名社会成员而获得的种种能力、习性在内的一种复杂的整体。"[1] 这形象地道出了文化的育人功能。国外一份报告《未来的框架》指出，"阅读是所有文化和社会活动的首要任务"[2]。可见，通过阅读推广助力书香校园建设，打造校园文化品牌，为学生营造健康和谐的阅读氛围，是建设书香校园的时代命题，也是促进学生健康和谐成长的要求。

二、社会阅读推广的机制建设

社会阅读推广机制的建设是一项系统工程，包括推广队伍建设、阅

---

[1] 爱德华·泰勒. 原始文化[M]. 连树生，译. 上海：上海文艺出版社，1992：1—2.
[2] 周笑. 大学生阅读推广常态化机制研究[D]. 南京：南京邮电大学，2017：3.

读推广内容建设、阅读推广的媒介和渠道建设及评价机制建设。由于头站社区经济发展水平的限制，完善的阅读推广机制正在建设过程中，以下是对引领头站镇社区阅读推广机制建设的描述。

阅读推广队伍建设包括推广的相关部门、机构及专兼职阅读推广队伍。相关的推广部门，比如社区文化中心和社区图书馆，应加强基础硬件建设，营造精品温馨环境，为社区公民营造舒适的阅读空间，建设文化墙，为图书馆营造高雅的文化氛围；引进智能自主借阅平台、先进的图书馆门禁系统、功能齐全的电子阅览室，从而创造智能化氛围；同时要建设方便、快捷的馆藏布局，使馆藏功能更灵活，设置完善的指示标志系统，形成良好的阅读环境。同时还需要注重充实馆藏资源，定期补充推荐阅读资源；还可以组织一些具有多样性、丰富性、新颖性的活动，加强读者之间的互动，扩大图书馆的影响力，增加公民的阅读兴趣，从而为全民阅读做好基础工作。关于阅读推广队伍，除了专门的图书馆管理员担当阅读推广人之外，教育前线的教师及具有空暇时间、乐于志愿服务的公民也可以扮演这样的角色，自身不断阅读，开阔视野，同时带领周围社区居民一起阅读交流。但需要对这些人员进行专门培训，从而加强阅读推广人的专业能力建设，以满足社会对阅读推广人的要求。

加强阅读推广的内容建设。选择好的读物，方能细细品读；选择好的书籍，是学有所成的关键一步。在挑选书目的时候，除了要考虑其适用性、普适性和常规性的要求之外，还需要遵循思想性、客观公正性、开放性及专家指导原则。

加强阅读推广的媒介和渠道建设。传播媒介把信息转化为"符号形式"，超越时间和空间的传播，解决的是手段问题。推广，通过特定的媒介或渠道，把推广内容变成信息或者图像、音视频等符号形式。阅读共享空间采用最新的信息技术，挖掘组织内部的隐性知识，从而达到知识的共享，获得创新性知识。阅读共享空间包括物理实体共享阅读空间和网络虚拟共享阅读空间。前者如建设公共文化平台等，后者如超星移动图书馆。社区自己创办的阅读刊物作用在于倡导自主阅读、满足读者需求、弥补通识教育的局限。阅读推广刊物不是临时性的阅读推广手段，而是长期性的校园阅读推广工具,以润物细无声的方式促进校园阅读。

阅读评价机制,指对社区居民阅读推广质量进行科学的调查和判断,以便管理者、教育者及时总结工作经验、诊断问题、改进阅读推广工作的方式方法,进而实现目标。评价机制能够为阅读推广工作顺利开展提供决策依据,对于强化竞争意识、提高教育者的积极性和工作的实效性具有激励和督促作用。同时,评价也离不开反馈,评价的前提需要反馈信息,从而使教育工作系统的决策和内容、方式、方法对外界环境和内部结构做出有效的动作。一般来讲,评价和反馈有时是同时进行的,如果说评价具有阶段性和整体性特征,那么反馈具有随时性和细节性特点。值得关注的是,社区应当营造一个畅所欲言的信息反馈氛围。阅读推广人要具有求真务实的工作作风,深入社区居民之中,经过实际调查研究掌握社区居民的真实思想,改变在信息反馈中胡编乱造的现象,在信息反馈中要实事求是,敢于暴露阅读推广工作中存在的问题,使每一条与社区居民阅读推广相关的正反馈、负反馈信息都能传达到领导决策部门。同时,还应当加强宣传,使社区居民和阅读推广工作者都明确信息反馈的重要性及相关部门对反馈信息的重视程度。①

---

① 周笑. 大学生阅读推广常态化机制研究[D]. 南京:南京邮电大学,2017:18—48.

后 记

　　2015年7月，王洪会同志调任头站镇中心学校校长。新一届领导班子审时度势，确立了打造书香校园的办学特色。为此，学校为师生的读书提供了有利的环境和良好的氛围。教学楼的每层楼面都设有书吧，里面有大量不断更新的书刊。楼道里也设有书籍陈列架，摆放着适合相应年级阅读的书籍。另外，教师也通过微信读书群、读书汇报会、书香论坛等各种平台交流读书心得与感悟。在头站镇中心学校的师生中，爱读书、读好书、善读书已蔚然成风。

　　为了进一步总结学校书香校园创建的经验，塑造学校的品牌特色，学校与华东师范大学教育学部相关科研人员组成联合课题组，由王洪会校长担任组长。在研究的过程中，双方研究人员充分发挥各自的优势，互相配合开展研究。具体来说，课题组主要开展了以下几个方面的工作。第一，搜集、整理相关文献资料。主要查阅了各类媒体对学校书香校园建设的宣传报道；同时，还整理分析了学校领导与教师在公开刊物上发表的相关文章及与学校书香创建相关的内部资料等。第二，对师生进行访谈。课题组多次来到学校，分别对学校领导、教师代表和学生代表进行小组或个别访谈，深入了解了师生对书香校园创建的态度与建议。第三，进行问卷调查。课题组设计了教师、学生与家长三套调查问卷，分别问卷调查对象包括学校110位教师、2038名学生以及175位家长，从各方面了解书香校园建设的成效、经验及其挑战。第四，举行课题研究的研讨。围绕课题研究主题，课题组邀请相关专家和学校老师举行了多场研讨活动，为课题的研究献计献策。第五，确定书稿的研究提纲，完成书稿。在前期资料整理、教师访谈、问卷调查等基础之上，课题组形成了初步的研究提纲。之后，在广泛征求学校领导与教师意见的基础之上，课题组进一步修改并确定了研究提纲。经过课题组成员的共同努力，截至 2020 年 5 月底，本书的初稿正式完成。经过课题组成员多次研讨，最终定稿成书。书稿的撰写得到了课题组负责人王洪会校长的悉心指导，孙景涛、曹艳红、张金娟等人提供了丰富翔实的基础材料。

参加本书稿撰写的主要人员为头站镇中心学校的王洪会、华东师范大学教育学部教育学系研究生张丹宁、周志杰、张雪迪和吴向文四位同学。书稿撰写具体分工如下：张丹宁，第一章；张雪迪，第二章；王洪会，第三章、第六章；吴向文，第四章；周志杰，第五章；周志杰、王洪会，第七章；杨光富，后记。

感谢中国领导科学研究会原副会长、上海市领导科学学会首任会长、中国浦东干部学院首任常务副院长、博士生导师奚洁人教授为本丛书作序，满满的两页纸，字里行间充满对特色学校创建中涌现出来的优秀校长由衷的祝贺与殷切的期望。书稿的酝酿、方案设计及实施得到了齐齐哈尔市教育教学研究院武海燕教授的指导与多方面的帮助。苏州大学出版社汤定军老师为书稿的顺利出版付出了大量的辛勤劳动。

在编写的过程中，我们参考了大量的文献，由于所收集到的资料庞杂，有的内容一时难以注明作者和出处，敬请谅解。尽管我们在编写的过程中反复地酝酿、推敲、校对、审核，但因研究时间紧迫，加之研究人员才学所限，书中的错漏和存在问题在所难免，敬请各位同仁和读者批评指正。

华东师范大学基础教育改革与发展研究所、教育学系
杨光富
2020 年 12 月 26 日